Planeten-zyklen

Anzeiger innerer Entwicklungen

Betty Lundsted

Planeten-zyklen

Anzeiger innerer Entwicklungen

URANIA BLAUE REIHE 17

Titel der Originalausgabe: *Planetary Cycles*
Erschienen bei *Samuel Weiser Inc., York Beach*

Aus dem Amerikanischen übersetzt von Ingrid Holler

1. Auflage 1987
1. bis 5. Tausend

ISBN 3-921960-17-7

Gesamtherstellung: Schneelöwe, 8961 Haldenwang
Printed in Germany

Inhaltsverzeichnis

Danksagung 7
Vorwort 9
Teil 1: Planetarische Zyklen und ihre Wirkungsweise 11

Kleine Zyklen 22
Sonnenzyklen 23
Merkurzyklen 26
Venuszyklen 27
Mondzyklen 28

Reifezyklen 31
Marszyklen 31
Jupiterzyklen 44
Saturnzyklen 68

Zyklen der Individuation 88
Uranuszyklen 89
Neptunzyklen 97
Plutozyklen 103

Teil 2: Die Krisenjahre; Altersstufen und Lebensabschnitte 109

Teil 3: Krisenberatung 175

Anhang: Weitere Zyklen 207

Dieses Buch ist der Erinnerung an
Samuel Weiser
gewidmet, der es vielen von uns ermöglichte,
den Weg zu finden.

Danksagung

In meiner jetzigen Lebensphase ist es mir wichtig, all denen zu danken, die mir auf meinem Weg im Laufe meiner astrologischen Studien geholfen haben. Zuerst möchte ich Mr. Willis danken, wo immer er sein mag, denn er hat vor vielen Jahren mein Horoskop gedeutet und mir dadurch eine ganz neue Lebensmöglichkeit eröffnet. Seine Interpretation half mit, mich selbst zu verstehen und war die Grundlage für mein späteres Interesse am Studium der Astrologie. Ich bin meinen Lehrern dankbar, weil jeder etwas Besonderes zu geben hatte: Zoltan Mason half mir, einen Anfang zu finden, als Astrologiekurse in New York City noch schwer aufzuspüren waren; Lynne Palmer gab ihre wunderbaren Marathonkurse auf der West Side; Lionel Day kombinierte Metaphysik mit dem Studium des Individuums im Horoskop. Aufgrund meiner vorangegangenen Studien der Psychologie, Philosophie, Mythologie und Religion zielte mein Interesse an Astrologie hauptsächlich darauf ab, sie als therapeutisches Mittel einzusetzen. Lionel Day, der ein Ausbildungsprogramm am Astrophysikalischen Institut anbot, lehrte Astrologie mit besonderer Betonung der psychologischen Motivation, und wenn ich auch keinen Abschluß an seiner Schule anstrebte, genoß ich doch meine Studienjahre in seiner Einrichtung in vollen Zügen.

Ich möchte auch dem amerikanischen Astrologenverband für sein Bestehen danken, weil ich durch meine Mitgliedschaft erfuhr, daß es in diesem Land viele verschiedene Astrologen gibt, die alle auf besondere Teile des Gebietes spezialisiert sind. Durch das Lesen der Verbandszeitung erfuhr ich von Tagungen in meiner Gegend und nahm an einigen teil. Durch die Teilnahme an Tagungen konnte ich mein Wissen erweitern und meine Sichtweise verändern.

Irgendwie kam durch den Besuch von Tagungen eine Begegnung mit Charles Emerson zustande. Und ich möchte Ihnen, Charles, dafür danken, daß Sie an mich glauben. Angeregt durch Charles trat ich dem National Council for Geocosmic Research (NCGR) in New York bei. Angeregt durch Charles, beteiligte ich mich an dem Studienprogramm für die New Yorker Ortsgruppe des NCGR. Durch die Mitarbeit im NCGR und schließlich als Mitglied des Bundesvorstandes, hatte ich während der Planung und Durchführung von Seminaren und Tagungen für das Studienprogramm Gelegenheit, Astrologen aus dem ganzen Land kennenzulernen und mit ihnen zu sprechen.

Dieser Kontakt mit der Welt der Astrologie lehrte mich etwas sehr Wichtiges: niemand hat eine »spezielle« Astrologie. Wenn wir uns auf das Verständnis menschlicher Motivation und wie diese sich im Geburtshoroskop offenbart, spezialisieren wollen, dann wird uns das aller Wahrscheinlichkeit nach gelingen.

Astrologen, die andere Methoden benutzen als ich, werden dennoch zu ähnlichen Schlüssen kommen bei einem Horoskop, das zur Diskussion steht. Wir sind Teil einer ganz besonderen Gruppierung, die durch Zusammenarbeit in der Lage ist, Kenntnisse miteinander zu teilen. Das Ergebnis dieses Austausches ist die Entwicklung des größtmöglichen Potentials. Dieses Konzept wurde in einer New Yorker Gruppe wieder bestätigt, die sich zur Erforschung der Kombination von Astrologie und Psychologie gebildet hatte. Meinen Dank an Dr. Bernard Rosenbaum dafür, daß er diese Gruppe leitete.

Astrologen, wo immer ihr in diesem Land seid, meinen Dank an euch alle für die Verbesserung unserer Welt. Den Autoren, die uns Bücher zum Lesen gaben, danke. Und den vielen unbesungenen Lehrern, die jahrelang arbeiteten, um uns alle zu unterrichten, ganz besonderen Dank, denn ihr seid das Fundament, auf das die astrologische Gemeinschaft heute baut. Vor 1970 war es schwierig, Lehrer und Bücher zu finden. Danke, daß ihr den Grundstein für eine Umwelt gelegt habt, in der jeder mühelos Astrologie studieren kann.

An Neil Michelsen, der mein erstes Buch verlegte, an Marsha Kaplan Rie, die daran glaubte, daß ich es schreibe, und an Patricia Morimando, die daran glaubte, daß ich es fertigstelle – ein ganz besonderes und persönliches Dankeschön. Spezielle Danksagung an Pat für das Redigieren meines ersten Buches und für das Herausgeben dieses Buches und ganz besonders für die Beratung, die nur von einem Freund kommen kann.

Mein Dank gilt auch einer anderen, besonderen Gruppe von Menschen, denn ihr habt mir auf persönliche Weise geholfen, als ich es am meisten brauchte. Ohne eure Hilfe wäre dieses Buch niemals fertiggestellt worden: Nancy Hastings, Doris Hebel, Carole Jones, Peter Jones, Barbara Somerfield, Mary Vohryzek und Donald Wharton.

Vorwort

Dieses Buch handelt von Zyklen und ihrer Beziehung zum menschlichen Reifeprozeß. Obwohl verschiedene Arten von Zyklen die Astrologen seit Jahrhunderten interessiert haben, wurde mein Interesse an Zyklen erst geweckt, als ich 1971 einen Vortrag von Lionel Day hörte. Er diskutierte astrologische Zyklen als Indikatoren persönlichen Wachstums, und das war das erstemal, daß ich hörte, wie man sich Saturns oder Uranus' eher als Indikatoren zyklischer Veränderungen bediente, anstatt sie nur als Transite zu verstehen. Kurz darauf gab mir ein Freund ein Exemplar des Buches »Astrology for the Millions« von Grant Lewis, und ich las Lewis' Ausführungen über die Veränderungen, die stattfinden, wenn sich zum Beispiel Saturn auf seine zyklische Reise durch das Geburtshoroskop begibt. Ein paar Jahre später hielt John Townley vor dem National Council for Geocosmic Research in New York einen Vortrag über Zyklen. Nachdem ich diesen Vortrag gehört hatte, las ich sein Buch »Astrological Cycles and The Life Crisis Periods«. Um meine Studien abzurunden, wurde »The Practice of Astrology« von Dane Rudyar neu aufgelegt, ein Nachdruck früher veröffentlichter Artikel, die in der Zeitschrift »Horoscope« in den vierziger Jahren erschienen waren. Alexander Rupertis »Cycles of Becoming« wurde 1978 veröffentlicht, und in »Lebensuhr im Horoskop«, Band 1, von Bruno und Louise Huber, werden ebenfalls Zyklen diskutiert; beides Beiträge zu dem Wissen, das dem zeitgenössischen Astrologen zur Verfügung steht.

Mein Bemühen, die Zyklen zu erläutern, unterscheidet sich von bereits veröffentlichtem Material durch den Versuch, in einfachen Begriffen aufzuzeigen, wie die Zyklen wirken, wenn wir versuchen, unseren Alltag zu bewältigen. Es wurde als Begleiter zu »Transite. Die Gezeiten des Lebens« (siehe S. 198/5) geschrieben und hätte 1980 veröffentlicht werden sollen, direkt nachdem »Transits« herauskam. Das verzögerte sich wegen meiner eigenen Erfahrungen mit der ›Midlife Crisis‹; aufgrund dieser Erfahrung ist das Buch wahrscheinlich besser als eins, das früher veröffentlicht worden wäre.

Um das Konzept der Zyklen vollständig zu erfassen, wurde das Material in drei Teile aufgeteilt. Zuerst beschäftigen wir uns mit allen astrologischen Zyklen und bewegen uns dabei von den kleinen Zyklen (Sonne, Mond, Merkur und Venus) zu dem, was wir die Reifezyklen nennen werden (oder die Energie, die von Mars, Jupiter und Saturn verkörpert wird). Wir schließen ab mit den Zyklen der Individuation[1], die durch verschiedene Phasen in den Zyklen von Uranus, Neptun und Pluto angezeigt werden. Dieser Abschnitt enthält auch Informationen über Aspekte, Orbits, die Wirkung rückläufiger Bewegung in Beziehung zu Zyklen, und Tabellen, die die durchschnittliche Bewegung der Planeten in ihren Zyklen im Verlauf eines ganzen Lebens zeigen.

Teil 2 beinhaltet eine Untersuchung der Altersstufen und Stadien des Wachstums und zeigt, wie kombinierte zyklische Phasen in Krisenjahren zum Ausdruck kommen. Diese Krisenjahre sind normale Streßperioden für jedes menschliche Wesen. Einige Krisenjahre sind bekannt, und bei anderen fängt man gerade an, sie für den Reifeprozeß in unserer gegenwärtigen Gesellschaft als wichtig zu erachten. Teil 3 besteht aus der Besprechung eines Beispielhoroskops, aufgrund dessen Studenten verstehen lernen, wie man bei der Durchführung einer Sitzung mit einem Klienten zyklische Energie mit anderen Vorhersagetechniken kombinieren kann.

Wie Sie sehen werden, wurden Zyklen, die über das Alter von 84 Jahren hinausgehen, nicht tiefergehend behandelt. Obwohl mir das zur Verfügung stehende Material über den Reifeprozeß eines ganzen Lebens zum Teil bekannt ist, betrachte ich mich selbst als Neuling. Dieses Buch wurde als Ergebnis persönlicher Studien sowie der mehrjährigen Leitung eines Seminars über Zyklen und aus dem wunderbaren Feedback meiner Klienten heraus verfaßt.

Ich spüre, daß man sich noch viel intensiver mit der Beziehung der Zyklen zu den fortgeschritteneren Jahren befassen könnte, als es mir hier möglich war. Wenn Leser gerne über ihre persönlichen Erfahrungen mit Phasen des Jupiter- und Saturnzyklus nach dem Alter von 56 Jahren berichten möchten, wird es mir eine große Freude sein, darüber zu hören. Schreiben Sie mir bitte über den Verlag, die Post wird dann weitergeleitet.

[1] Der in diesem Buch erwähnte Individuationsprozeß basiert auf Jungs Konzept der Vereinigung des »Bewußten« mit dem »Unbewußten«, wobei das Individuum konkret den Prozeß der Unterscheidung erlebt – mit dem Ziel der Entwicklung einer individuellen Persönlichkeit. Die meisten Menschen imitieren eher andere, als daß sie diesen Prozeß riskieren. Mit der Individuation entsteht auch das Bedürfnis, Teil der universellen Gemeinschaft zu werden. Individuation sollte nicht mit Isolation verwechselt werden, oder mit dem selbstsüchtigen, individualistischen Verhalten, das egozentrisch gefärbt ist.

Teil 1
Planetarische Zyklen und ihre Wirkungsweise

Die ganze Welt ist eine Bühne
Und alle Frauen und Männer bloß Spieler;
Sie treten auf und wieder ab;
Sein Leben lang spielt einer manche Rollen...
»Wie es euch gefällt«
2. Akt, Szene 7

Shakespeare sprach vor vielen Jahren über Lebensabschnitte. Wir spielen Kind, Jugendlicher, Krieger, Mutter, Vater, Großeltern, weiser alter Mensch. Es ist gleichgültig, ob wir darauf vorbereitet sind, unsere Rollen zu spielen oder nicht: wir spielen sie in jedem Fall; und unsere diversen Rollen im Leben können mit dem Reifeprozeß in Verbindung gebracht werden. Vor ein paar Jahren erwähnte Dane Rudhyar, daß ein Zyklus von Uranus (oder 84 Jahre) als Indikator für ein ganzes Leben gelten könnte[1]. Er sagte, daß die uranische Energie mit drei bedeutenden Lebenskrisen zusammenhängt: Volljährigkeit mit 21 Jahren, die psychologische Krise, die im Alter von etwa 42 Jahren eintritt, und die philosophische Phase, die entweder die Entfaltung des spirituellen Samens auslöst, oder uns in die Senilität abrutschen läßt. Er nannte diese kritischen Altersstufen »Herausforderungen zur Metamorphose«, weil uns diese Herausforderung deshalb angeboten wird, damit wir die Norm transzendieren können.

Begreifen wir diese uranischen Herausforderungen im voraus, und arbeiten wir zusätzlich mit den Phasen anderer planetarischer Zyklen, dann sind wir auf die Auseinandersetzung mit unserer Entwicklung besser vorbereitet.

Dieser Teil des Buches ist der Diskussion der Zyklen aus astrologischer Sicht gewidmet. Jeder Planet hat seinen eigenen Zyklus, und der

[1] Dane Rudhyar, »The Practice of Astrology«, Sevire, Wassenaar, Holland, 1968. Der größte Teil des Buches besteht aus Nachdrucken von Artikeln, die in der Zeitschrift »Horoscope« zwischen 1945 und 1946 erschienen sind.

Tabelle Nr. 1: Ungefähre Krisenjahre[1] [2]

Alter	Jupiter	Saturn	Uranus	Neptun	Pluto
3	xxx				
6	xxx				
7		xxx			
9	xxx				
12	xxx				
14		xxx			
15	xxx				
18	xxx				
21	xxx	xxx	xxx		
24	xxx				
27	xxx				
28		xxx			
30	xxx				?
33	xxx				?
35		xxx			?
36	xxx				?
39	xxx				?
42	xxx	xxx	xxx	xxx	?
45	xxx				?
48	xxx				?
49		xxx			?
51	xxx				?
54	xxx				?
56		xxx			?
57	xxx				?
60	xxx				?
63	xxx	xxx	xxx		
66	xxx				
69	xxx				
70		xxx			
72	xxx				
75	xxx				
77		xxx			
78	xxx				
81	xxx				
84	xxx	xxx	xxx	xxx	

[1] Mehrere Kreuzgruppen in einer Zeile weisen auf kombinierte zyklische Phasen hin.
[2] Beachten Sie das sich verändernde Pluto / Pluto-Quadrat.

Zyklus kann entsprechend der Stellung des Planeten im Geburtshoroskop zeitlich bestimmt werden. Einige Zyklen sind bedeutender als andere, da zum Beispiel die Sonne pro Jahr einen Zyklus vollendet, während Saturn 28 Jahre dazu braucht. Wir werden die Zyklen in Bezug auf die Planeten und ihre entsprechend verschiedenen Zeitabläufe betrachten. Wir werden mit durchschnittlichen Umlaufbahnen der Planeten arbeiten, um den Stoff leicht verständlich zu machen, aber der Leser sollte bedenken, daß in der Realität keiner der Zyklen so verläuft. Kleinere Zyklen wiederholen sich etwa einmal jährlich. Unser Schwergewicht wird auf den Reife- und Individuationszyklen liegen, die folgendermaßen auftreten:

Mars kehrt alle 2 bis 2,5 Jahre zurück zu seiner Geburtsposition
Jupiter kehrt etwa alle 12 Jahre zurück zu seiner Geburtsposition
Saturn kehrt etwa alle 18 Jahre zurück zu seiner Geburtsposition
Uranus kehrt in 84 Jahren zurück zu seiner Geburtsposition
Neptun kehrt alle 164 Jahre zurück zu seiner Geburtsposition
Pluto kehrt alle 284 Jahre zurück zu seiner Geburtsposition

Bei einer durchschnittlichen Lebensdauer könnten wir ungefähr vierunddreißigmal die Wiederkehr von Mars, siebenmal die Jupiterwiederkehr und vielleicht einmal die Uranuswiederkehr erleben, und zusätzlich einige Veränderungen durch die Zyklen von Neptun und Pluto. Diese Planeten stehen mit dem im Geburtshoroskop verkörperten Bewußtsein in Zusammenhang.

Es ist wichtig, daran zu denken, daß die tatsächliche Zeitspanne eines jeden Zyklus individuell bestimmt werden muß. Auch wenn man nicht unbedingt Geburtszeit und -ort kennen muß, braucht man doch das Geburtsjahr, um diese Bestimmung vorzunehmen, da der Plutozyklus jetzt sehr unregelmäßig verläuft. Ist zum Beispiel jemand in den späten zwanziger Jahren geboren, wird er ein Plutoquadrat mit dem Geburtspluto im Alter von etwa 60 Jahren erleben, während jemand, der in der Mitte der fünfziger Jahre geboren wurde, den Beginn dieser Energie schon im frühen Alter von 33 Jahren erlebt. Es liegt auf der Hand, daß diese beiden Individuen aufgrund ihres ungleichen Reifeniveaus den Zyklus sehr unterschiedlich erleben werden. (Plutos Energie erinnert mich an das beschleunigt wachsende Bewußtsein dieses Jahrhunderts).

Um noch für einen weiteren Moment die Planetenbewegung zu betrachten: wenn sich Saturn bei jedem Menschen mit derselben Geschwindigkeit bewegen würde, würden wir alle die Saturnwiederkehr im Alter von 29.46 Jahren (oder 10760,27 Tagen) erleben. Uranus würde dann genau im Alter von 4201 Jahren zu sich selbst in Opposition stehen, so daß wir die Midlife Crisis genau festlegen könnten. So funktioniert es nicht.

Tabelle 1 zeigt die durchschnittlichen Altersstufen planetarischer Beanspruchung, basierend auf den Zyklen. Beachten Sie, daß mehr als ein Zyklus zur selben Zeit einwirken kann, und beachten Sie auch die Veränderungen bei Pluto.

Aspekte

In unserer Diskussion der Zyklen wird die Hauptbetonung auf den herausfordernden Aspekten liegen. Wir werden im Laufe der Wanderung des Planeten durch seine Umlaufbahn mit Konjunktion, Quadrat und Opposition arbeiten. Zu Beginn des Zyklus taucht der Planet im Geburtshoroskop auf und fängt dann an, sich weiterzubewegen (als Transit). Sobald er das Horoskop einmal durchlaufen hat, kehrt er wieder zu demselben Platz zurück, den er am Tag der Geburt eingenommen hat. Das nennt man die erste Wiederkehr (so wie die erste Saturnwiederkehr nach etwa 28 Jahren). Zeichnung 1 zeigt vier Phasen eines Zyklus. Es ist interessant festzustellen, daß diese Unterteilung des Zyklus sogar ein Lebenskreuz bildet, und dort trifft man beides an, Schmerz und Kraft. Das Kreuz, geschaffen von der ständigen zyklischen Bewegung von 8 Planeten und 2 Himmelskörpern, kreiert eine kontinuierliche Verschiebung der Prioritäten; man kann es sich als eine Art Kaleidoskop vorstellen.

Manche Leute werden sich darüber beschweren, daß ich wenig Zeit auf Trigone und Sextile verschwende. Das tue ich nicht, weil ich es nicht möchte. Es mag genügen, wenn ich sage, falls eine Weiterentwicklung stattfindet, wird sie aller Wahrscheinlichkeit nach aufgrund der herausfordernden Aspekte in Gang gesetzt. Beim Studium der Geburtsastrologie weisen Lehrer für gewöhnlich darauf hin, daß die fähigsten Leute die schwierigsten Horoskope haben. Herausfordernde Aspekte weisen auf Energiequellen hin. Deshalb können die Krisen, die durch ein Quadrat oder eine Opposition zutage treten, und der Neubeginn, symbolisiert durch die Konjunktion, ziellose

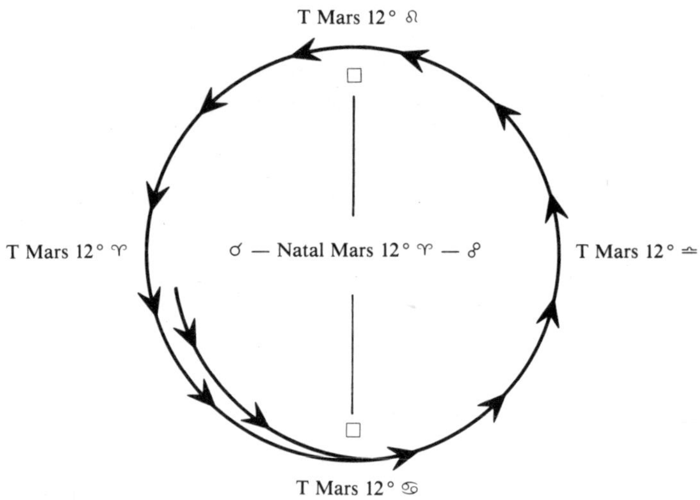

Zeichnung 1: Wenn der Geburtsmars in 12° Widder steht, dann werden die genaue Konjunktion, das erste Quadrat, die Opposition und das letzte Quadrat dann auftreten, wenn Mars in den Kardinalzeichen auf 12° steht. Die Energie beginnt sich zu manifestieren, wenn Mars 2° der Kardinalzeichen überschritten hat.

Energie verkörpern, und wir müssen lernen, sie nutzbar zu machen, damit wir anfangen können, von unseren Sextilen und Trigonen zu profitieren.

Im Grunde genommen können die Trigon- und Sextilperioden genutzt werden, um die Früchte der Arbeit zu ernten, die aufgrund der herausfordernden Aspekte geleistet wurde. Wenn wir lernen, Energie konstruktiv zu richten, dann sind die 60°- und 120°-Perioden sehr angenehm. Trigone und Sextile im Zyklus können berechnet werden, damit man während dieser Perioden Beratungen durchführen und sie umfassend positiv nutzen kann.

Weiche Aspekte scheinen sich selbst zu verarbeiten. Sie erfordern nicht im selben Maß Beratung wie herausfordernde Aspekte. Die meisten Klienten gehen nicht zu einem Astrologen, um verstehen zu lernen, warum sie so glücklich sind – sie kommen, weil sie etwas über den Grund ihres Unwohlseins erfahren wollen.

Wie man Streßperioden berechnet

Die Zyklen, die wir besprechen, sind im Grunde genommen eine besondere Art von Transit. Jeder Planet wandert von seinem Platz im Geburtshoroskop zum ersten Quadrat (Saturn im Quadrat zu Saturn), dann zur Opposition (Saturn in Opposition zu Saturn), weiter zum letzten Quadrat (Saturn im Quadrat zu Saturn) und zurück zum Anfang (Saturn in Konjunktion mit Saturn). Das ist sehr einfach zu berechnen. Alles, was man tun muß, ist, Saturns Bewegung in den Ephemeriden nachzusehen und darauf zu achten, wann er sich einem Aspekt mit sich selbst nähert.

Wenn man für einen Klienten zeitlich zurück- oder vorausschaut, dann wird die durchschnittliche zyklische Bewegung, wie sie auf Seite 13 aufgeführt ist, hilfreich sein bei dem Versuch herauszufinden, welchen Monat oder welches Jahr man in den Ephemeriden nachschlagen muß. Wenn man mit der zyklischen Bewegung eine Weile gearbeitet hat, weiß man, daß Saturn etwa alle sieben Jahre einen anderen Aspekt zu sich selbst bildet.

Orbite

Jetzt kommen wir zu dem unangenehmen Thema Orbit. Das ist ein heiß diskutiertes Thema unter Astrologen, und ich schlage vor, den Orbit erst dann zu bestimmen, wenn man sich überlegt hat, wofür er benutzt werden soll. Wenn jemand stark ereignisorientierte, voraussagende Deutungen macht, ist ein kleiner Orbit angebracht. Ebenso, wenn mit Mittellinien, Harmonien oder Progressionen gearbeitet wird. Arbeitet man jedoch mit einer Transitperiode oder mit einem Zyklus, dann sollte ein größerer Orbit in Erwägung gezogen werden. Persönliches Wachstum, Streß und zyklische Aktivität haben eins gemeinsam: um etwas zu verändern, müssen ein Anfang, eine Reife- (oder Entwicklungs-)periode und ein Ergebnis vorhanden sein. Nehmen wir für eine solche Vorhersage einen ereignisorientierten Orbit, dann haben Wachstum, Streß und zyklische Aktivität eines gemeinsam: sie passieren uns einfach. Ehrlich gesagt, glaube ich nicht, daß das stimmt.

Der Bauer sät, baut Korn an und erntet. Wenn man Karotten sät, bekommt man keine Kartoffeln aus dem Karottenbeet. Wenn man Sturheit, Unreife oder Rigidität zu Beginn eines Saturnzyklus pflanzt, ist das Ergebnis wahrscheinlich nicht Reife – eher wird man Depression, Wut und Frustration ernten. Um also sich selbst oder Klienten im Wachstumsprozeß zu beraten, ist es notwendig, die Zeit für das »Schwangersein« mit einer neuen Energierichtung zuzugestehen. Neue Energie gefällt uns selten, und wir gehen oft nicht zufriedenstellend damit um. Aber wenn wir den Rauch riechen können, wissen wir vielleicht, daß ein Feuer in der Nähe ist; ebenso wissen wir bei einem großen Orbit, daß die Krise im Anmarsch ist. Wir sind von Anfang an daran beteiligt, haben die Chance, uns mit der Energie auseinanderzusetzen und haben auch die Chance zu wachsen.

Ich benutzte einen 10°-Annäherungsorbit. Wenn der Geburtsmars in 12° Widder steht, kommt die Energie bei 2° Widder langsam in den Wirkungsbereich. Der Druck nimmt zu, bis der Aspekt gradgenau ist, und wenn Mars den 12°-Punkt überschritten hat, hört der Druck auf. Aus irgendeinem Grund scheint der nachlassende Aspekt nicht sehr viel zu bedeuten, besonders dann nicht, wenn man von Anfang an mit dem näherkommenden Aspekt gearbeitet hat. Wenn es um Saturn geht, bedeutet der 10°-Orbit, daß man mit dem Saturnprozeß etwa ein Jahr lang beschäftigt ist. Im Laufe dieses Jahres haben wir Gelegenheit zu verstehen, welche der eigenen Verhaltenweisen der Veränderung bedürfen, und wir können sehen, womit wir uns selbst Einschränkungen auferlegen.

Wir haben auch die Möglichkeit, Veränderungen vorzunehmen. Falls wir nicht schnell genug lernen, wird unsere Umgebung es uns wissen lassen. Irgendetwas geschieht dann, das uns veranlaßt, uns Klarheit zu verschaffen; das werden wir später im einzelnen besprechen.

Weichen wir einen Moment vom Thema Orbit ab. Die meisten Astrologen sagen, daß Astrologie nicht fatalistisch sei, aber daß ihre Beratung auf einem kleinen Orbit beruhe, und daß ein Klient sich aufregt, wenn er hört, wie ihm Dinge vorhergesagt werden, die auf Ereignisse ausgerichtet sind. Manchmal ist das Bedürfnis, vorauszusagen oder den Klienten zu erstaunen, problematisch – man hört dann: »Nehmen Sie sich am 11. November in acht.« Bei den Beratungen mit einem größeren Orbit eliminiert man »tägliche Vorhersagen«, indem man dem Klienten Gelegenheit gibt, Verantwortung für das eigene Leben zu übernehmen. Man zeigt Möglichkeiten der Veränderung auf und läßt den Klienten entscheiden, ob er am Prozeß der Veränderung teilhaben will oder nicht. Das ist eine völlig andere Art der Vorhersagetechnik, und man könnte sie sogar als Therapie der Zukunft betrachten. Viele Klienten sehen mich verständnislos an, wenn ich ihnen sage, daß ein Jahr saturnischen Wachstums auf sie zukommt. Und das, was sie hören, kümmert sie nicht besonders – »Wie meinen Sie das, ein *Jahr*?« – bis die Entwicklung deutlich wird und tatsächlich anfängt, sich in ihrem Leben abzuspielen. Sie können sich auf das, was in ihnen vorgeht, beziehen, und plötzlich merken sie, daß sie etwas unternehmen können. Anstatt zu rebellieren oder wütend zu werden – oder sich deprimieren zu lassen – sind sie in der Lage, konstruktiv auf die Energie zu reagieren, und oft rufen sie an, um von ihren neuen Erkenntnissen zu berichten. Die Alternative dazu ist, den Wachstumsprozeß stattfinden zu lassen, ohne sich dessen bewußt zu sein. Das ist das Spiel »Opfer der Umstände«, weil wir an der Geburt unserer neuen Persönlichkeit oder unseres neuen Lebensabschnittes keinen Anteil haben. Dies macht keinen besonderen Spaß.

Rückläufige Bewegung

Planeten bewegen sich vorwärts, halten an und scheinen sich im Tierkreis rückwärts zu bewegen. Das ist eine Illusion, aber die Illusion rückläufiger Bewegung reaktiviert tatsächlich Aspekte, indem sie dem fraglichen Planten wieder Energie gibt. Das bedeutet, daß eine zyklische Phase in zwei oder sogar drei verschiedenen Zeiträumen wirksam werden kann, wie man in einigen der Tabellen sehen kann, die weiter hinten in diesem Kapitel erscheinen.

Viele Studenten haben nach der Wirkung rückläufiger Planeten in Bezug auf die Interpretation gefragt. Sie scheinen folgendermaßen zu wirken: wir bekommen die erste Ahnung von einer besonderen Phase in einem Zyklus (nehmen wir an, der Geburtssaturn steht in 2° Widder und Saturn im Transit hat sich bis auf 27° Fische genähert) und fangen an zu begreifen, was los ist. Vielleicht fühlen wir uns unwohl und im Fall eines Saturntransits ein bißchen deprimiert und mürrisch; und die Wirklichkeit läßt irgendeine Vorstellung zusammenbrechen, die wir hatten, und das tut weh. Saturn ist rückläufig, die Energie wird freigesetzt und unsere Welt kommt wieder in Ordnung, wenn sich Saturn aus dem Bereich des 10°-Orbit entfernt. Dann kommt Saturn wieder zurück, auf 22° Fische, nähert sich 2° Widder, und bei der Rückkehr scheint er sich schneller zu bewegen. Mittlerweile konnten wir mit der Energie einige Erfahrungen sammeln; wir wissen, wann sie wieder näher kommt, weil wir es fühlen können. Wir arbeiten uns durch das, was der Aspekt auch immer für uns mit sich bringt, bis er 2° Widder überschreitet. Er läuft zurück über den Punkt 2° Widder und weiter zurück in die letzten Fische-Grade, wo er eine Zeitlang bleibt. Wenn wir mit der Symbolik dieses Zyklus schon gearbeitet haben, dann sollte das die Zeit sein, etwas aufzuräumen, was aufgeräumt werden muß. Wir brauchen uns keine Gedanken darüber zu machen, was »es« ist, denn wenn wir uns das Leben etwas aufmerksamer betrachten, dann wissen wir, was es ist, Nichts, was schwierig zu finden ist – nichts, wovor man Angst haben muß – nur etwas, das gesehen werden will. Das Aufräumen fühlt sich gut an; wir machen es vielleicht sogar freiwillig. Wenn wir jedoch nicht alles getan haben, was wir hätten tun können, dann ist das vielleicht eine Phase, in der wir ernsthaft auf die Probe gestellt werden und endlich mit uns selbst ins reine kommen müssen.

Zyklenberatung

Wir werden uns mit Beratungen im dritten Teil auseinandersetzen, aber ich möchte doch hier, in der Nähe des Kapitels über Orbite und rückläufige Bewegung, etwas dazu bemerken. Ich habe das Gefühl, daß zyklische Phasen und besonders herausfordernde Aspekte in zyklischen Phasen, Energie verkörpern, die uns dazu drängt zu wachsen. Die herausfordernden Aspekte signalisieren, daß wir bezüglich der Aufgabe, die in der jeweiligen Lebensphase ansteht, aus dem Gleichgewicht geraten sind. Wir müssen dieses Gleichgewicht wiederfinden oder wiederherstellen und dazu braucht man Beratung.

Einerseits hat jeder Zyklus sein Eigenleben – andererseits steht er in Verbindung mit den planetarischen Konstellationen innerhalb des Geburtshoroskops. Zum Beispiel wird jede Phase des Saturnzyklus von den Saturnaspekten im Geburtshoroskop beeinflußt, und diese Geburtsaspekte werden das Wachstum modifizieren, das vom Individuum erlebt wird. Beide Situationen werden erlebt: die Saturnphase selbst ist präsent, und die Saturnphase modifiziert auch die Reaktion des Menschen auf Geburtsaspekte und darauf, wie die Geburtsaspekte die verschiedenen Aktivitäten im Leben beeinflussen, die den stattfindenden Veränderungen entsprechen.

Bei einer Beratung in dieser Phase sollten wir nicht vergessen, daß der Klient die nächste Phase seines Lebens durchleben muß. Der

Astrologe braucht den Klienten nicht vor seinem oder ihrem Reifeprozeß zu schützen. Wir sollten auch nicht von einem ängstlichen Standpunkt aus beraten. In Teil 2 erwähne ich ein paar unerfreuliche Ereignisse, die ein spezieller Zyklus mit sich bringen kann. Das heißt nicht, daß dieser Zyklus für jeden, der ihn durchlebt, unerfreulich ist, aber daß einige Menschen mit entsprechendem Geburtshoroskop und entsprechender Konditionierung durch ihre Umwelt es wahrscheinlich nicht leicht damit haben. Manchmal gelingt es uns, mit einem Klienten in außergewöhnlich persönlicher Art zu sprechen, und diese Kommunikation hilft dann unter Umständen jemandem, ein Trauma zu umgehen. Ein andermal wiederum können wir das nicht. Jeder Astrologe muß selbst mit der persönlichen Verantwortung dafür zurechtkommen, daß er bestimmt, wie er mit einem Klienten spricht und was alles besprochen wird.

Mehrere Studenten haben mich gefragt, was der wirkliche Unterschied zwischen gut und schlecht ist. Ich weiß es nicht. Was eine gute Erfahrung für den einen ist, kann eine verheerende Erfahrung für den anderen sein. Will man lernen, wie die Energie zwischen »Gut« und »Böse« ausbalanciert werden kann, dann ist es notwendig, die beiden Seiten einer jeden Polarität innewohnenden Balance zu verstehen. Ein paar Leute haben eine Untersuchung entdeckt über William Grays kabbalistische Arbeit mit dem Titel »The Tree of Evil«[2], eine interessante Dissertation, in der diskutiert wird, wie man lernt, Polaritäten zu balancieren. Blinde, naive Beratung, voll Liebe und übertriebener Harmonie hilft nicht bei einem echten Problem und stark angstorientierte Beratung hilft ebensowenig. Wir müssen ein Gleichgewicht dazwischen finden, damit sich dieses Gleichgewicht unserem Klienten mitteilen kann.

[2] William G. Gray, The Tree of Evil, Samuel Weiser Inc. York Beach, ME 03910, überarbeitete Ausgabe 1984. Eine gute Diskussion des Energiegleichgewichtes und der Polarität zwischen Gut und Böse.

Kleine Zyklen

Sonne, Merkur, Venus und Mond stellen die kleinen Zyklen dar. Bezogen auf den Wachstumsprozeß, und wenn man alle Planeten in Betracht zieht, habe ich nicht das Gefühl, daß diese kleinen Zyklen übermäßig bedeutend sind. Philosophisch gesehen scheint es erheblich wichtiger zu sein, nach Saturn oder den äußeren Planeten zu schauen, um langfristige Lebensziele herauszufinden.

Die kleinen Zyklen bewegen sich sehr schnell; in Tabelle 2 wird die Wiederkehr von Sonne, Merkur und Venus in einem Zehnjahreszeitraum gezeigt, einfach um etwas Sichtbares an die Hand zu geben und um einen Bezug zur Zyklustheorie herzustellen. Der Mond kehrt alle 28 Tage in seine Geburtsposition zurück, wir erleben also einmal im Monat eine Mondwiederkehr. Wenn sich zuviel Energie auf die kleinen Zyklen konzentriert, dann besteht die Gefahr, die langfristigen Vorhaben der größeren Zyklen zu übersehen, weil das Individuum dann den Wald vor lauter Bäumen nicht mehr sieht.

Die kleinen Zyklen sind hier miteinbezogen worden, weil sie auf bestimmte Arten von Energie und Aktivität schließen lassen und konstruktiv angewendet werden können. Meiner Ansicht nach sind sie für den Anfang nicht der wichtigste Punkt. Ich würde empfehlen, am intensivsten mit der nächsten Gruppierung zu arbeiten, da die Mars-, Jupiter- und Saturnzyklen den Reifeprozeß verkörpern.

Tabelle Nr. 2: Daten der Wiederkehr von Sonne, Merkur und Venus 1928 - 1938 *

Sonne 18° ♑ °	Merkur 18° ♑ °	Venus 6° ♐
9. Jan. 1928	9. Jan. 1928	9. Jan. 1928
9. Jan. 1929	1. Jan. 1929	28. Okt. 1928
9. Jan. 1930	25. Dez. 1929	12. Dez. 1929
10. Jan. 1931	20. Dez. 1930	25. Okt. 1930
10. Jan. 1932	28. Jan. 1932	13. Nov. 1931
9. Jan. 1933	20. Jan. 1933	26. Dez. 1932
9. Jan. 1934	13. Jan. 1934	17. Okt. 1933
10. Jan. 1935	6. Jan. 1935	27. Nov. 1934
10. Jan. 1936	30. Dez. 1935	9. Jan. 1936
9. Jan. 1937	22. Dez. 1936	28. Okt. 1936
9. Jan. 1938	31. Jan. 1938	12. Dez. 1937

* Bei den Planeten des Geburtsdatums 9. Jan. 1928 wurden Mitternachtsephemeriden benutzt.

Sonnenzyklen (365 1/4 Tage)[3]

Die Sonne symbolisiert im Geburtshoroskop den Teil des Selbst, der sagt »Ich bin«. Sie stellt die Lebenskraft im Körper dar. Die Sonne im Transit scheint einmal jährlich durch den Tierkreis zu wandern, und die Wiederkehr der Sonne[4] zeigt an, daß die Sonne auf den exakten Grad, die Minute und die Sekunde des Zeichens, wo sie am Tag der Geburt stand, zurückgekehrt ist. Im zyklischen Prozeß ist das ein Energietief.

Jeder weiß, daß die Lebenskraft im neugeborenen Baby sehr zart ist. Dank der modernen medizinischen Entwicklung ist heutzutage das Auftreten von Kindersterblichkeit unbedeutend. Man könnte jedoch sagen, daß die Geburtstagszeit ein unbewußtes Energietief auslöst, das im Zusammenhang mit der physischen Geburt steht und sich jedes Jahr wiederholt. Dieser Vitalitätsverlust ist möglicherweise für die Tatsache verantwortlich, daß manche Leute um dem Geburtstag herum sterben, besonders, wenn sie älter sind und der Tod auf natürliche Weise eintritt (im Gegensatz zu dem Tod, der von schwerer Krankheit verursacht wird).

Es kann für diejenigen, die bewußt mit der Energie arbeiten, nützlich sein zu wissen, wie man den Sonnenzyklus nutzt. Zunächst einmal wissen wir jetzt, daß es vier grundlegende Energietiefs gibt, die im Laufe des Jahres auftreten. Diese Energietiefs werden weder von irgendeiner unbekannten Art von Depression hervorgerufen – noch rühren sie von der Tatsache her, daß wir etwas Unrechtes getan haben.

Die Geburtstagszeit ist insofern bedeutend, als sie auf eine Phase aufmerksam macht, in der wir kürzer treten sollten. Mit dem Wissen, daß die Woche vor und nach dem Geburtstag die Zeit ist, in der wir mehr Ruhe als normalerweise brauchen, können wir die Erkältung oder Grippe umgehen, die wir bekommen, wenn wir unsere Belastbarkeit bis an die Grenze treiben. Vielleicht können wir die Arbeitsbelastung herunterschrauben, damit wir uns nicht unnötig unter Druck setzen. Man sagt, daß die Heiden damit anfingen, den Geburtstag zu feiern, um liebe

[3] Laut Dal Lees »Dictionary of Astrology« ist es in Wirklichkeit die Erde, die in 365 1/4 Tagen um die Sonne wandert. Aber gemäß unseren Zwecken in der astrologischen Symbolik sehen wir nach, wann die Sonne an ihren Platz im Geburtshoroskop zurückkehrt.

[4] Der Sonnenzyklus darf nicht mit der Solarwiederkehr verwechselt werden, die von einigen Astrologen berechnet und als Hilfsmittel für Vorhersagen benutzt wird.

Freunde darin zu unterstützen, den Lebensgeist lebendig zu halten. Es wurden Geschenke gemacht und Parties für die Geburtstagskinder veranstaltet, um sie aufzumuntern. Wenn die Heiden einen Grund zum Geburtstagfeiern hatten, vielleicht können wir es dann genauso machen. Wenn wir eine kleine Party geben und unsere Freunde wissen lassen, daß es unser Geburtstag ist, flattern uns ein paar Geburtstagskarten ins Haus und vielleicht sogar das eine oder andere Geschenk. Für diejenigen unter Ihnen, die Geburtstage hassen: Ist Ihnen nie in den Sinn gekommen, herauszufinden, wieso? Vielleicht löst die Vorstellung, daß man Geschenke bekommt und einem Liebe und Zuneigung gezeigt werden, keine angenehmen Gefühle aus. Vielleicht glauben Sie, daß Sie es nicht verdienen. Es könnte sein, daß Ihnen nicht klar ist, daß der Selbsteinschätzungsprozeß, den man am Geburtstag durchmacht, mit den ernsthaften Vorsätzen zum Neujahresbeginn verknüpft ist.

Wenn wir zusammenkommen, um das Ende des alten und den Beginn des neuen Jahres zu feiern, verbringen wir viel Zeit damit, leere Versprechungen zu machen, die wir nicht einhalten. Die Leute, die die Neujahresvorsätze, die am 31. Dezember gefaßt werden, ausführen, sind meistens diejenigen, die an diesem Tag geboren sind. Wir übrigen feiern das Ende des alten Jahres am Vorabend unseres Geburtstages, und das neue Jahr beginnt, wenn die Sonne ihren Platz wieder einnimmt, den sie innehatte, als wir geboren wurden. Das ist die Zeit, um über die Leistungen des vergangenen Jahres nachzudenken und unsere Zielrichtung neu zu bestimmen.

Leute, die Geburtstagen aus dem Weg gehen, mögen vielleicht die Depression nicht, die sie während dieser Zeit fühlen. »Oh, ich will keine Geburtstagsfeier, mir geht es an meinem Geburtstag nicht gut, ich hasse diese Zeit, ich will den Tag einfach vergessen.« Nun, das mag die Art von jemandem sein, der sich nicht mit den Depressionen auseinandersetzen will, die uns zu dem gesegneten Ereignis heimsuchen. Durch das Interesse von Laien an Psychologie, und weil so viele Leute das, was sie gelesen haben, falsch interpretieren, setzen die meisten Menschen Depression mit etwas Schlechtem oder Krankhaftem gleich.

Depression ist ein sehr gesunder Zustand, wenn er richtig genutzt wird.[5] Während einer Depression kehren wir uns nach innen, um über bestimmte Fragen nachzudenken, die von innen heraus angegangen

[5] Die Depression, die von einem inneren Prozeß hervorgerufen wird, ist nicht dieselbe Depression, die in der psychiatrischen Terminologie definiert wird. Chronische Depression sollte nicht mit dem verwechselt werden, worüber ich hier spreche.

werden müssen. Diese Fragen sind normalerweise sehr persönlich und können nicht so leicht mit anderen besprochen werden. Das innere Selbst ist so beschäftigt mit dem Gedankenprozeß, daß nur sehr wenig Energie für nach außen gerichtete Aktivitäten übrig ist. Auf diese Weise entwickelt sich das, was eine Depression genannt wird. Wir Astrologen können die Geburtstagsdepression von einem heilsamen Standpunkt aus nützen. Und wir können auch unsere Klienten darin unterstützen, sie zu verstehen.

Wie? Wägen Sie bewußt ab, was Sie im kommenden Jahr tun wollen. Erinnern Sie sich daran, worum Sie sich letztes Jahr bemühen wollten. Ob Sie es wissen oder nicht, Ihr inneres Selbst vergleicht das letzte Jahr mit diesem Jahr. Wie haben Sie abgeschnitten? Die meisten Leute sind äußerst streng mit sich und glauben, daß die Leistungen im letzten Jahr – ob geplant war, sich emotional weiterzuentwickeln, oder auf Berufsebene weiterzukommen, oder sonst etwas – nicht gut genug waren. Wenn die Depression auftaucht, haben die Leute meist kein realistisches Bild von dem, was sie während des Jahres genau gelernt haben. Wenn konkrete Leistungen von einem Geburtstag zum nächsten ins Auge gefaßt und klar und präzise formuliert werden, dann ist es erstaunlich zu sehen, wie weit sich viele von uns entwickelt haben! Und es ist erstaunlich, wie gut wir uns fühlen, wenn wir unser Wachstum bewußt wahrnehmen können.

Im Laufe des Jahres gibt es noch drei weitere Perioden niedriger Vitalität. Sie sind leicht zu berechnen, denn sie treten auf, wenn die Sonne zur Geburtssonne im Quadrat steht, in Opposition und wieder im Quadrat. Manche Leute finden, daß das erste Quadrat schwieriger ist als das zweite oder umgekehrt. Um sich auf diese kleinen Tiefs vorzubereiten, tragen Sie die Daten im voraus in Ihren Kalender ein, damit umfangreiche Arbeitsverpflichtungen oder anstrengende Ferienpläne während dieser Zyklen niedriger Vitalität vermieden werden können.

Wenn die Neujahrsvorsätze, die an diesem Geburtstag gefaßt werden, mit dem Sonnenzyklus in Zusammenhang stehen, dann kann man daraus schließen, daß diese Vorsätze während der Zeit des Quadrats oder der Opposition noch einmal überdacht werden.

Vielleicht erfordert das Quadrat, daß man eine Theorie korrigiert, die man vertreten hat; vielleicht muß der »Plan« geändert werden, um etwas miteinzubeziehen, was man gerade gelernt hat. Es könnte darauf hinweisen, daß Depressionen, die man während einer Quadrat- oder Oppositionsperiode hatte, vielleicht auf innerer Arbeit begründet waren, die zu Geburtstagsvorsätzen in Verbindung steht. Wenn wir uns die Ursachen dieser periodischen Tiefs näher ansehen, können Depressionen leichter verschwinden, weil sie schneller verstanden werden.

Wenn die Sonne in ein Sextil oder Trigon zur Geburtssonne wandert, wird man ein Energiehoch feststellen. Dies könnte eine Zeit sein, die man im Gedächtnis behalten sollte, wenn man umfangreiche Arbeitsvorhaben plant oder sich einen Urlaub vornimmt, der viel Anstrengung erfordert. Nicht, daß man keinen Urlaub machen sollte, wenn die Sonne in einem herausfordernden Aspekt zu sich selbst steht. Aber es ist besser, während dieser Zeit einen Badeurlaub zu machen. Sparen Sie sich das Bergsteigen in den Alpen für ein Vitalitätshoch auf. Die Energiehochs, die von den Trigonen und Sextilen symbolisiert werden, können benutzt werden, um einen Teil der Ziele zu erreichen, die wir uns zur Zeit der Geburtstagsvorsätze gestellt haben. Wenn wir uns vorgenommen haben, im Beruf weiterzukommen, dann wäre es sinnvoll, mit wichtigen Leuten dann zu sprechen, wenn die Sonne im Trigon zur Geburtssonne steht. Wir können mit jeder Art von spürbarer Bewegung, die mit unseren wichtigen Zielen in Verbindung steht, besser umgehen, wenn unsere Vitalität stark und unsere Sichtweise enthusiastisch ist.

Wenn wir feststellen, daß wir Hochs und Tiefs im Laufe des Jahres haben, können wir anfangen, Veränderungen vorzunehmen, um den Energiefluß auszugleichen. Sind wir in schlechter Stimmung oder deprimiert, weil wir müde sind? Sind wir verbittert, weil wir unsere gesundheitlichen Bedürfnisse nicht berücksichtigt haben? Diese Veränderungen stimmen unter Umständen mit der Energie des Sonnenzyklus überein, und wenn das der Fall ist, können wir uns vielleicht selbst helfen, indem wir uns auf unseren natürlichen Rhythmus einstimmen.

Merkurzyklen (etwa 365 Tage)[6]

Merkur im Geburtshoroskop zeigt uns, wie ein Individuum kommuniziert. Kommunikation manifestiert sich auf vielen Ebenen. Sie drückt nicht nur aus, wie wir sprechen. Sie deutet darauf hin, wie wir sehen, hören oder die fünf Sinne in das Wissen über uns selbst integrieren. Die

[6] Siehe Tabelle 2, Seite 22

zeitliche Berechnung der Wiederkehr Merkurs wird mit der der Sonne ein wenig in Verbindung stehen, aber wir dürfen nicht vergessen, daß Merkur von Zeit zu Zeit rückläufig ist, so daß der Zyklus jedes Jahr variiert.

Der Merkurzyklus ist nicht besonders wichtig im Bereich umfassender, persönlicher Veränderungen, weil die meisten von uns nicht wirklich darüber nachdenken, »wie sie denken«. Wir mögen feststellen, daß wir die Worte, die wir benutzen, ebenso wie unsere sinnlichen Wahrnehmungen verändern, und diese Abstimmungen beruhen auf unserer Lebenserfahrung. Wenn die Art unserer Kommunikation uns nicht zu dem führt, was wir wollen, beschweren wir uns entweder, daß uns niemand versteht, oder wir ändern unser Verhalten. Vorgenommene Veränderungen beruhen darauf, wie alt wir sind, denn wir verstehen selten, was es heißt, verletzt zu sein, bis wir selbst Schmerz gefühlt haben, und wir verstehen erst, wie eine falsche Wortwahl unsere Zukunft beeinflussen kann, wenn wir das Ergebnis wirklich gespürt haben.

Die Wiederkehr Merkurs ist für ein siebenjähriges Kind nicht wichtig, da Kinder noch mehr damit beschäftigt sind zu lernen, wie sie sich in der Welt ausdrücken können. Die Energie ist nach außen gerichtet. Wenn wir älter werden und ein Interesse an Bewußtheit über uns selbst entwickeln, mag die Berechnung des Zyklus hilfreich sein. Wenn zum Beispiel ein Tagebuch geführt wird, und die Gedanken wurden in der Woche vor und nach der Merkurwiederkehr aufgeschrieben, dann können wir vielleicht in ein paar Jahren ein Muster erkennen. Zu manchen Zeiten wird dieser Zyklus zur selben Zeit vollendet sein, wenn die Sonne an ihren eigenen Platz zurückkehrt, und es wäre eine interessante Fünfjahresstudie, den Energieeffekt zu beobachten.

Venuszyklen (225 Tage)

Venus und Merkur sind stark auf die Sonne ausgerichtet. Das Geburtstagstief, das zur Zeit der Sonnenwiederkehr empfunden wird, ist sehr viel auffälliger als die Wiederkehr der Venus. Wie bei Merkur variiert der Venuszyklus jedes Jahr, und ob Venus im Geburtshoroskop sehr dicht bei der Sonne steht oder nicht, beeinflußt ebenfalls den Zyklus.

Im Geburtshoroskop verkörpert Venus die Persönlichkeit, die sagt, »Ich will«. Im Laufe unserer Entwicklung werden sich die natürlichen Einsichten, die von Zeichen und Haus, in dem die Geburtsvenus steht, angedeutet werden, verändern. Oder auch nicht. Man könnte annehmen, daß sich mit zunehmender Reife auch ein erhöhtes Bewußtsein darüber entwicklet, wie man die Energie, die vom Tierkreiszeichen der Geburtsvenus symbolisiert wird, benutzt. Wir könnten auch darauf hinarbeiten, bewußte Korrekturen am Ausdruck des venusischen Teils unserer Persönlichkeit vorzunehmen.

Es wäre interessant festzustellen, was geschieht, wenn der Venuszyklus jedes Jahr aufgezeichnet würde. Vielleicht könnten wir dann klarer sehen, wie sich unsere sich entwickelnde Individualität wandelt und einfacher verstehen, wodurch die Veränderung hervorgerufen wurde. Bei der Betrachtung von Tabelle 2 auf Seite 22 sieht man die schwankende Bewegung der Venuswiederkehr über einen Zehnjahreszeitraum hinweg. Ich bezweifle, daß es sich lohnt, die Zyklen für Kinder auszuwerten, aber Mütter finden es vielleicht interessant. Für einen Erwachsenen könnte sich ein Überblick über die Venuswiederkehr und die Quadrate und Oppositionen, die zu dem Zyklus gehören, als nützlich herausstellen, wenn die Persönlichkeit bewußt genug ist, um zu erkennen, was vor sich geht.

Mondzyklen (28 Tage)

Der Mondzyklus ist in Tabelle 2 nicht aufgenommen worden, weil der Mond alle 28 Tage an seinen Platz zurückkehrt.[7] Das heißt, daß wir jeden Monat ein Quadrat, eine Opposition und noch ein Quadrat erleben. Benutzt man einen 10°-Annäherungsorbit, dann läuft das auf einen stürmischen Tag pro Woche hinaus. An diesen Tagen regen wir uns vielleicht leichter auf oder bekommen einen Gefühlsausbruch. Der Zyklus kann aufgezeichnet werden, aber das wäre nicht interessanter oder informativer, als wenn wir dasselbe mit den Transiten über den Mond machen würden. Im Sinne länger andauernder Wirkungen muß dieser Zyklus als unbedeutend betrachtet werden. Der Mond ist dennoch kein unbedeutendes Symbol im Geburtshoroskop und vielleicht sollten wir, entsprechend unserer Ziele in diesem Buch, den Vergleich des ungefähren 28-Tage-Zyklus des Mondes mit dem ungefähren 28-

[7] Die Mondwiederkehr ist keine Lunarwiederkehr. Eine Lunarwiederkehr wird von manchen Astrologen für die Vorhersage benutzt. Wir diskutieren hier nur die Transitbewegung des Mondes; die Lunarwiederkehr beinhaltet Berechnungen, die in diesem Buch nicht besprochen werden.

Jahrezyklus Saturns in Betracht ziehen. Der Mond hat etwas damit zu tun, einen Körper und eine emotionale Erwiderung auf das Leben zu haben; er hängt mit Gefühlen zusammen, dem Prozeß des Nährens (nicht nur als perfekte Mutter, sondern auch als Energie, die zum Beispiel mit beeinflußt, wenn ein Garten fruchtbar gemacht wird), und all den anderen angenehmen Dingen. Saturn andererseits verkörpert Autorität, Reife, die Zeit von Vater- und Mutterschaft und die Kristallisation von Bewußtsein. Vielleicht könnten wir sagen, daß der Mond emotional reagiert, ohne über die Resultate dieser Reaktion im Augenblick nachzudenken, während Saturn die Energie ausbalanciert, indem er von uns fordert, Verantwortung für unsere emotionalen Reaktionen übernehmen zu lernen.

Der Mondzyklus gibt uns wirklich die Chance, einmal im Monat eine Korrektur vorzunehmen. Im Geburtshoroskop ist das Schlüsselwort des Mondes »Ich fühle« und das hat eine direkte Beziehung zu dem »Ich bin«-Prinzip, das von der Sonne symbolisiert wird. Alan Leo sagt, daß die Sonne den Logos repräsentiert und der Mond die Seele. Die beiden verbinden sich, um ein Ganzes zu bilden, und das eine kann nicht wirklich ohne das andere diskutiert werden, soweit es das Geburtshoroskop betrifft. Der Körper erneuert sich jeden Monat, und diese Symbolik ist für Frauen besonders deutlich, weil sich der Schoß einmal im Monat leert und die Möglichkeit zur Entstehung neuen Lebens einmal im Monat mit sich bringt. Der physische Erneuerungsprozeß müßte mit dem Sonnenzeichen und dessen Stellung verglichen werden, um zu sehen, wie sich die Sonne/Mond-Symbolik auf einer jährlichen Basis verändert. Das ist aber eine spirituell so hoch entwikkelte Theorie, daß nur ein wirklich gut integriertes Individuum in der Lage ist, sie genau zu verstehen; die meisten von uns sind immer noch damit beschäftigt, die mehr grundlegenden Auseinandersetzungen des Lebens zu erfassen.

Mondphasen sollten berücksichtigt werden. Wir werden nicht näher auf das Thema eingehen, aber man könnte verschiedene Phasenabschnitte des Mondzyklus in Betracht ziehen. Der Mond hat zunehmende und abnehmende Phasen, und die Neumondphase (zunehmend) ist ergiebiger für manche Aktivitäten als die abnehmende Phase. Bauern wissen, daß sich die Frucht über dem Boden besser entwickelt, wenn sie bei zunehmendem Mond ausgesät wurde, während Pflanzen, die in der Erde wachsen, die abnehmende Mondphase vorziehen. Wir wissen, daß wir schwierige chirurgische Eingriffe nicht bei Vollmond durchführen lassen, da die Gefahr von Blutungen in dieser Zeit steigt.[8]

In persönlicher Hinsicht könnten die Mondphasen beobachtet werden, um herauszufinden, welche Phase am angenehmsten zu handhaben ist. Diese Phasen können dann genutzt werden, um neue Untersuchungen zu planen und anzufangen, oder sie können hilfreich sein, wenn man die besten Phasen für die eigenen, persönlichen Aktivitäten plant.[9]

Ich möchte vor dem übermäßigen Gebrauch der Mondzyklen warnen, denn obwohl sie interessant sind und für andere astrologische Studien benutzt werden können, bedeutet eine Überbetonung der Mondenergie zu Beginn normalerweise, daß man die schwierigen Stellen in der verbleibenden zyklischen Erfahrung ignoriert. Bitte mißverstehen Sie das nicht und denken Sie nicht, daß ich sage, der Mond ist unwichtig: Im Geburtshoroskop sind Mondstellung und -aspekte äußerst wichtig für Männer und Frauen.

[8] Viele Astrologen lehren Mondzyklen. Ich habe bei Lynne Palmer studiert, die nicht nur Astrologie auf Stundenbasis lehrte, sondern verschiedene Bücher über die Nutzung günstiger Mondphasen im täglichen Leben veröffentlicht hat. C. C. Zain hat ebenfalls eine Broschüre mit dem Titel »Horary Astrology: How To Select The Best Time« geschrieben. Zu beziehen von der Church of Light in Kalifornien. Wählt man die Arbeit mit bestimmten Mondphasen, dann könnte das allgemeinverständlicher »determinierende Astrologie« statt »Astrologie auf Stundenbasis« genannt werden, denn Stundenbasis beinhaltet die Beantwortung einer Frage, was ich nicht meine.

[9] Manche Leute möchten vielleicht mit Lunarprogressionen arbeiten, was wieder eine andere Art ist, Veränderungen in der Persönlichkeit zu betrachten, die sich auf die Symbolik der Mondbewegung beziehen. Ich würde Nancy Hastings »Secondary Progressions, Time To Remember«, Samuel Weiser, Inc., York Beach, ME 03910, 1984, oder Leyla Rael-Rudhyar, »The Lunation Process«, Aurora Press, New York, 1984, vorschlagen.

Reifezyklen

Diese Zyklen sind der Schlüssel für die Entwicklung des Individuums. Im Geburtshoroskop ist Mars das Symbol dafür, wie wir handeln, um unsere Sonne und unseren Mond darzustellen. Und diese Aktivitäten beinhalten unser Handlungskonzept auf allen Ebenen. In alten Zeiten wurde Jupiter als der Planet der Ausdehnung angesehen, während Saturn Begrenzung symbolisierte. Dieses Konzept funktioniert, wenn zeitgenössische Interpretationen der Bedeutung dieser Worte dem zur Diskussion stehenden Thema angepaßt werden. Ausdehnung bedeutet nach außen zu gehen, wenn wir über Persönlichkeit sprechen, und Begrenzung bedeutet Zurückhaltung. Die verschiedenen Ebenen der Beziehungen mit anderen Menschen stimmen mit der Symbolik Jupiters überein, und verschiedene Züge der Rigidität, Kristallisation und Reife würden letztendlich auf Saturn zutreffen.

Diese drei Phasen sind sehr aufregend, wenn man sie im Licht des stattfindenden Reifeprozesses betrachtet, denn wir können unsere Entwicklungs- und Veränderungsmöglichkeiten durch die Beobachtung dieser Zyklen verfolgen. Wenn wir das Glück haben, uns innerhalb des zyklischen Rahmens dieser Energie zu bewegen, dann wird sich unser Leben auf interessante Weise entwickeln. Wenn wir in einem alten Zyklus steckenbleiben, dann entwickeln wir nicht unser volles Potential. Die alten Philosophien hatten ihren Sinn, und es ist interessant, die Bedeutung von Zyklen in eine Sprache zu übersetzen, die im Zusammenhang des heutigen Lebens verstanden werden kann.

Marszyklen (2 – 2½ Jahre)

Die zyklische Marsenergie ist ein sehr nützliches Hilfsmittel für die persönliche Entwicklung, da Mars ziemlich schnell durch das Geburtshoroskop wandert – er braucht 2 bis 2 ½ Jahre, um an seinen Platz im Geburtshoroskop zurückzukehren. Im Geburtshoroskop symbolisiert Mars das »Ich handle«, und durch die Marsenergie (sein Zeichen, Haus und Aspekte) hat die Sonne eine Chance, sich zu verwirklichen. Marstransite über Geburtsplaneten sind an anderer Stelle thematisiert worden,[10] und hier wird die Betonung darauf liegen, wie man den Zyklus für sich nutzen kann.

Tabelle 3 auf Seite 33 zeigt die Zehnjahresperiode der Marsbewegung. Da der Zyklus unregelmäßig ist, muß man ihn im voraus berechnen. Jede Phase des Zyklus dauert etwa zwei Wochen.

Der Marszyklus ist eine der produktivsten Energieformen, die jedem zur Verfügung steht, der mit der Energie des Geburtshoroskopes arbeiten möchte, um sie zu verändern. Dieser Zyklus kann genutzt werden, um Fähigkeiten zu entwickeln, die Berufsaussichten zu verbessern oder Beziehungen schöner zu gestalten. Er kann genutzt werden, um die Grundlage für zukünftiges Weiterkommen im Beruf oder den Anfang einer produktiven Beziehung zu kreieren. Das Tierkreiszeichen, in dem der Geburtsmars steht, zeigt an, welche Art von Energie für uns natürlich ist. Ein Mensch mit dem Geburtsmars in Widder wird anders handeln als ein Mensch, der mit Mars in Steinbock geboren wurde.

Die Aspekte zum Geburtsmars werden unsere Fähigkeiten, die Energie des Zyklus zu nutzen, beeinflussen. Hat man zum Beispiel im Geburtshoroskop ein Mond-Mars-Quadrat, dann wird man diese Energie zügeln müssen, um sich auf einen neuen Marszyklus produktiv einstellen zu können. Dieser Aspekt wcist auf einen Menschen hin, der vielleicht gegen seine eigene gefühlsmäßige Natur (Mond) handelt (Mars), oder er kann auch auf jemanden hinweisen, der gegen sein körperliches Wohlbefinden handelt (der Mond symbolisiert in diesem Fall den physischen Körper). Unter Einbeziehung aller anderen Faktoren im Geburtshoroskop, des Alters und der Vorgeschichte des betreffenden Individuums, muß die Energie von dem jeweiligen Menschen vielleicht in Richtung auf bewußte Anstrengung hin abgewandelt werden. Das Individuum mag eine Tendenz haben, leicht in Wut zu geraten (nicht die beste Voraussetzung, wenn man vorhat, den Chef um eine Gehaltserhöhung zu bitten), oder es mag übermäßig launisch sein (ein Faktor, der unter Umständen eine Beförderung oder ihr Ausbleiben beeinflußt). Dieser Aspekt weist auf ein Individuum hin, das vielleicht die Party gestern abend wichtiger findet als das verpaßte Vorstellungsgespräch heute vormittag. Alles in allem mag das Mond-Mars-Quadrat jemanden davon abhalten, aus dem Beginn eines neuen Zyklus Nutzen zu ziehen. Dieses Verhalten kann geändert werden.

Oder man sieht sich einen Menschen mit einer Mars-Saturn-Konjunktion im Geburtshoroskop an. Der Saturneinfluß mag Mars davon

[10] In »Transite. Die Gezeiten des Lebens« können Sie meine Diskussion darüber, wie man mit Marstransiten über Geburtsplaneten arbeitet, nachlesen. Diese Transite sollten nicht mit dem Marszyklus verwechselt werden.

Tabelle Nr. 3: Marszyklen von 1980 bis 1990[1]

Aspekt	Datum	Aspekt	Datum
☌	1980 — 31. Okt.-13. Nov.	□	1985 — 1. Okt.-17. Okt.
□	1981 — 24. Feb.-9. März	☌	1986 — 25. Feb.-15. März
☍	1981 — 24. Juni-9. Juli	□	1986 — 16. Dez.-30. Dez.
□	1981 — 13. Nov.-3. Dez.	☍	1987 — 26. April-11. Mai
☌	1982 — 9. Okt.-23. Okt.	□	1987 — 13. Sept.-28. Sept.
□	1983 — 4. Feb.-17. Feb.	☌	1988 — 28. Jan.-13. Feb.
☍	1983 — 5. Juni-20. Juni	□	1988 — 13. Juni-30. Juni
□	1983 — 22. Okt.-7. Nov.	☍	1989 — 2. April-19. April
☌	1984 — 10. Sept.-26. Sept.	□	1989 — 25. Aug.-9. Sept.
□	1985 — 12. Jan.-25. Jan.	☌	1990 — 6. Jan.-20. Jan.
☍	1985 — 16. Mai-31. Mai		

[1] Die Tabelle des Marszyklus basiert auf der Marsstellung in 23 ° 30'Schütze. Die Konjunktion variiert von Jahr zu Jahr, deshalb muß man zur Feststellung des Zyklus Ephemeriden benutzen. Beachten Sie auch, daß während der Zehnjahresperiode von 1980 bis 1990 Mars nach meinen Ephemeriden in keinem der beweglichen Zeichen rückläufig ist.
(„The American Ephemeris for the Twentieth Century", Michelsen A.C.S.)

abhalten, in Aktion zu treten. Der Saturneinfluß ruft unter Umständen auch Gefühle von Unsicherheit und Unzulänglichkeit hervor oder läßt sogar auf eine Angst schließen, irgend jemandem in einer höheren Position näherzukommen. Im letzteren Fall entdeckt man während des Marszyklus vielleicht den Angestellten, der bei seinen Freunden darüber schimpft, daß niemand auf seiner Arbeitsstelle irgend etwas für ihn tun will und daß sein Chef ihn einfach nicht zu schätzen weiß. Wir können unmöglich wissen, wie ein Klient mit der Geburtsenergie umgeht. Nur indem wir das ganze Horoskop betrachten, können wir das Potential für den Zyklus verstehen. Astrologen können jedoch für den Klienten, der sein Leben verändern will, äußerst hilfreich sein, da wir die Hindernisse aufzeigen können, die den Klienten unter Umständen von der Nutzung seiner Energie entsprechend seiner Vorstellung abhalten.

Ich habe bestimmte Klienten dazu ermutigt, den Marszyklus über einige Zyklen hinweg lediglich dann für berufliche Zwecke zu benutzen, wenn Mars ernsthaft beeinträchtigt war. Die schwierigen Aspekte mit Mars im Geburtshoroskop wurden diskutiert, und der Klient war sich des Verhaltens und der Reaktion bewußt, die die Marsenergie unter

Umständen davon abhalten, sich auf einer konstruktiven Ebene zu manifestieren. Jeder kann zwei Wochen abwarten und mit einem Energiemuster vorsichtig sein, besonders dann, wenn es für ein langfristiges Lebensziel sehr wichtig ist. Die Energie wirkt im selben Grundmuster wie alle planetarischen Zyklen. Das neue Lebensmuster wird während des zweiwöchigen Zeitraumes festgelegt, in dem Mars in Konjunktion zu seiner Geburtsposition steht.[11] Wenn Mars sich auf ein Quadrat mit dem Geburtsmars zubewegt, muß die anfängliche Entscheidung abgeändert werden. Nicht, daß der ursprüngliche Plan unzulänglich war – aber während des ersten Quadrates lernt man etwas, was man wissen muß, und man muß seinen Plan abwandeln, weil er mit einer Änderung besser funktioniert. Es ist ratsam, während dieser Periode eher flexibel zu bleiben, als mit aller Gewalt an dem Vorhaben festzuhalten, da sich Flexibilität während dieser Zeit auszahlt.

Wenn Mars sich auf die Opposition mit dem Geburtsmars zubewegt, wird man erfahren, ob das Vorhaben, das während der Konjunktion in Angriff genommen wurde, gut war oder nicht.[12]

Wenn es gut war, werden wir die uns gebührende Belohnung entgegennehmen. War der Plan nicht so gut, so wird man das auch merken. Wir machen alle Fehler, und manchmal treten noch andere Transite und Zyklen in Aktion, während der Marszyklus wirkt. Während wir reifer werden, betrachten wir Dinge anders und etwas, das vor eineinhalb Jahren vielleicht gut ausgesehen hat, mag heute nicht mehr so interessant sein. Wir verändern uns. Mars ist ein Teil dieser Veränderung und ein sehr hilfreicher Einfluß.

Während des letzten Quadrates muß etwas aufgeräumt werden. Es ist Ihnen vielleicht aufgefallen, daß bei der Arbeit etwas passiert – eine Situation entsteht, von der Sie dachten, Sie hätten sie vor langer Zeit endgültig abgehakt. Es ist die Art von Ereignis oder Situation, die uns die Reaktion »nicht *das* schon wieder!« entlockt. Diese Situation – die

[11] Steht Ihr Geburtsmars in 15° Krebs, dann würde der Marszyklus anfangen, wenn Mars im Transit 5° Krebs erreicht und wird andauern, bis Mars den 15°-Punkt überschritten hat. Hat Mars die exakte Konjunktion erreicht, ist der Zyklus in Gang gebracht worden, und auf irgendeine Art wird die Wirkung des Zyklus andauern, bis der nächste Zyklus beginnt.

[12] John Townley in »Astrological Cycles« (herausgegeben von Samuel Weiser, Inc., York Beach, ME 03910, 1977) sagt, daß die Opposition ein Tief anzeigt, Lionel Day sagte (auf einem Vortrag 1971), daß die Opposition auf eine Zeit hinweist, in der man die Früchte aus den Entscheidungen, die man am Anfang des Zyklus getroffen hat, ernten kann. Townley benutzt Statistiken, und sein Tief leitet er wahrscheinlich aus dem Energieaufkommen ab, da das Energieaufkommen während der Konjunktion seinen Höhepunkt hat. Ich glaube nicht, daß diese beiden Leute gegensätzlicher Meinung sind, sie benutzen nur unterschiedliche Begriffe, um dieselbe Vorstellung auszudrücken.

»nicht *das* schon wieder« Situation –, *muß* bereinigt werden. Man darf sie nicht unter den Teppich kehren. Aus irgendeinem Grund wurde dieser besondere Aspekt der ursprünglichen Marsentscheidung nicht befriedigend gehandhabt, oder er wurde nicht mit genügend Reife gehandhabt, oder man ist etwas ausgewichen, aus welchem Grund auch immer. Wichtig ist: Im letzten Quadrat machen wir Hausputz. Löffeln Sie die Suppe aus, die Sie sich eingebrockt haben, kommen Sie aus der Klemme heraus. Geben Sie etwas zu, wenn es das ist, was ansteht. Aber achten Sie darauf, daß Sie Ihr Verhalten bereinigt haben, damit Sie das letzte Quadrat nicht in die nächste Konjunktion mithineinnehmen.

Marszyklen treten das ganze Leben hindurch auf. In der Kindheit wird diese Konjunktion wenig Bedeutung haben, da wir unbewußt in unseren nächsten Marszyklus hineingehen. Im Teenageralter fangen vielleicht einige fortschrittliche junge Leute an, von diesem Zyklus Gebrauch zu machen, aber ich finde wirklich, daß dieses Wissen von Leuten über 21 Jahren besser genutzt werden kann. Je älter wir sind, je mehr Lebenserfahrung wir gesammelt haben, desto leichter ist es, mit dem Zyklus zu arbeiten. Eine Möglichkeit, seine Brauchbarkeit festzustellen, liegt darin, das Leben zurückzuverfolgen – nachzusehen, was man während früherer Marskonjunktionen getan hat, damit man verstehen kann, wie sich das Muster im eigenen Leben auswirkt.

Wenn Sie über Marszyklen nichts wußten, bevor Sie Ihren letzten Zyklus begannen, wird es Ihnen vielleicht diesmal nicht gelingen, die Energie zu nutzen. Manche von uns können sich daran erinnern, was sie in Bezug auf Beziehungen oder Beruf gedacht haben, aber die meisten können es nicht, weil der Zyklus nur einen zweiwöchigen Zeitraum umfaßt. Wenn Sie es nicht können, dämmert Ihnen vielleicht etwas von der Vergangenheit, wenn Mars in ein Quadrat oder eine Opposition wandert. Wenn Sie sich erinnern können, sagen Sie vielleicht zu sich selbst »Oh, Gott! Was habe ich mir da bloß gedacht!«. Wie dem auch sei, da dieser Zyklus nicht gefährlich ist, kann auf jeden Fall das durchlebt werden, was in Gang gesetzt wurde. Er weist dann nur auf einen kleinen Zeitverlust hin. Manche Klienten beklagen die Tatsache, daß sie einen Marszyklus versäumt haben, aber dieser Zyklus wiederholt sich ständig und kann leicht nutzbar gemacht werden.

Wenn Sie daran interessiert sind, Leute zu beraten, werden Sie merken, daß Sie eine Menge durch die Beobachtung der Marszyklen anderer Menschen lernen werden. Jeder Astrologe zieht eine bestimmte Art von Klienten an, und oft besteht eine Ähnlichkeit zwischen diesen Menschen. Wenn Sie die Ähnlichkeiten mit Ihren Klienten beobachten, dann wird Ihnen das helfen, die Menschen, die Sie angezogen haben, effektiver zu beraten.

Berücksichtigen Sie auch, wie der Marszyklus mit dem gegenwärtigen Saturnzyklus oder Saturntransiten im allgemeinen übereinstimmt. Entscheidungen, die mit einem neuen Marszyklus getroffen wurden, werden oft drastisch verändert, wenn ein Klient einen wichtigen Saturnzyklus oder -transit erlebt. Das ist zu kompliziert, um hier näher darauf einzugehen, aber man sollte den Zusammenhang im Kopf behalten, wenn man den Marszyklus und die Entscheidungen, die währenddessen getroffen wurden, beobachtet.

Mars und Berufsentwicklung

Sie werden sich dabei ertappen, wie Sie unwillkürlich über Ihren Beruf nachdenken, wenn sich Mars auf die Konjunktion mit dem Geburtsmars zubewegt. Es spielt keine Rolle, was Sie für Ihren Lebensunterhalt tun. Es ist nur wichtig, daß etwas an dem, was Sie tun, verändert werden muß, weil Sie mit dem alten System unglücklich sind.

Wenn Sie in Ihrer Firma weiterkommen wollen, dann empfiehlt es sich, den Marszyklus im voraus zu berechnen. Während des neuen Zyklus ist es notwendig, daß Sie auf die Leute im Management Ihrer Firma ebenso hören wie auf sich selbst. Vielleicht werden Sie diesmal befördert. Ohne zu fragen. Sie werden vielleicht inspiriert, Ihre Zukunft bei dieser Gesellschaft zu überprüfen. Vielleicht wissen Sie schon, daß die Firma Ihnen keine bessere Position zugestehen wird; dann ist mit der Marskonjunktion die Zeit gekommen, sich nach einem neuen Job umzusehen, der die Entwicklungsmöglichkeiten bietet, die Sie haben wollen.

Es ist nicht ungewöhnlich, *absolut nichts* während dieses Zyklus zu tun. Ihre Freunde sehen vielleicht nicht, daß Sie irgend etwas Sichtbares tun bezüglich einer Veränderung in Ihrem Beruf. Sie planen aber möglicherweise ungeheuer viel in Ihrem Kopf, und es ist sehr wichtig, diese Gedanken zu verfolgen. Schreiben Sie sie möglichst auf.

Wie kann man nichts tun und dennoch den Marszyklus nutzen? Nun, das heißt wirklich, daß man etwas tut, was niemand sehen kann. Zum Beispiel: Als ich mich darauf vorbereitete, meinen neun-bis-fünf-Uhr-Job aufzugeben, um Vollzeitastrologin zu werden, faßte ich meine Pläne während einer Marskonjunktion. Zu dem Plan gehörte es, von der Firma wegzugehen, aber erst, wenn ich mein Auto abgezahlt, ein

»Sicherheitspolster« auf meinem Bankkonto angespart und genug Geld flüssig hatte, um mir über den Berufswechsel hinwegzuhelfen. In einem Marszyklus entstand »der Plan«, und der nächste Marszyklus brachte die Kündigung. Langsam aber saturnisch – vielleicht, aber ein vollständiger Marszyklus wurde einem völligen Berufswechsel gewidmet. Klienten haben mir auch gesagt, daß ihnen ein Marszyklus sehr zurückhaltend erschien, als sie eine größere Veränderung anstrebten. Nicht alle Marszyklen sind Planungszyklen, aber manche sind es.

Ein langsamer Marszyklus mag vorkommen, wenn wir sehr jung sind und die Schule nicht beendet wird, weil ein Neptun- oder Saturntransit den Geburtsmerkur stark berührt. Er kann auftreten, wenn jemand die Midlife Crisis durchmacht und ein Teil der Krise in dem Bedürfnis nach einem radikalen Berufswechsel besteht. Der Marszyklus kann für einen Mann Anfang Vierzig, der einen radikalen Berufswechsel braucht, recht schwierig sein, denn der zusätzliche Druck familiärer Verpflichtungen lastet unter Umständen schwer auf ihm, wenn er nicht die notwendige Unterstützung und Ermutigung von seiner Familie bekommt.

Was ist, wenn Sie keine aufregende Karriere zu planen haben? Vielleicht sind Sie eine junge Mutter oder vielleicht sind Sie eine Hausfrau mit einer bequemen Routine, die Sie im Grunde genommen nicht verändern wollen, oder vielleicht haben Sie irgendwo einen Job, und Sie verdienen Ihren Lebensunterhalt, aber Sie werfen kein Auge auf eine große Karriere. Der Marszyklus wird Sie dennoch beeinflussen. Das Leben ist wie ein Schachspiel und die Bewegungen, die Sie machen, die Vorstellungen, die Ihnen wichtig sind, wenn Mars in Konjunktion mit Ihrem Geburtsmars steht, werden im Lauf der nächsten zwei Jahre Ihr Leben beeinflussen. Der Zyklus wird beeinflussen, was Sie *tun*, wie Sie in Aktion treten, wie Sie Ihr Lebenswerk beurteilen, was auch immer es ist. Die Quadrate und die Oppositionen eines jeden Marszyklus werden Sie auf dieselbe Art beeinflussen, wie diese Energie den karrieresüchtigen Menschen beeinflußt. Die Krisen, die auftreten, die Hindernisse auf Ihrem Weg, die Probleme, die bewältigt werden müssen, mögen unterschiedlich sein – aber das Schema ist sehr ähnlich und die zeitliche Berechnung des Ablaufes der Ereignisse gilt für Sie genauso wie für jemand anderen.

Mars und Beziehungen

Der neue Marszyklus beeinflußt Ihr Liebesleben ebenso wie Ihren Beruf. Der Geburtsmars symbolisiert, was man *tut*, wie man in Aktion tritt. Der Beruf ist ein Thema, aber Sex ist ebenfalls eins. Wie gehen Sie mit Ihren sexuellen Beziehungen um? Wie drücken Sie Ihre Liebe aus? Venus symbolisiert Ihren Sinn für Liebe, aber Mars zeigt, was Sie dafür tun werden. Jedesmal, wenn Sie einen neuen Marszyklus beginnen, ändert sich Ihre Vorstellung von Liebe ein bißchen. Viele Leute beenden Beziehungen in diesem Zyklus, und viele fangen eine neue Beziehung an. Langfristige Beziehungen werden jetzt erneuert oder auf ein anderes Niveau gebracht.

Während des zweiwöchigen Zeitraumes, in dem Mars zu sich selbst in Konjunktion steht, fangen Sie an, eine neue Einstellung herauszubilden. Ja, Sie denken vielleicht über die Arbeit nach, aber Sie denken auch über die Beziehungen nach, die Sie haben oder nicht haben. Sie wollen vielleicht etwas verändern, und die meisten Menschen nutzen diese Periode nicht so konstruktiv, wie sie genutzt werden könnte, weil sie nicht wissen, was mit ihnen passiert.

Wir alle kennen Leute, die beim Thema Astrologie abwinken. Es funktioniert nicht, sagen sie. Astrologie ist nur ein Haufen Blödsinn, und die einzigen Leute, die es brauchen, sind die, die »an etwas glauben« müssen. Stimmt's? Na, hören Sie sich diese Skeptiker an, wenn die Marswiederkehr eintritt. Sofort werden Sie Gespräche über neue Berufsziele und ähnlichen Themen hören. Und was noch amüsanter ist als die Arbeit, Sie werden hören, wie unverblümte Bemerkungen über die gegenwärtige Beziehung oder ihr Nichtvorhandensein gemacht werden. Da heißt es für gewöhnlich, »ich muß etwas unternehmen wegen (der Name der anderen Person). Er (sie) verhält sich nicht so, wie ich es möchte. Ich bin in meiner Ehe (Beziehung) nicht zufrieden.« Oder wenn keine Beziehung in Sicht ist, werden Sie Gespräche darüber hören, daß man eine neue Beziehung braucht, und es zeigt sich ein gezieltes Interesse an Verabredungen. Wie manifestiert sich die Energie? Das ist ganz einfach. Wenn die Konjunktion eintritt – und es ist klug, vorher darüber Bescheid zu wissen –, werden Sie damit beschäftigt sein, die gegenwärtige Beziehung neu zu überdenken. Es spielt keine Rolle, ob Sie verheiratet sind, mit jemandem zusammenleben oder mit jemandem ausgehen. Sie werden irgend etwas finden, worüber Sie sich beschweren können. Das ist kein negatives Beschweren; es geht nur darum, daß ein paar Korrekturen vonnöten sind, damit

Sie sich besser verwirklichen und effektiver auf Ihr Ziel hinarbeiten können. Die meisten Leute gehen damit nicht geschickt um. Sie sagen, »wenn *man* nicht mit sich ins Reine kommt«, oder »wenn sich hier nicht etwas verändert, dann werde ich...« Man weiß, daß ein Mensch, der sich so äußert, unzufrieden ist. Manche Leute brechen in dieser Zeit eine Beziehung ab.

Werden Beziehungen regelmäßig abgebrochen, dann wäre es interessant herauszufinden, ob sie alle um den Anfang des Marszyklus beendet werden oder nicht. Manchmal kann ein Grundmuster festgestellt werden, und Berater können einem Klienten dabei helfen zu verstehen, daß ein Muster in seiner Welt wirksam ist und so das Leben des Klienten kontrolliert – das muß nicht so sein. Nur weil eine Beziehung verändert werden muß, bedeutet das nicht, daß sie zu Ende ist. Offensichtlich handeln wir auch nicht alle so, aber manche Menschen tun es, und wenn in der Situation schon durch das Verständnis eines Marszyklus geholfen werden kann, dann lohnt sich eine Beratung. Es fällt Ihnen vielleicht auch auf, daß der Marszyklus mit einem Geburts-Mond/Saturn-Aspekt übereinstimmt, oder Sie entdecken möglicherweise, daß Sie Klienten angezogen haben, die einen besonderen Aspekt haben, der mit dem Marszyklus übereinstimmt, und der wiederum den Mangel an Durchhaltevermögen auf der Ebene von Beziehungen verstärkt.

Wenn Sie die Marsenergien in einer Beziehung konstruktiv nutzen wollen, dürfen Sie nicht vergessen, daß Sie nicht der einzige Mensch sind, der einen Mars hat! Sie haben einen, und Ihr Partner hat ebenfalls einen. Während Ihrer Marswiederkehr legen Sie ›marsisches‹ Verhalten an den Tag, und Ihr Partner wird es später tun. Da der Zyklus sowieso stattfindet, ob wir davon wissen oder nicht, wäre es praktischer mitzufließen, anstatt ihn zu ignorieren. Statt leerer Sprüche wie »Wenn *irgend jemand...*«, warum nicht lieber auf die eigenen Worte hören? Was läuft schief? Kann es mit dem Partner diskutiert werden? Eine ruhige und vernünftige Diskussion wird von Ihrem Partner wahrscheinlich gut aufgenommen werden, vorausgesetzt, daß Sie nicht mit dem Anklagen wegen der Unzulänglichkeiten des Partners beginnen. Anstatt verbittert zu sein, können Sie beide das durchgehen, was auch immer bearbeitet werden muß, und die Beziehung kann tiefer und sinnvoller werden. Versuchen Sie auch, offen und interessiert zu sein, wenn Sie aus Ihrem Partner den Marszyklus sprechen hören.

Die Alternative dazu, mit dem Zyklus zu arbeiten, ist die, sich von ihm benutzen zu lassen. Man wird dann vielleicht bitter und sarkastisch. Ihr Partner wird möglicherweise verbittert, wenn der Zyklus diese

Richtung einschlägt. Sie fangen beide an, sich voneinander zu entfernen – und wo einmal warme und liebevolle Gefühle waren, bleibt nur eine bittere »Ehe aus Sicherheitsgründen« zurück. Zusammenzubleiben wegen der Kinder ist nicht die beste Art, eine Beziehung zu leben, besonders dann nicht, wenn wir Interesse daran bekunden, ein selbstbewußter und ganzheitlicher Mensch zu werden.

Was ist das Schlimmste, das passieren kann, wenn Sie mit Ihrem Partner sprechen? Sie können zurückgewiesen werden, das ist es. Beschäftigen wir uns ein bißchen mit der Vorstellung von Zurückgweisung. Wenn Sie zu Ihrem Mann oder Ihrer Frau eine ganze Weile kein gutes Verhältnis hatten, warum sollte dieser Mensch Ihnen gegenüber jetzt offen sein?

Wenn Sie nach vielen Jahren, in denen Sie das nicht getan haben, anfangen, das Gespräch zu suchen, wird Ihr Partner natürlich ein bißchen mißtrauisch sein. Und wenn Sie das Mißtrauen Ihres Partners ablehnen, dann verhalten Sie sich, ehrlich gesagt, in dieser Situation nicht sehr klug.

Die andere Möglichkeit, die das Ablehnungssyndrom beinhaltet, ist die, daß Sie vielleicht entdecken, daß Sie keine Beziehung haben. Wenn jemand Sie liebt, dann kann dieser Mensch nicht Ihre Ideen, Ihre Gefühle, oder was Ihnen wichtig ist, abtun. Sollte das geschehen, wenn Sie versuchen, mit dem Menschen, der behauptet, Sie zu lieben, über Ihre Gefühle zu sprechen, dann ist es Zeit, neu zu überdenken, welche Auffassung Sie von der Liebe haben, und welche Art Liebe Sie leben wollen. Manche von uns wollen den Anschein einer Beziehung so sehr, daß sie es zulassen, herumgestoßen, geschlagen und mißbraucht zu werden – emotional und physisch –, nur um jemanden an ihrem Arm oder in ihrem Bett zu haben. Das ist in Ordnung, wenn es das ist, was man will; dann sollte man es zugeben und damit leben. Die andere Seite dieser Medaille ist die, daß man während eines Marszyklus eine ungute Beziehung abbrechen kann.

Die Konjunktion (ein zweiwöchiger Zeitraum) bringt uns auf die Idee, das zu verändern, wonach wir suchen und was wir im Leben brauchen, um uns wohler zu fühlen. Normalerweise verdecken sarkastische Kommentare über eine Situation nur das wirkliche Problem. Das bedeutet, es passiert etwas, weswegen wir uns unglücklich, unwohl oder unerfüllt fühlen. Diese negative Reaktion macht uns nur bewußt, daß innen etwas im Gange ist, und die Negativität kann positiv genutzt werden, indem man zum Kern der Sache kommt. Wenn Sie während der Konjunktion eine gute Entscheidung getroffen haben – Sie und Ihr

Partner haben ein wunderbares, warmes Gespräch über Ihre romantischen Ziele und darüber, wohin sich die Beziehung entwickelt –, dann wird die nächste Veränderungsphase auftreten, wenn Sie erleben, wie Mars (im Transit) im Quadrat zum Geburtsmars steht. Das ist die erste Prüfung des Zyklus, etwas muß geändert werden. Ich weiß nicht, was das ›Etwas‹ sein wird; aber was immer es ist, die Veränderung wird sich auf die anfängliche Entscheidung beziehen, die während der Konjunktion getroffen wurde. Etwas verändert sich, und Sie arbeiten damit.

Bei der Opposition des Zyklus hat man die Hälfte des Weges hinter sich, und man weiß, ob die Entscheidung, die man während der Konjunktion getroffen hat, gut war. Das ist eine Zeit der Erfüllung. Ein paar Leute haben gesagt: »Wissen Sie, der neue Zyklus hat ein paar unerfreuliche Dinge in meiner Beziehung zum Vorschein gebracht. Wir haben versucht, das klarzukriegen. Jetzt sehe ich, daß diese Arbeit sich auszahlt, denn es läuft jetzt viel besser zwischen uns; und daß wir gelernt haben, Dinge auszusprechen, hat unsere Beziehung sehr verbessert.« Und manchmal klappt es nicht so, weil der Partner nicht mitmacht. Vielleicht ist das, wonach Sie suchen, unrealistisch, oder es ist vielleicht nicht das, was Sie wirklich wollen. Sie kennen das alte Sprichwort, daß wir solange etwas wollen, bis wir es bekommen. Im Rahmen eines Marszyklus entwickeln wir uns machmal sehr weit, weil andere Zyklen und Transite zur selben Zeit wirken. Diese Veränderungen können wirklich nicht nur der Marsenergie zugeschrieben werden, und bei der Opposition entdecken wir, daß wir über die Ideen, die wir noch vor einem Jahr vertreten haben, hinausgewachsen sind. Wenn das geschieht, dann ist die Opposition der Kulminationspunkt, und wir durchleben den restlichen Zyklus in dem Wissen, daß die neue Konjunktion eine innere Veränderung mit sich bringen wird.

Im letzten Quadrat muß, wie im Berufszyklus, etwas bereinigt werden. Während eines zweiwöchigen Zeitraumes setzen wir uns wieder mit einer alten, emotionalen Situation auseinander, einer alten Situation, die in der ersten Runde nicht befriedigend bearbeitet wurde. Das ist nichts, was man ignorieren sollte, denn man muß sich damit beschäftigen, damit man es loswerden kann. Situationen, die jetzt nicht bereinigt werden, lassen den Bodensatz von irgendeiner Unstimmigkeit in den nächsten Zyklus miteingehen. Dieses Quadrat bedeutet nicht, daß man sich Sorgen machen muß. Manche Klienten machen sich wirklich Sorgen darüber, daß sie vielleicht nicht erkennen, was bereinigt werden muß. Wenn Sie auch nur das geringste Verständnis haben, dann werden Sie es wissen. Die Situation ist *alt*. Es handelt sich um etwas, was Sie schon *kennen*. In meiner Erfahrung mit Studenten, Klienten und Freunden war es immer recht offensichtlich.

Zum Beispiel machte eine meiner Klientinnen eine unangenehme Erfahrung während des Marszyklus, und sie berichtete mir davon. Während der Konjunktion sprach sie mit dem Mann, mit dem sie eine ganze Zeit zusammen gewesen war, über die Möglichkeiten einer Ehe. Sie war Ende Dreißig, die Beziehung war ziemlich fest, man betrachtete sie als »Paar«, und sie schliefen miteinander. Zu dieser Zeit war es wirklich wichtig für sie, darüber zu sprechen, in welche Richtung sich die Beziehung entwickelte. Sie wollte nicht ewig die Rolle der Geliebten spielen. Sie war bereit, die Beziehung loszulassen, denn sie wußte, daß er sie unter Umständen an diesem Punkt zurückweisen würde. Aber er stimmte zu: sie würden heiraten und die Legalisierung ihrer Beziehung ins Auge fassen. Alles lief prima.

Während des ersten Quadrates erfuhr sie zufälligerweise, daß er mit einer anderen ausging. Auch das wurde besprochen! Und während der Opposition machte sie mit ihm Schluß. Seit sie über das Heiraten gesprochen hatten, war er etwas kindisch geworden. Er war unpünktlich, versetzte sie, rief nicht an, verhielt sich einfach nicht wie ein erwachsener Mensch – und dieses Verhalten verletzte sie sehr. Es ging ihr sehr schlecht, weil sie wirklich das Gefühl hatte, diesen Mann zu lieben, und weil sie nicht wußte, was los war.

Während des letzten Quadrates kam er zurück. Er sagte, daß er wieder mit ihr zusammensein wollte. Es wäre ihm klar geworden, daß sie ihm wirklich viel bedeute. Er wollte im kommenden Jahr heiraten, und sie setzten ein Datum fest. Sie war total begeistert. Dann lieh er sich Geld von ihr. Viel Geld. Und sie sah ihn nie wieder.

Ich versuche hier, deutlich zu machen, daß man während des letzten Marsquadrates nichts Neues *anfangen* sollte, besonders nichts mit etwas »Altem«. Wenn eine alte Beziehung während des zweiwöchigen Zeitraumes im Orbit des letzten Quadrates zurückkommt, dann hält man Ausschau nach irgendeiner Art von Problem. Wenn ganz unverhofft das Telefon läutet, dann werden Sie, wenn Sie Ihren Marszyklus kennen, in der Lage sein, das Schwätzchen zu genießen, aber Sie werden auch wissen, daß dieser Anruf nicht Ihnen gilt.

Wollen Sie das Wesen des letzten Quadrates erforschen, dann tun Sie es vorsichtig. Der Aspekt ist nicht gefährlich, aber ich würde währenddessen einem alten Liebhaber kein Geld leihen. Es ist unter Umständen keine gute Idee, mit jemandem zusammenzuziehen, wenn man dabei die eigene Wohnung aufgeben muß, es sei denn, man hat eine Menge

Geld. Dieser Aspekt bringt uns vielleicht mit traurigen Gefühlen in Berührung, aber sie werden uns nicht wirklich verletzen oder nachhaltigen Schaden anrichten. Eine unangenehme Erfahrung während des letzten Marsquadrates erteilt uns vielleicht eine Lehre, die wir lange behalten. Deshalb lohnt sich unter Umständen die Erfahrung, die wir aus dem Experimentieren mit dem Zyklus gewonnen haben.

Wenn Sie im Augenblick allein sind, dann könnte es eine gute Idee sein, sich beim Beginn eines neuen Marszyklus dem Universum zur Verfügung zu stellen, denn vielleicht treffen Sie jemand Netten während dieser Phase. Zugegeben, Sie werden sich auch für die berufliche Weiterentwicklung interessieren, aber nicht alle Marszyklen sind intensive Berufszyklen. Vergessen Sie nicht, auf das zu hören, was Sie auf der sozialen Ebene zu sich selbst sagen. Bitte sagen Sie nicht sowas wie »Ich könnte mit jedem/jeder ausgehen – es ist so lange her, daß ich ausgegangen bin, es ist mir egal, wer es ist.« Denn ein bißchen weiter im Zyklus ist es Ihnen vielleicht sehr wichtig, was Sie gesagt haben. Bleiben Sie mit Ihrer Energie konstruktiv. Vergewissern Sie sich, daß Ihre Ziele hoch genug gesteckt sind, so daß Sie auch später glücklich sind damit.

Geburtsaspekte mit Mars können Schwierigkeiten hervorrufen, wenn man gerade anfängt, mit dem Zyklus zu arbeiten. Wenn Sie wissen, daß Sie ein Mars/Venus-Quadrat, eine Mars/Uranus-Opposition oder einen Mars/Mond-Aspekt haben, dann müssen Sie lernen, mit Ihrer Marsenergie in dem Wissen umzugehen, daß auch diese Energie aktiv ist.[13]

Sie verbringen unter Umständen einige Marszyklen damit, daß Sie wie »auf Eiern laufen«, bis Sie verstehen, wie Sie die Energie zu Ihrem Vorteil nutzen können – aber das geht. Mit dieser Energie zu arbeiten, bringt uns zu einem besseren Selbstverständnis, und wir können unsere Lebensqualität verbessern. Wann klappt das nicht? Wenn man nicht wirklich die eigenen Handlungen sehen will. Es ist nicht die Umwelt, die uns etwas antut, sondern unsere Reaktion auf die Umwelt.[14]

Während eines neuen Marszyklus ist man selbst derjenige, der die Arbeit tun muß. Wenn man die Veränderungen vornimmt, oder wenigstens versteht, was man sich antut, dann ist man schon ein gutes Stück gewachsen. Das gelingt vielleicht nicht beim ersten Mal, da eine solche innere Bewußtheit normalerweise im Rückblick entsteht.

[13] Ich will hier nicht über Geburtsaspekte sprechen, weil sie nicht wirklich in unsere Diskussion der Zyklen passen. Geburtsaspekte können in »Astrological Insights into Personality« ACS, San Diego, CA, 1980, nachgelesen werden, wenn Sie meine Meinung darüber kennenlernen wollen, und es stehen noch viele andere, gute Bücher zur Verfügung.

[14] Ich will damit nicht sagen, daß man in dieser Welt nie schlecht behandelt wird. Unser Thema hier ist, wie kann man den eigenen Marszyklus für sich selbst nutzen? Und das kann man nur selbst tun.

Jupiterzyklen (12 Jahre)

Der Jupiterzyklus wiederholt sich alle 11,86 Jahre; nehmen wir jedoch die Zahl 12, um es uns einfacher zu machen. Im Geburtshoroskop lautet Jupiters Schlüsselwort »Ich schaffe Beziehungen«. Dal Lee benutzte für Jupiter den Begriff Ausdehnung, und viele Astrologen verstehen Jupiter als sich ausdehnenden, nach außen gehenden Planeten, einer, der Glück und Unabhängigkeit verheißt. Diese Begriffe sind hübsch, aber in einer Astrologie, die auf Menschen konzentriert ist, würde man die Vorstellung von Ausdehung besser als Fähigkeit, Beziehungen einzugehen, nennen. Sich beziehen *hat* etwas mit Ausdehnung zu tun, aber Jupiter ist nicht immer ein sehr expansiver Planet, insbesondere, wenn man sich seine Aspekte im Geburtshoroskop und das Zeichen, in dem er steht, genau anschaut! Unabhängig davon, wie man Jupiter für sich definieren möchte – der Planet hat einen Zyklus, der alle 12 Jahre auftritt, und wichtige Phasen des Zyklus dauern etwa zwei Monate an.

Vergleicht man Jupiter mit Saturn – Ausdehnung/Zusammenziehen, sich beziehen und zurückziehen, idealistisch oder praktisch sein, philosophisch oder kristallklar – dann beginnt man allmählich, die Wechselbeziehung zu verstehen, die in der Antike diesen Planeten zugeschrieben wurde. In der Vergangenheit benutzte man sieben Planeten und Jupiter/Saturn waren die beiden Generationsplaneten, die mit der Vorstellung vom entwickelten Bewußtsein verbunden waren. Wir werden uns mit Saturn im nächsten Kapitel befassen, aber es ist noch wichtig, diese beiden Planeten gemeinsam zu erwähnen, bevor ich über Saturn spreche. Beachten Sie: sieben Planeten, sieben Jupiterzyklen, sieben Jahre zwischen den einzelnen Aspekten im Saturnzyklus.

Jupiter kehrt an seinen Ort im Geburtshoroskop zurück, wenn wir etwa 12 Jahre alt sind. Er kehrt wieder im Alter von 24, 36, 48, 60, 72, 84 Jahren – alles kritische Jahre unter dem Gesichtspunkt der Lebenskrisen. Tabelle 4 auf den Seiten 45–47 zeigt die wichtigsten Krisenjahre in den verschiedenen Jupiterzyklen. Beachten Sie die Spalte, die das durchschnittliche Alter während der Jupiterzyklen anzeigt, ebenso wie die Veränderungen, die in dem Zyklus auftreten, wenn man aktuelle Daten verwendet. In dieser Tabelle wurden drei verschiedene Geburtshoroskope benutzt – eins von 1928, eins von 1941 und eins von 1955 – um deutlich zu machen, wie der Jupiterzyklus variieren kann. Dies ist auch wieder ein Zyklus, den man mit Hilfe der Ephemeriden berechnen muß.

Der Jupiterzyklus symbolisiert bestimmte, natürliche Veränderungen

Tabelle Nr. 4: Jupiterzyklen und Krisenjahre[1)]

Aspekt	Durch-schnitt-liches Alter	♃ 27° ♓	Tatsäch-liches Alter	♃ 18° ♉	Tatsäch-liches Alter	♃ 27° ♋	Tatsäch-liches Alter
☌	0	Geburt	0	Geburt	0	Geburt	0
□	3	30.4.30 - 18.6.30	2	7.8.43 - 28.9.43 9.3.44 - 19.5.44	2-3	29.10.57 - 27.12.57 8.4.58 - 26.8.58	2-3
☍	6	3.11.32 - 19.3.33 2.7.33 - 31.8.33	4-5	2.11.46 - 24.12.46 17.6.47 - 14.8.47	5-6	14.1.61 - 4.3.61 4.9.61 - 14.10.61	5-6
□	9	29.1.36 - 1.7.36 21.9.36 - 23.11.36	8	8.1.50 - 23.2.50	8	1.7.63 - 18.9.63 14.2.64 - 3.4.64	8
☌	12	15.3.39 - 1.5.39	11	3.6.52 - 5.8.52 15.10.52 - 19.3.53	11	22.7.66 - 15.9.66 1.2.67 - 9.5.67	11
□	15	18.8.41 - 4.12.41 8.4.42 - 1.6.42	13-14	22.7.55 - 9.9.55	14	13.10.69 - 5.12.69 18.5.70 - 30.7.70	14-15
☍	18	15.10.44 - 15.8.45	16-17	18.10.58 - 6.12.58	17	29.12.72 - 14.2.73	17
□	21	10.1.48 - 21.3.48 11.5.48 - 5.11.48	20	20.12.61 - 5.2.62	20	3.6.75-2.11.75 17.1.76 - 17.3.76	20
☌	24	26.2.51 - 12.4.51	23	16.5.64 - 6.7.64 29.11.64 - 21.2.65	23	7.7.78 - 26.8.78	23
□	27	25.7.53 - 22.1.54 2.3.54-14.5.54	25-26	5.7.67 - 24.8.67	26	27.9.81-17.11.81	26

Tabelle Nr. 4 (Fortsetzung): Jupiterzyklen und Krisenjahre[1)]

Aspekt	Durchschnittliches Alter	♃ 27° ♓	Tatsächliches Alter	♃ 18° ♉	Tatsächliches Alter	♃ 27° ♋	Tatsächliches Alter
☍	30	28.9.56 - 26.11.56 10.3.57 - 26.7.57	28-29	1.10.70 - 20.11.70	29	13.12.84 - 28.1.85	29
□	33	25.12.59 - 17.2.60 26.6.60 - 13.10.60	31-32	8.4.73 - 24.7.73 30.11.73 - 21-1-74	32	14.5.87 - 17.7.87 22.9.87 - 27.2.88	32
☌	36	9.2.63 - 26.3.63	35	30.4.76 - 15.6.76	35	21.6.90 - 9.8.90	35
□	39	6.7.65 - 3.9.65 6.12.65 - 24.4.66	37-38	1.11.78 - 21.12.78 17.6.79 - 8.8.79	37-38	11.9.93 - 1.11.93	38
☍	42	12.9.68 - 4.11.68 18.4.69 - 28.6.69	40-41	16.1.82 - 5.4.82 13.9.82 - 5.11.82	40-41	15.4.96 - 25.5.96 25.11.96 - 13.1.97	40-41
□	45	9.12.71 - 27.1.72	43-44	16.3.85 - 9.9.85 27.10.85 - 4.1.86	43-44	26.4.99 - 16.6.99 8.11.99 - 1.2.00	43-44
☌	48	15.6.74 - 30.7.74 21.1.75 - 10.3.75	46-47	14.4.88 - 29.5.88	47	4.6.02 - 23.7.02	47
□	51	19.6.77 - 9.8.77 17.1.78 - 26.3.78	49-50	30.9.90 - 2.2.91 26.5.91 - 23.7.91	49-50	30.12.04 - 9.3.05 24.8.05 - 16.10.05	49-50
☍	54	27.8.80 - 17.10.80	52	22.12.93 - 14.5.94 20.8.94 - 20.10.94	52-53	10.3.08 - 12.7.08 3.11.08 - 27.12.08	52-53
□	57	23.11.83 - 10.1.84	55-56	26.2.97 - 26.4.97 25.7.97 - 15.12.97	55-56	9.4.11 - 26.5.11	55-56

Tabelle Nr. 4 (Fortsetzung): Jupiterzyklen und Krisenjahre[1)]

Aspekt	Durchschnittliches Alter	♃ 27° ♓	Tatsächliches Alter	♃ 18° ♉	Tatsächliches Alter	♃ 27° ♋	Tatsächliches Alter
☌	60	11.5.86 - 17.9.86 29.12.86 - 22.2.87	58-59	27.3.00 - 12.5.00	58-59	21.9.13 - 25.12.13 14.5.14 - 7.7.14	58-59
□	63	3.6.89 - 21.7.89	61	9.9.02 - 6.7.03	61-62	3.12.16 - 17.4.17 2.8.17 - 1.10.17	61-62
☍	66	11.8.92 - 1.10.92	64	3.12.05 - 3.10.06	64-65	17.2.20 - 10.12.20	64-65
□	69	6.11.95 - 25.12.95	67	9.2.09 - 31.3.09 10.9.09 - 15.11.09	67-68	24.3.23 - 8.5.23	67
☌	72	19.4.98 - 11.7.98 25.7.98 - 3.2.99	70-71	23.7.11 - 7.10.11 7.3.12 - 25.4.12	70-71	28.8.25 - 4.2.26 16.4.26 - 20.6.26	70-71
□	75	18.5.01 - 4.7.01	73	22.8.14 - 20.10.14 28.1.15 - 16.6.15	73-74	13.11.28 - 14.9.29	73-74
☍	78	30.11.03 - 8.2.04 24.7.04 - 15.9.04	75-76	17.11.17 - 14.1.18 4.5.18 - 13.9.18	76-77	31.1.32 - 27.3.32 14.7.32 - 18.11.32	76-77
□	81	22.2.07 - 19.5.07 19.10.07 - 10.12.07	79	24.1.21 - 11.3.21	79	6.3.36 - 21.4.35	79
☌	84	31.3.10 - 23.5.10 25.9.10 - 10.1.11	82-83	24.6.23 - 22.11.23 8.2.24 - 8.4.24	82-83	9.8.37 - 13.10.37 20.12.37 - 2.6.38	82-83

1) Jupiter in 27° Fische ist von 1928, 18° Stier von 1941, 27° Krebs von 1955. Beachten Sie, daß die Daten in dieser Tabelle Zahlen aus dem 20. und 21. Jahrhundert beinhalten.

1. Zyklus: 0–12 Jahre: Physische Ausdehung, lernen, sich auf die Welt zu beziehen.
2. Zyklus: 12–24 Jahre: Sexuelle Entwicklung, lernen, sich mit der Entwicklung der sexuellen Merkmale und der Vorstellung, ein Erwachsener zu werden, auseinanderzusetzen.
3. Zyklus: 24–36 Jahre: Eltern-Kind-Beziehungen, lernen, Vater oder Mutter zu werden, lernen, sich auf der Ebene Eltern-Kind in Beziehung zu setzen.
4. Zyklus: 36–48 Jahre: Lernen, anderen etwas über das Erwachsenwerden zu zeigen, Kenntnisse mitzuteilen, lernen, das weiterzugeben, was man weiß.
5. Zyklus: 48–60 Jahre: Lernen, Hilfe anzunehmen, die Kinder loszulassen, zulassen, daß die eigenen Kinder oder andere einem Hilfe geben, wenn man sie braucht.
6. Zyklus: 60–72 Jahre: Einen Bezug zur spirituellen Entwicklung finden, eine andere Perspektive im Leben sehen.
7. Zyklus: 72–84 Jahre: Die spirituellen Möglichkeiten im Leben verstehen, lernen loszulassen, sterben lernen.

in Beziehungen, die im Prozeß eines ganzen Lebens stattfinden. Wenn wir den Grundzyklus verstehen, wird der Wechsel von einer Lebensphase in die nächste nicht so traumatisch sein. Es ist interessant, das Grundmuster zu verfolgen, wenn man Jupiter als Schlüssel für Veränderungen in Beziehungen betrachtet.

Um klar zu machen, was ich damit meine: Jupiter symbolisiert alle Arten von Beziehungen. Auf einer nach außen gerichteten Ebene symbolisiert er, wie wir auf andere Menschen zugehen, was wir von einer Beziehung erwarten, und was wir geben – egal in welcher Beziehung –, inklusive der zwischen Eltern und Kind, Kind/Eltern, zum Liebhaber, Angestellten, Freund, Nachbarn etc. Die verschiedenen Arten der eigenen Beziehung zu anderen können von Jupiters Zeichen, Haus und Aspekten abgelesen werden. Aber Jupiter weist auch darauf hin, wie und wann wir während des Reifeprozesses einen Schubs erhalten haben. Verschiedene Zyklen im Leben verlangen verschiedene Dinge von uns. Ein Kind ist ein Kind und kein Elternteil – ein Elternteil ist kein Kind mehr. Ein Mensch wächst durch viele verschiedene Phasen der Beziehung des Selbst zum Prozeß des Lebens.

Jupiter- und Saturnzyklen sind beide sehr wichtig für den Prozeß der Individuation, und deshalb widme ich ihnen in diesem Buch viel Raum.

Zuerst werden wir über die Jupiterzyklen, einen nach dem anderen sprechen, denn es ist wichtig zu verfolgen, wie sich die verschiedenen Lebensabschnitte entwickeln, und wie wir gezwungen werden, heranzureifen. Bedenken Sie, daß die meisten Menschen in diesem Land über den Reifeprozeß des Lebens nicht aufgeklärt werden und deshalb jedesmal hilflos dastehen, wenn sie mit einem neuen Abschnitt ihrer Lebenserfahrung konfrontiert werden. Wir kommen mit normalen Übergangsperioden zum Therapeuten, damit er uns bei der Bewältigung unserer Krisen helfen kann, während in Wirklichkeit viele der Probleme, denen wir gegenüberstehen, mit dem Reiferwerden zu tun haben. Wenn das der Fall ist, dann kann der astrologische Berater für den Klienten, der den Prozeß einer normalen Krise durchmacht, ein wertvoller Ratgeber sein.

Erster Jupiterzyklus (0 – 12 Jahre)

Da ist es, ein neugeborenes Kind, offen für alles, was das Universum zu bieten hat. Wir erwarten unwahrscheinlich viel von Mama und Papa, da wir völlig hilflos und unfähig sind, für uns selbst zu sorgen. Wir nehmen alles an, was immer uns entgegengebracht wird – und unser Leben hängt buchstäblich davon ab.

Das erste Jupiterquadrat taucht im Alter von etwa 3 Jahren auf. Das Kind ist geboren worden, gefüttert, hat gelernt zu krabbeln, zu laufen und fängt an, die Welt zu erforschen. Mit drei Jahren ist das Kind bereit, den Hinterhof zu erobern. Alleine. Das ist der erste Versuch, auf den eigenen zwei Beinen in die Welt hinauszugehen. Und dieses erste Hinausgehen ist sehr naiv – keine Ahnung von Saturn oder Gefahr –, einfach auf neue Dinge zugehen und sie anschauen. Wenn das Kind anfängt, sich für das Potential außerhalb seiner selbst zu öffnen, dann ist das von grundlegender Bedeutung. Das ist die Periode, wenn Kinder anfangen zu lernen, daß Spielsachen geteilt werden müssen.

Sehr oft wird ein neues Kind in die Familie hineingeboren, oder das Kind ist alt genug, um sich langsam darüber bewußt zu werden, daß Zeit mit anderen Kindern geteilt werden muß. Das ist das Alter, wo Kinder oft blau anlaufen – totale Wut. Teilen? Niemals! Mit 6 Jahren erreichen wir die erste Jupiteropposition und kommen in die Schule. Dazu gehört, daß wir uns von unseren Eltern trennen, daß wir anfangen, als eigenständige Menschen auf die Welt zuzugehen, was bedeutet, daß wir etwas hinter uns lassen müssen. Das Ego muß sich Gruppenbedürfnissen unterordnen. Eltern fühlen sich jetzt vielleicht ein bißchen zurückgewiesen. Früher war ein sechsjähriges Kind alt genug, um bei der Arbeit im Haus oder auf dem Hof zu helfen, und viele Sechsjährige hatten Jobs. Heute machen wir das nicht mehr, aber ich frage mich, ob es nicht eine gute Idee wäre, das wieder einzuführen.

Das letzte Quadrat trifft uns mit etwa neun Jahren. Das Kind fängt jetzt wirklich an, Beziehungen mit anderen jungen Menschen einzugehen. Bei dem Versuch, die Welt zu erfassen, wird das Kind die Eltern nachahmen – und Sie werden sehen, wie das Kind Verhaltensweisen von Mutter und Vater imitiert und sehr erwachsen tut.

Zweiter Jupiterzyklus (12 – 24 Jahre)

Der zweite Jupiterzyklus beginnt mit etwa 12 Jahren. Der physische Körper fängt an, sich zu verändern. Im Prozeß des Heranreifens hat das Kind in Bezug auf eine Phase der Entwicklung einen Zyklus vollendet. Im nächsten Stadium kommen die sexuellen Attribute dazu, die einen vollwertigen Erwachsenen ausmachen. Viele junge Mädchen fangen an zu menstruieren, Brüste und Schamhaare entwickeln sich. In den Kulturen, wo junge Männer beschnitten wurden, schickte man die zwölf- bis dreizehnjährigen Jungen während dieses Zyklus in die Gemeinschaft der Männer des Stammes. In einigen Kulturen wurde der Sohn buchstäblich der Mutter entrissen, um an einer Zeremonie teilzunehmen, die ihn in die Gemeinschaft der Männer aufnahm. Das machen wir zwar heute nicht mehr, aber die Psyche der jungen Teenager braucht es eigentlich noch. Folglich ist es für einen Teenager sehr schmerzhaft, den Reifeprozeß ohne rituelle Unterstützung seitens der Eltern oder der Gesellschaft durchzumachen.

Unabhängig davon, wie sich die Familie entwickelt und wie sich das Kind zu entwickeln scheint, bedeutet der zweite Jupiterzyklus, daß sich das Kind darauf vorbereitet, in die Erwachsenenwelt zu gehen und die erwachsene Verantwortlichkeit als Elternteil zu übernehmen. Der Körper wird dafür ausgerüstet, indem er die Fähigkeit entwickelt, Babies zu bekommen und die Art zu erhalten. Probleme des Kindes werden hauptsächlich damit zusammenhängen, wie gut es auf diese Veränderung vorbereitet ist. Der Körper fühlt sich komisch an. Manche Jugendliche entwickeln sich nicht so schnell wie ihre gleichaltrigen Kameraden, und das richtige Entwicklungstempo für die charakteristischen Merkmale eines Erwachsenen wird sehr wichtig. Wie das Kind auf diesen

Zyklus reagieren wird, hängt von den Geburtsaspekten mit Jupiter ab. Die Eltern sollten auch den Unterschied zwischen ihren entsprechenden Jupiterstellungen und denen des Kindes beachten. Das Kind wird natürlich nicht so auf die Pubertät reagieren wie die Eltern, wenn Jupiter sich in einem anderen Zeichen befindet oder anders betont ist.

Das erste Quadrat im zweiten Zyklus erscheint mit etwa 15 Jahren. Der Körper entwickelt sich, der Jugendliche will noch »erwachsener« werden. Junge Mädchen sind biologisch gesehen bereit zu gebären, und vor vielen Generationen heirateten die jungen Frauen in diesem Alter und fingen auch wirklich an, Familien zu gründen. Das Problem unserer heutigen Kultur liegt darin, daß das fünfzehn Jahre alte Mädchen den Körper einer Erwachsenen und die geistige Entwicklung eines Kindes hat. Die psychischen (instinktiven oder natürlichen) Bedürfnisse des Individuums werden in unserer Kultur unterdrückt. Manchmal werden natürliche Bedürfnisse von den Wertvorstellungen der Eltern unterdrückt, die dem Kind vielleicht nicht ausreichend erklärt werden. Wir tendieren auch dazu, eine Diskussion über die Gegebenheit von Sexualität und sexuellen Beziehungen mit unseren Kindern zu umgehen. So entsteht ein Dilemma.

Der junge Mann kämpft mit einer hohen, quietschenden Stimme und damit, daß er seine äußere Erscheinung nur wenig in der Hand hat. Er ist vielleicht schlacksig und linkisch. Er fängt an, seine sexuellen Bedürfnisse zu spüren, aber er weiß nicht, wie er mit ihnen umgehen soll. Er kann sie noch nicht sozial akzeptiert ausleben, aber er sucht natürlich nach einem Ventil für diese Energie.

In einigen Kulturen, wo frühes Heiraten nicht gefördert wird, stellen junge Leute fest, daß die Zeit zwischen zwölf und fünfzehn Jahren eine stark homosexuelle Periode ist.[15] Das erste Tasten nach Liebe oder nach Sex mag auf jemanden desselben Geschlechts gerichtet sein. Wenn Sex mit dem anderen Geschlecht verboten ist, werden unter Umständen natürliche sexuelle Bedürfnisse aus verschiedenen Gründen verdrängt.

[15] Jede Diskussion über Homosexualität wird zwangsweise von solchen Leuten falsch ausgelegt, die es aus irgendeinem Grund nicht anders wollen. Ich hielt es jedoch für wichtig, auf die Möglichkeit jugendlicher Homosexualität hinzuweisen, denn sie scheint in einigen Kulturen ganz natürlich zu sein. Zum Beispiel im Viegeland Skulpturenpark in Oslo, Norwegen, werden junge Leute gezeigt, die in einem bestimmten Alter körperlich miteinander umgehen. Und da dieser Park geschaffen wurde, um alle Teile des aktuellen Lebensprozesses wiederzuspiegeln, muß das zumindest in Norwegen zu Anfang dieses Jahrhunderts als »normal« angesehen worden sein. Junge Mädchen lieben einander, und junge Knaben lieben einander. Die erste sexuelle Erfahrung und Anziehung wurde oft mit einem Freund erlebt. Manchmal geschieht es einfach, weil es eben geschieht; manchmal wird es erzeugt, weil die Eltern die Sexualität zu sehr betonen. Sie lehren ihre Kinder, daß normale sexuelle Bedürfnisse nicht »schön« sind. Die meisten jungen Teenager wachsen über

Manche Kinder wachsen über diese Phase hinaus und manche nicht. Eltern sollten bedenken, daß starke Einschränkungen zur Aufrechterhaltung des »Wertes« der Sexualität später Komplexe entstehen lassen.

Im Alter von 18 Jahren steht Jupiter wieder in Opposition zum Geburtsjupiter, und wir gehen anders in die Welt hinaus. Anfangs gehen wir hinaus, um die Schule zu besuchen und Freundschaften zu entwickeln. Jetzt gehen wir hinaus, um das Nest hinter uns zu lassen. Wir schließen die Schule ab, gehen von zu Hause weg, gehen ins College, nehmen uns eine Wohnung, heiraten und bekommen das erste Kind. Wir sind jetzt erwachsen. Diese Phase steht mit dem ganzen Beziehungs- und Fortpflanzungszyklus in Verbindung. Den nächsten Status, den wir in der Gesellschaft einnehmen, ist der, daß wir »so tun, als wären wir erwachsen«. Warum sage ich »so tun«? Weil es so ist. Wir wissen es nur noch nicht.

Der ganze Jupiterzyklus zwischen zwölf und vierundzwanzig Jahren ist dem Erwachsenwerden gewidmet. Wir gehen vielleicht mit 18 Jahren von zu Hause weg, aber wir lernen immer noch sehr viel mehr darüber, was es heißt, erwachsen zu sein. Im ersten Zyklus lag die Bedeutung der Opposition darin, daß wir weg wollten von unseren Eltern, um zu unseren Freunden zu gehen. Während der Opposition im zweiten Zyklus gehen wir wieder von zu Hause weg, aber jetzt gehen wir hinaus, um uns auf unsere Freunde als Männer und Frauen zu beziehen. Im ersten Zyklus waren unsere Eltern verletzt, denn sie spürten, wie wir die Beschränkungen des Zuhauses hinter uns ließen. Die Eltern waren nicht mehr der Mittelpunkt der Welt. Während dieser zweiten zyklischen Opposition verletzen wir wieder die Eltern, denn wir gehen hinaus, um unser sexuelles Leben zu entwickeln.

Unabhängig von unserer Vorgeschichte, drängt uns diese Jupiteropposition zum Weitergehen. Die einzelnen jungen Erwachsenen reagieren unterschiedlich darauf. Manche heiraten, manche gehen von zu Hause weg, manche konfrontieren die Welt mit großem Draufgängertum, manche haben Angst davor. Jobs waren einmal das Anzeichen für die Fähigkeit, selbständig zu werden. Wenn ein junger Mann eine Arbeit hatte, konnte er heiraten und seine Beziehungserfahrung fortsetzen,

[15] das sexuelle Stadium hinaus, wenn das für sie vorgesehen ist. Ich habe das Gefühl, daß es wichtig ist, das hervorzuheben, da sich manche Eltern unnötig Sorgen machen über ihre Teenagerkinder, und manche junge Erwachsene glauben, daß sie jetzt immer homosexuell bleiben, weil sie ein homosexuelles Erlebnis hatten. Das muß nicht unbedingt so sein. Ich habe auch das Gefühl, daß ein starker Drang nach ständiger Sexualität von den Geburtsaspekten im Horoskop angezeigt wird, und das Individuum, das dieses Horoskop hat, mag sich, unabhängig vom Einfluß der Eltern, für Homosexualität entscheiden.

auch wenn er vielleicht nicht wußte, was er da tat. Eine junge Frau heiratete oft, um von zu Hause wegzukommen. Ihre Beziehungserfahrung entwickelte sich dadurch, daß sie eine junge Ehefrau und Mutter wurde. Heute leben wir nicht mehr in so einer engen, sozialen Struktur, und junge Leute müssen herausfinden, wonach sie suchen und dabei wissen, daß die Eltern ihnen nicht mit einem Ritual zur Seite stehen können, das ihnen hilft, in diesen neuen Lebensabschnitt eingeweiht zu werden.

Mit 21 erleben wir das letzte Quadrat des zweiten Zyklus und viele junge Leute kommen dann wieder nach Hause, nachdem sie mit 18 weggegangen waren. Die Entscheidungen, sich in einer bestimmten Weise auf die Welt zu beziehen, hatten sich als nicht so gut herausgestellt. Anderen jungen Leuten signalisiert diese Zeit den Collegeabschluß, von zu Hause wegzugehen und zu heiraten, wenn das nicht schon geschehen ist.

Mit 21 ist der junge Mann emanzipiert, hat das Recht, Kredite aufzunehmen, Kreditkarten zu besitzen usw. Männer und Frauen heiraten beide oft während dieser Zeit. Es ist ein wichtiges Stadium. Für manche junge Erwachsene ist das letzte Jupiterquadrat eine sehr produktive Zeit und für manche nicht. Den 21. Geburtstag zu feiern, kann ein großes und vergnügliches Ereignis sein. Für andere ist es ein Elend. Probleme in diesem Alter hängen oft mit Jupiteraspekten im Geburtshoroskop zusammen und können verstanden werden, wenn diese Aspekte untersucht werden. Für die erfolgreichen Individuen ist das der Anfang des Lebens. Die Welt legt gerade los. Für manche ist dieser Zyklus oder dieses Alter das lustigste im ganzen Leben, da das Potential späterer Zyklen nicht mehr voll entwickelt wird.

Dritter Jupiterzyklus (24 – 36 Jahre)

Der dritte Zyklus beginnt mit 24 Jahren. Die Kindheitsphase ist vorüber; die sexuelle Entwicklung hat stattgefunden – mit den dazugehörigen sexuellen Experimenten und den Experimenten mit dem Erwachsenenleben. Jetzt kommen wir in die Phase der idealen jungen Eltern. Dieser Zyklus wirkt bei verschiedenen Leuten verschieden, entsprechend dem Entwicklungsniveau an diesem Punkt. Zum Beispiel ist der biologische Drang zu gebären zu diesem Zeitpunkt ziemlich stark, und viele junge Frauen bekommen Kinder. Wenn sie noch kein Baby haben, dann wollen sie eins. Manche junge Frauen treiben jetzt ab. Das innere Bedürfnis drängt zur Empfängnis, aber eine Frau hat vielleicht einen Partner gewählt, der noch nicht bereit ist zu heiraten, oder sie will ihn aus irgendeinem Grund nicht heiraten. Eine Schwangerschaft kann auch auftreten, wenn eine Frau die Hochschule fast abgeschlossen hat, und eine Abtreibung ist dann das Ergebnis von schlechtem ›Timing‹ der Schwangerschaft. Schlechtes Timing? Nicht wirklich! Der biologische Drang ist jetzt sehr stark. Es kann wirklich helfen, wenn man weiß, daß diese Energie vorhanden ist, denn ein solches Wissen läßt junge Frauen vorsichtiger sein.

Viele junge Männer heiraten während dieser Zeit, da die Wiederkehr Jupiters die Elternphase ins Spiel bringt. Ist er 24, dann ist sie für gewöhnlich 21. Und eine Familie entsteht. Für diejenigen, die in diesem Zyklus nicht heiraten, ist der Drang danach oft präsent. Die elterliche Phase manifestiert sich irgendwie. Der Instinkt, ein Heim zu schaffen, erwacht, und alleinstehende Menschen entwickeln das Interesse, sich ein Zuhause zu schaffen. Manche gehen der Ehe aus dem Weg, weil die Entscheidung noch nicht ausgereift ist. Manche junge Frauen vermeiden es zu heiraten, denn diejenigen, die keine Kinder haben wollen, haben sich mit der Frage der Schwangerschaft nicht auseinandergesetzt. Es ist in unserer Gesellschaft kein Vergnügen, diese Frage zu diskutieren, denn alle netten jungen Frauen sollten Kinder haben wollen. Bestimmte Aspekte im Geburtshoroskop mögen auf ein Widerstreben hinweisen, sich auf die Elternphase einzulassen.

Man sollte im Gedächtnis behalten, daß es nicht unbedingt notwendig ist, Vater oder Mutter zu werden. Aber es ist *notwendig*, die Frage zu überdenken, denn wir können nicht weitergehen und angemessene erwachsene Entscheidungen treffen, wenn wir unsere eigenen Motive nicht ansehen wollen. Zum Beispiel wird eine Frau, die es vermeidet, Kinder zu bekommen, nur mit verheirateten oder grundsätzlich nicht akzeptablen Männern ausgehen. Auf diese Weise kann sie eine Beziehung eingehen, die nirgendwo hinführt; sie kann rechtfertigen, warum sie nicht heiratet und kein Kind bekommt, während sie gleichzeitig behauptet, daß es ihr eigener Wunsch ist, einen guten Mann zu finden und Kinder zu bekommen. Sie muß nicht hinschauen, warum sie sich das antut. Sie wird jedoch später davon eingeholt werden.

Das Alter zwischen 24 und 36 Jahren ist die Zeit, wenn junge Erwachsene danach streben, seßhaft zu werden. Die Familie, Kinder zu bekommen und ein Nest zu bauen, sind in einer bäuerlichen Gesellschaft sehr wichtig. Aggression, die Eroberung neuer Gebiete und die Vergrößerung des königlichen Territoriums sind für die eher wandernden Kulturen sehr bedeutend. Hat jemand ein physisches oder spirituelles Erbe in sich, das mit den Wandervölkern in Verbindung steht, dann fällt vielleicht auf, daß Karrieren aufgebaut werden, und daß die Stellung in der Öffentlichkeit oder auch Reisen wichtiger sind, als einen Hausstand zu gründen. Leute mit einer eher bäuerlichen Vorgeschichte werden seßhaft und schaffen sich ein Zuhause. Auf jeden Fall versucht das Individuum, sich in der Welt zu etablieren und sich einen Ruf als verantwortungsbewußter, junger Erwachsener aufzubauen. Es ist eine Phase der Ausdehnung.

Das erste Quadrat im dritten Jupiterzyklus tritt drei Jahre später mit 27 Jahren ein. Es ist der Vorbote der Saturnwiederkehr. Wir haben geheiratet, einen Beruf angefangen oder eine Familie gegründet, oder was auch immer. Während des ersten Quadrates fangen wir an, uns zu fragen, ob unsere Entscheidung während der Jupiterwiederkehr gut getroffen war. Beziehungsprobleme fangen an, die Szene zu bevölkern, und das sind normalerweise Probleme, die mit sexuellen Beziehungen zusammenhängen. Ist mein sexuelles Leben befriedigend? Will ich mein sexuelles Leben, so wie es ist, weiterführen? Will ich mehr von einer Beziehung haben? Viele junge Leute fangen jetzt an, über Sex und Ehe zu klagen. Oft, weil sie allmählich reifer werden, was bedeutet, daß sie auch anfangen, Forderungen zu stellen. Wir neigen dazu, unsere jungen Leute im Stich zu lassen, weil wir ihnen nur wenig gute, praktische Ratschläge in Bezug darauf zu bieten haben, was man von einer Ehe im Alltagsleben erwarten kann. Für die meisten jungen Leute ist Liebe etwas Romantisches, gerade so, wie sie es im Kino gesehen haben. Aber seine Socken riechen, und sie sieht morgens schrecklich aus. Wo ist die Romantik geblieben? Und die Kinder schreien, und das junge Paar hat wenig Zeit für sich und kein Privatleben etc. Einige Veränderungen stehen an im Hinblick darauf, wie sich die Ehe und die Beziehungen innerhalb der Familie entwickeln sollen, so daß noch genug Raum bleibt für die persönlichen Bedürfnisse der Menschen, die davon betroffen sind.

Während der Jupiteropposition (30 Jahre) hat der Saturnzyklus stattgefunden und die Ansichten ändern sich. Je nachdem, wie jemand den Saturnzyklus überlebt hat, oder wieviel er daraus gelernt hat, wirkt die Jupiteropposition entsprechend. Junge Männer haben entschieden, was sie aus ihrem Beruf machen wollen. Sie haben mit 24 Jahren geheiratet, während der Saturnwiederkehr wurden die Ziele als Erwachsener festgelegt (siehe nächstes Kapitel, die Beschreibung der Saturnwiederkehr), und während der Jupiteropposition sollten sie die Früchte der Entscheidung ernten, die sie im Alter von 24 Jahren in die Tat umgesetzt haben. Mit anderen Worten, sie sollten einen sinnvollen angefangenen Beruf und eine glückliche junge Familie haben, und es sollte ihnen gutgehen.

Das muß nicht unbedingt so sein. War die Ehe nicht klug geplant, dann stellt das junge Paar möglicherweise fest, daß es sich auseinandergelebt hat, daß es außer den Kindern nichts gemeinsam hat. Die Ehefrau ist vielleicht nicht in der Lage, mit dem Ehemann und seinen Zielen mitzuhalten. Und als er sie sich ausgesucht hat, dachte er wahrscheinlich nicht daran, daß er vielleicht ihre Hilfe als Gastgeberin bei seinen Geschäftsessen brauchen würde. Die Unterschiede der familiären Vorgeschichte und der Herkunft mögen hier auch mit ins Spiel kommen. In dieser Partnerschaft ist einer vielleicht nicht glücklich.

Und die junge Frau hat auch die Saturnwiederkehr durchlebt und freut sich auf ihre Zukunft. Aber sie ist vielleicht nicht glücklich mit dem, was sie für ihre Zukunft hält. Wenn sie mit 24 Jahren kein Kind bekommen hat, möchte sie vielleicht jetzt eines haben, und es drängt sie stark danach. Wenn sie Kinder hat und unter dem Druck der Kleinfamilienstruktur funktioniert, ohne irgendeine Erleichterung in Sicht, dann wird sie unter Umständen mutlos. Kleinfamilie bedeutet, daß ›Mama‹ sieben Tage die Woche ohne Pause für die Kinder da ist, und normalerweise ist ihre einzige Gesellschaft die anderer junger Frauen in derselben Situation. Wenn das geschieht, dann sehen wir meist ausgelaugte Frauen. Die Mutter lebt für ihre Kinder, vergißt sich selbst als menschliches Wesen, vergißt sich selbst als Partnerin ihres Ehemannes – und man sieht, wie sie mit glasigen Augen im Supermarkt umherläuft und nicht einmal mehr das Schreien und Brüllen ihrer Kinder hört, ein Geräusch, das jeden anderen verrückt machen würde. Aber wir vergessen den Sinn der Jupiteropposition. Es ist jetzt Zeit zu schauen, ob die Entscheidung für das Baby gut war. Muß man sein Leben aufgeben, um Mutter zu werden? Kann man nicht ein eigenständiger Mensch bleiben? Wenn sich die dreißigjährige Frau in irgendeiner interessanten Weise weiterentwikkeln will, dann wird sie diese Fragen überdenken müssen.

Während der Jupiteropposition sind alleinstehende Menschen mit dem Dilemma der Kinder nicht konfrontiert. Was sie sich jetzt anschauen, ist der Prozeß des Alterns. Dreißig ist ein beängstigendes Wort für viele alleinstehende Menschen. In den Zwanzigern war es modern, alleinstehend zu sein, aber jetzt ist es kein besonders interessanter Gedanke mehr. Nach welcher Art Beziehung sucht man? Viele Leute fangen jetzt an, verschiedene Arten von Freundschaften zu entwickeln, da Liebhaber zu kommen und zu gehen scheinen. Aber ein Freund ist immer da, egal, ob es regnet oder schneit. Der Blickwinkel verändert sich. Mit Dreißig ist es wichtig zu realisieren, daß das Leben wirklich nicht nur daraus besteht, der einundzwanzigjährige Vertreter des letzten Modeschreis von der Madison Avenue zu sein. Nachdem man sich die Zeit genommen hat, sich selbst einzuschätzen, können Unsicherheiten abgebaut werden. Die Welt besteht nicht nur aus physischen Schönheiten. Wenn Ihr Ehemann all den süßen jungen Mädchen im Büro nachschaut, kann er entweder nicht mit einer Beziehung umgehen, oder Sie bieten ihm nicht viel, weswegen es sich lohnt, nach Hause zu kommen. Dreißig zu werden bedeutet, daß wir nicht mehr so dumm und naiv sind wie in unseren Zwanzigern; wir fallen nicht mehr so oft herein. Wir haben mehr zu bieten als wir wissen, mehr von dem, was wir mögen und was wir nicht mögen. Dreißig zu werden heißt für einen Mann, daß er langsam als junger Manager akzeptiert wird. Er ist kein Kind mehr, er hat sich draußen in der Welt bewährt, und die Leute sind bereit, ihn zu akzeptieren. Es ist wichtig, wie er den Prozeß des Älterwerdens einschätzt, denn wenn er glaubt, daß die Jugend dadurch erhalten werden kann, daß man sich einen Sportwagen kauft, dann fehlt vielleicht etwas auf einer Ebene des inneren Selbst.

Das letzte Quadrat des letzten Zyklus begegnet uns mit 33 Jahren. Wenn die Jupiterwiederkehr im Alter von 24 Jahren nicht das war, was sie hätte sein sollen, dann wird das letzte Quadrat diese Situation noch einmal auf den Tisch bringen. Das ist die Zeit, den Zyklus zu bereinigen, und sich auf den nächsten vorzubereiten. Beziehungsprobleme bedürfen der Auseinandersetzung. Hier mag der Schlüssel in einem Gleichgewicht zwischen der Liebe zu den Kindern und erwachsenen Beziehungen liegen. Viele alleinstehende Menschen, mit denen ich gesprochen habe, sagten, daß dies eine Zeit war, um neue Arten der Beziehungen entstehen zu lassen. Bedeutungslose Beziehungen können nicht länger als sinnvolle Erfahrung verbucht werden. Freundschaften werden wichtiger. Wird eine neue Liebesbeziehung ins Auge gefaßt, dann geschieht das jetzt von einem sehr unterschiedlichen Standpunkt aus, da mehr bewußtes Sicheinlassen mit im Spiel ist.

Die Vorstellungen, die wir zu Beginn eines Jupiterzyklus mit uns nehmen, werden 12 Jahre lang auf irgendeine Art bei uns bleiben. Eine meiner Klientinnen verlor ihren Mann während dieses Zyklus. Sie schwor, daß sie nie wieder lieben würde. Als sie ihre Meinung änderte, konnte sie niemanden finden zum Verlieben, denn wenn sie jemanden anziehend fand, dann war derjenige nicht bereit, sich auf sie einzulassen.

Sie konnte sich der Wirkung dieses Zyklus erst entziehen, als der nächste Zyklus begann. Das mag nicht oft geschehen, aber es hilft vielleicht manchen Menschen zu verstehen, wie sie sich selbst in einen Gedankenrahmen einsperren können, so daß es Jahre braucht, um sich da herauszuarbeiten. Ein neuer Jupiterzyklus ist ein Beziehungskonzept, das entwickelt wird. Zwei Monate lang sind die Gedanken, die durch Ihren Kopf gehen, ziemlich wichtig, denn sie legen den Grundstein für einen Zwölfjahreszeitraum.

Vierter Jupiterzyklus (36 – 48 Jahre)

Das ist ein schwieriges Alter für Frauen und ein leichteres für Männer. Die meisten Männer haben durch die soziale Umgebung gelernt, den Druck der Arbeitswelt auf sich zu nehmen. Der junge Mann von 36 Jahren beginnt eine neue Phase, in der er sich auf seine Arbeit als Erwachsener, als Karrieremann bezieht. Er denkt vielleicht, daß ihm die Firma gehören wird, wenn er vierzig ist. Er wird nicht länger als der aufgeweckte, junge Mann ohne Erfahrung angesehen. Arbeit ist Macht, und Macht gibt uns Bedeutung, und der sechsunddreißigjährige Mann hat ein Ziel im Leben. Er will einen Platz für sich in der Welt finden, und mit sechsunddreißig ist er noch in der Aufbauphase. Er hat noch nicht realisiert, daß er fehlbar ist, daß er es vielleicht nicht schafft, oder daß er eines Tages alt werden könnte. Er ist attraktiv, und er wird immer attraktiv bleiben. Er weiß, worauf es ankommt; er steht in der Öffentlichkeit selbständig dar. Er trägt sich vielleicht mit dem Gedanken, herumzuspielen. Wissen Sie, die Ehefrau ist müde, mit den Kindern, der Lehrer-Eltern-Vereinigung oder dem Sportclub beschäftigt, und da ist dieses hübsche Mädchen im Büro...

Bei der sechsunddreißigjährigen Frau läuft es nicht ganz so gut. Wenn sie dazu erzogen wurde, eine Ehefrau und Mutter zu sein, oder wenn sie ihre Weiblichkeit und ihre Persönlichkeit gegen einen Exklusivanspruch ihrer Kinder eingetauscht hat, dann fühlt sie sich innerlich vielleicht recht unsicher. Dies ist die Zeit, wo ihr anfängt klarzuwerden, daß die Kinder nicht ewig da sind – und was dann? Sie fühlt sich nicht mehr attraktiv, und sie ist sich ihrer selbst nicht mehr sicher (wie soll sie das sein, nachdem sie zehn Jahre lang dem Kindergeplapper zugehört hat?), und sie sucht außerhalb ihrer selbst nach irgendeiner Art Sicherheit. Wenn ihr Ehemann ungefähr im selben Alter ist, dann ist er weg, in seiner eigenen Welt und bemerkt sie vielleicht kaum noch. Das heißt, daß sie vielleicht reif ist für eine Affäre. Wenn sie im Grunde genommen ein treuer Typ ist, dann muß sie mit den entstehenden Schuldgefühlen zurechtkommen, weil sie einen Ehemann, Kinder und einen Liebhaber hat.

Viele Frauen gehen jetzt in eine Bodybuilding-Phase mit den dazugehörigen Übungsabenden und dem Programm »Jugendlich aussehen». Aber das Geturne nutzt auch nichts, wenn das wirkliche Problem innen liegt. Eine tolle Figur ist schön, aber sie wird nicht das Problem eines Mangels an Selbstvertrauen lösen. Was halten Sie wirklich von sich? Die Kinder setzen sich langsam ab, und *wer* sind Sie?

Als Ergebnis davon lassen sich Paare während dieses Zyklus unter Umständen scheiden. Das ist nicht die Antwort, denn die meisten Leute lassen sich scheiden, weil sie nicht miteinander kommunizieren. Für Alleinstehende und Verheiratete bedeutet dieser Zyklus, daß die Rolle, die sie spielen, noch einmal verändert werden muß. Auf irgendeiner Ebene müssen Ziele festgelegt werden, so daß die Beziehungsseite des Lebens mit einer Perspektive entwickelt werden kann. Dieser Zyklus wird viele Lebensbereiche verändern, da sich die persönlichen Beziehungen – Liebhaber, Partner, Freunde – verändern werden und ebenso die Rolle, die man in der Öffentlichkeit spielt. Dieser Zyklus bringt keine Heuchelei mit sich, sondern eher eine Veränderung in der Struktur des Beziehungsverhaltens. Eltern müssen ihre Kinder loslassen. Das Kind braucht keine Flasche und keine sauberen Windeln mehr. Hier heißt der Schlüssel »Anleitung«. Mit 36 Jahren könnten Eltern ein zwölfjähriges Kind haben, wenn das Kind geboren wurde, als die Eltern 24 Jahre alt waren. Jetzt ist es also Zeit, das Kind zu lehren, wie es weiterleben kann. Jetzt ist auch die Zeit, damit anzufangen, etwas von dem, was man selbst gelernt hat, zu lehren und zurückzugeben, aber das schafft vielleicht eine bestimmte Art von Unsicherheit, wenn man noch immer nicht weiß, wo man selbst hingeht.

Die meisten Amerikaner glauben, daß es zwei Möglichkeiten gibt zu existieren – jung und alt. Dazwischen liegt nur eine Reihe von verschwommenen Jahren und Erinnerungen, die sich meist um den Schulabschluß des Kindes drehen und die man besser vergißt usw. Dem ist nicht so. Das ist die Zeit, wenn sich Männer und Frauen entscheiden sollten, zu welcher Art von Persönlichkeit sie heranreifen wollen. Die Aufgabe, Kinder zu erziehen, ist ein Teil davon, aber es ist nicht alles.

Wir sollten in diesem Alter selbstbewußter werden. Als wir jünger waren, standen Persönlichkeit und Selbst an erster Stelle. Die Phase als Eltern erweitert unseren Horizont, damit wir mit dem Selbst auch

Besitztümer aufnehmen können, denn wenn wir Eltern sind (eigentlich während des dritten Jupiterzyklus), streben wir danach zu akkumulieren. Oft akkumulieren wir so: »Mein Ehemann, meine Ehefrau« – eine soziale Stellung, »mein Sohn, meine Tochter« – noch eine soziale Stellung, »mein Haus, mein Auto« – noch mehr Prestige. Die nächste Phase ist darauf angelegt, uns zu lehren, wie wir andere Menschen darin unterstützen können, ihr Potential zu entwickeln. Anderen zu helfen ist eigentlich der Anfang der Entwicklung des Phänomens »weiser alter Mann« oder »weise alte Frau«.

Viele Amerikaner neigen dazu, sich von den Wörtern »Matriarchin« oder »Patriarch« beängstigen zu lassen, denn es existiert bei uns landesweit die Vorstellung der kontrollierenden Mutter und des kontrollierenden Vaters, die ihre erwachsenen Kinder nicht loslassen wollen. Eine Matriarchin oder ein Patriarch können auf das kleinkarierteste Niveau herabsinken, und hin und wieder sehen wir die negativsten Ausformungen. Aber wir müssen nicht absinken, wir können uns zu konstruktiven, reifen Menschen entwickeln, die in der Lage sind, andere zu ermutigen, indem wir unsere Erfahrung und unser Wissen nutzen, um denen, die wir lieben, beim Wachsen zu helfen. In unserer mobilen Atomgesellschaft haben wir nicht mehr viel Kontakt mit der Familie und vermissen es vielleicht mitzuerleben, wie sich unsere Eltern weiterentwickeln. Aus unserer Vergangenheit jedoch haben wir noch immer eine psychische Erinnerung an das Erbe, das wir in uns tragen, und zu dieser Erinnerung gehören die Rollen, die von den älteren und angeseheneren Mitgliedern des Stammes eingenommen wurden. Wir werden alle unseren Platz in dem »Stamm« eines Tages einnehmen, auch dann, wenn wir uns nicht genügend darauf vorbereitet haben, die Rolle zu spielen. In der Entwicklung kann jetzt der Keim gelegt werden von Selbstvertrauen in unsere Identität, besonders dann, wenn wir wissen, daß unser Älterwerden uns die Chance gibt, Weisheiten zu entwickeln. Diese nächste Phase ist also eine, in der wir lehren. Wir lernen, jemand anderen zu ermutigen, sein Potential zu entwickeln. Dazu gehören unsere Kinder, und Mütter unterstützen also ihre Töchter darin, zuversichtliche junge Frauen, und ihre Söhne, zuversichtliche junge Männer zu werden. Väter tun dasselbe. Menschen, die andere dazu ermutigen können, sich selbst optimal zu leben, die offen genug sind, andere anzuleiten, einen Job zu übernehmen, fangen an, sich auf eine neue Art mitzuteilen und zu beziehen. Unsere neue Verantwortung gefällt uns vielleicht nicht, aber wie können wir uns zu weisen Menschen entwickeln, wenn wir in dem Sumpf steckenbleiben, wo wir nur uns selbst verwirklichen wollen. Ich sage nicht, daß wir uns nicht selbst verwirklichen sollen, sondern daß dieser Jupiterzyklus auf die Notwendigkeit hinweist, einen weiteren Aspekt unserer selbst zu entwickeln. Vielleicht deutet die Fähigkeit, wirklich zu teilen und zu geben, auf die Entwicklung eines authentischen Selbstvertrauens hin.

Oft gehört zu dem Wachstum, das der vierte Jupiterzyklus mit sich bringt, eine Statusveränderung. Die Kinder kommen in die Pubertät und die eigenen Eltern werden alt. Sie sorgen während dieser Phase schließlich für zwei Gruppen – für ihre Kinder und ihre Eltern. Alleinstehende Menschen haben keine Kinder, aber viele haben Eltern. Die Rollenveränderung vom Kind zu dem, der für seine Eltern sorgt, bringt eine nicht unbedeutende Veränderung in der Psyche mit sich. Manche Menschen gewöhnen sich nicht leicht daran. Es ist schwer, diese frühen Kindheitserinnerungen loszulassen, als Mutter und Vater der Mittelpunkt der Welt waren, und die Person zu werden, die man vielleicht bittet, sich um etwas zu kümmern, oder dieselben, einst mächtigen Persönlichkeiten zu beraten. Kurz gesagt, es werden in diesem Zyklus die Kinder emotional losgelassen. Den Kindern wird gezeigt, wie sie erwachsen werden können. Die Eltern gehen in eine neue Phase, und wir lehren andere das, was wir wissen.

Mit 39 begegnet uns das erste Quadrat im vierten Jupiterzyklus. Wenn im Alter von 36 keine wesentliche Entscheidung getroffen wurde, oder die Entscheidung nur die verbitterte Reaktion auf die Umwelt ausdrückt, oder wenn man den Anfang des Zyklus mißverstanden hat, dann kann das eine recht krisenhafte Periode sein. Die Vierziger kommen rapide näher. Was haben Sie aus Ihrem Leben gemacht? Was haben Sie alles Wichtiges getan? Wie wollen Sie auf Ihre Vierziger zugehen? Manche Männer werden ziemlich nervös, weil es doch nicht so aussieht, als würde ihnen die Firma gehören. Oder sie fühlen sich übergangen.

Das ist auch für Frauen eine schwierige Periode. Ist man dem 36-Jahre-Zyklus mit Wissen und einer guten Jupiterentscheidung begegnet, dann wird das Quadrat einige Änderungen mit sich bringen, die für das Vorhaben nötig sind. Wurde der Zyklus ignoriert, dann wird eine Unausgereiftheit wieder an die Oberfläche kommen, mit der man sich gefassen muß, was immer es sei. Mit vierzig wird die Midlife Crisis ausgelöst.

Die Jupiteropposition tritt im Alter von 42 Jahren ein. Wenn sich die Entscheidung, die mit 36 Jahren gefällt wurde, als positiv erweist, fängt man an, Früchte zu ernten und ein gutes Gefühl zu sich zu entwickeln.

Die Arbeit, die man geleistet hat, um diesen Lebensabschnitt auszufüllen, beginnt, sich auszuwirken. War die Entscheidung nicht ausgereift, oder zu selbstbezogen, dann wird man sich dessen bewußt werden. Das ist die Zeit, um das Vorhaben zu verändern, damit man seine späteren Jahre interessanter gestalten kann. Die Opposition tritt etwa zur selben Zeit auf, während andere Zyklen auch wirken, daher kann es eine intensive Periode für Männer und Frauen sein.

Diese Jupiteropposition wirft vielleicht das Thema Gesundheit für Sie auf. Viele Menschen setzen sich mit Krankheit in der Familie oder mit eigener Krankheit auseinander, denn das Leben im großen Stil, das mit den Jupiteraspekten in Verbindung gebracht wird, fällt unter Umständen auf uns zurück. Der Körper fängt an zu versagen, und wenn wir unseren Kreislauf überlastet haben, müssen wir vielleicht unsere Lebensweise ändern. Erinnern Sie sich an die Gerichte, die Sie mit 27 Jahren gerne mochten? Wie verhält sich das zu den Speisen, die Sie jetzt essen können? Gesundheit und das Zugehen auf andere mit Sympathie und Mitgefühl mögen jetzt anstehen. Es entsteht eine andere Art von Beziehung, die eine stärkere Verbindung zu Leben und Tod hat.

Das letzte Quadrat tritt im Alter von etwa 45 Jahren auf, und der Prozeß des Gebärens hört für Frauen langsam auf. Manche reagieren beim Gedanken an die Menopause sehr stark, besonders, wenn das Selbstwertgefühl an den Fortpflanzungsprozeß gebunden ist. Das ist eine Zeit, in der viele Frauen wieder anfangen zu arbeiten, und wenn sie in diesem Alter damit beginnen, dann wird vielleicht ein Gefühl der Unzulänglichkeit oder ein Mangel an Selbstvertrauen deutlich, es sei denn, sie haben sich zwischen ihrem 36. und 45. Lebensjahr Zeit genommen, noch etwas zu lernen.

Die Männer, die dieses Quadrat durchleben, setzen sich mit den Überbleibseln aus dem Anfang des Zyklus auseinander. Manche Männer stellen fest, daß sie die Entscheidung, die sie mit 36 getroffen haben, nicht noch einmal treffen würden. Mit 45 Jahren werden sie klein und unscheinbar, damit der Zyklus vorübergeht. Das ist immer noch eine gute Zeit, um etwas zu bereinigen. Das Quadrat wirkt etwa zwei Monate lang und diese Periode kann genutzt werden, um Beziehungsprobleme entweder zu Hause oder in der Arbeit zu klären.

Fünfter Jupiterzyklus (48 – 60 Jahre)

Mit 47 beginnt der fünfte Jupiterzyklus, und wir fangen an, ans Altwerden zu denken. Wie werden wir älter? Wozu wir uns jetzt entschließen, wird bis zum Alter von 60 Jahren wirken, und damit kommen wir dann dem Ende des Arbeitslebens näher. Es ist wichtig, auf das zu hören, was man während dieser zwei Monste, während Jupiter auf dem Geburtsjupiter steht, denkt, denn das innere Selbst wird anfangen, das, was man denkt, in die Tat umzusetzen. Passen Sie auf. Schreiben Sie Ihre Vorstellungen auf. Hören Sie sich zu. Mit 48 sollten die Kinder von zu Hause weggehen, deshalb ist das ein wichtiger Zyklus in Bezug auf Ehe und intime Beziehungen. Ob Sie Kinder haben oder nicht, Sie werden jetzt mit der Entscheidung konfrontiert, wie Sie den Prozeß des Alterns angehen wollen. Manche gehen jetzt aus einer Ehe weg. Es scheint einfach eine gute Zeit zu sein, etwas zu beenden, das nicht mehr angenehm war. Die Ehe, die zu Beginn dieses Zyklus geschieden wird, wurde vermutlich nur wegen der Kinder aufrechterhalten. Die Mutter oder der Vater hatten das Gefühl, daß es wichtig sei für die Kinder, beide Elternteile zu haben, auch wenn einer der beiden nicht besonders glücklich war. Sobald die Verpflichtung als Elternteil erfüllt ist (entsprechend dem inneren Bedürfnis des Individuums), geht der unglückliche Partner weg. Viele Ehemänner und Ehefrauen sind völlig irritiert, daß der Partner nicht zu einem anderen Menschen geht. Er oder sie geht einfach so weg. Es fällt schwer zu akzeptieren, daß man zwanzig Jahre lang mit jemandem zusammengelebt hat, der einen nicht mag, und wenn die Zeit der Verantwortung zu Ende geht, dann verläßt dieser Mensch Sie einfach, um wegzukommen. Nicht schön. Dennoch, es kommt vor.

Wenn die Ehe fortgesetzt werden soll, dann muß sich die Grundlage der Beziehung ändern. Das kann schwierig werden, denn es erfordert, daß beide Partner die Beziehung erweitern. Auf welche Art? Die Aktivitäten von Klein-Johnny sind nicht mehr das Hauptthema im Haushalt. Das Essen für die Kinder ist kein wichtiger Punkt mehr. Nun, worüber soll man sprechen? Manche Paare sind hocherfreut, weil sie endlich die Gelegenheit haben, wieder als Liebhaber zusammenzusein. Sie machen zum Beispiel Liebe an einem Sonntagnachmittag. Viele Eltern wollen, daß die Kinder weggehen, weil sie genug gegeben haben, und die meisten Kinder sind sich nicht bewußt, daß Vater und Mutter ein Privatleben haben.

Der fünfte Zyklus ist unbequem, wenn in der Ehe nicht viel Austausch stattgefunden hat, denn jetzt müssen zwei Fremde lernen, wie sie wieder miteinander ins Gespräch kommen. Da kann es ein paar sehr spannungsgeladene Augenblicke geben! Man muß nicht verheiratet sein, um in dem Phänomen Beziehung diese Veränderung durchzumachen. Ob man mit jemandem zusammenlebt oder nicht, ob man hetero- oder homosexuell ist, die Veränderungen werden stattfinden. Das, was sich verändert, ist unterschiedlich; zwei homosexuelle Männer, die zusammenleben, werden sich nicht darüber streiten, was sie machen sollen, wenn die Kinder von zu Hause weggehen, aber irgendetwas wird auf der Tagesordnung stehen, und die betroffenen Menschen werden sich mit diesem Problem auseinandersetzen müssen.

Etwas von der Spannung in diesem Zyklus wird durch die Tatsache verursacht, daß das Alter von 50 Jahren für die meisten Amerikaner eine große Sache ist. Es bedeutet noch weitere zehn oder zwölf Jahre Arbeit. Es bedeutet, daß der Prozeß des Alterns im Gange ist und die Einordnung als Seniorenbürger Wirklichkeit wird. Manche Menschen freuen sich darauf und andere nicht. Ich persönlich finde nicht, daß wir eine besonders positive Haltung älteren Mitbürgern gegenüber haben. Es ist wahr, daß manche älteren Mitbürger einfach aufhören, etwas zu tun und sehr schnell senil werden, aber nicht jeder muß sich so entwickeln.

Bis jetzt haben wir gelernt, ein Erwachsener zu sein, wir haben gelernt, wie man gibt, und jetzt müssen wir uns mit dem Gedanken an das Nehmen anfreunden. Junge Leute sehen das Leben als Selbstverständlichkeit an. Sie nehmen und nehmen, bis sie etwas Nützliches aufgebaut haben. Die Elternphase lehrte uns, jemand anderen miteinzubeziehen. Dann mußten wir lernen, uns auf andere Art zu nähren oder Beziehungen herzustellen – eher dadurch, daß wir Möglichkeiten aufzeigten und zum Vorschein brachten, als einfach zu nehmen. Jetzt ist es wieder Zeit zu lernen, wie man nimmt, so daß wir die Fähigkeit, das zu erhalten, was wir brauchen, weiterentwickeln können. Tun wir das nicht, dann entsteht eine Neigung, rigide und stur zu werden, während wir versuchen, unsere Selbständigkeit zu schützen. Um unserer Gesellschaft das meiste wieder zurückzugeben, müssen wir uns für die philosophische Phase bereitmachen. Wir sind noch nicht dort, aber wir müssen uns vorbereiten. Wenn wir von anderen etwas annehmen können, dann zeigt das, daß wir erkennen, in welche Phase wir bald eintreten werden. Wir werden eines Tages Worte der Weisheit haben, und wir öffnen jetzt die Tür dazu, indem wir Rigidität vermeiden. Das gehört zum Empfänglichwerden. Wenn man anderen gibt, dann behält man die Kontrolle;

akzeptiert man von anderen etwas, dann kann man empfangen. Empfänglichkeit steht mit spiritueller Entwicklung in Verbindung, denn man muß für die innere Stimme empfänglich werden.

Das Ende der beruflichen Tätigkeit ist ein weiteres Thema. Es wird bald soweit sein, und was tun Sie dann? Manche entscheiden sich für ein Altersheim mit Menschen ihres Alters. Diese Entscheidung bleibt jedem selbst überlassen, aber wenn wir erst einmal in eine solche Gemeinschaft ziehen, verlieren wir die Dynamik der Jugend und des normalen Lebens. Leute, die wach bleiben, wählen diesen Ausweg meistens nicht. Manche planen, mit der Arbeit im normalen Alter aufzuhören und fangen an, sich für eine neue Beschäftigung auszubilden. Das ist eine gute Idee. Arbeit hat noch niemandem geschadet.

Mit 51 Jahren erleben wir das erste Quadrat. Dieser zweimonatige Zeitraum wird weitere Fragen aufwerfen in Bezug darauf, wie man mit Würde älter wird, und wie man loslassen kann. Vielleicht müssen manche Probleme mit den Kindern noch geregelt werden. Achten Sie auf alle widerwilligen Gefühle, die mit dem Annehmen von Hilfe oder mit dem Gefühl, den Kindern übermäßig helfen zu müssen, zusammenhängen.

Der 54. Geburtstag bringt uns die Jupiteropposition und stößt uns wieder auf die Sache mit dem Ruhestand. Wenn wir im Beruf gereizt und ängstlich werden, dann lassen wir es nicht zu, daß uns irgend jemand hilft. Wird man selbst langsamer oder wird die Abteilung größer? Braucht man Hilfe? Warum nicht die Kinder das Essen zum Erntedankfest kochen lassen? Nehmen Sie es an.

Das letzte Quadrat taucht im Alter von 57 Jahren auf, und alle Beziehungsprobleme, die geklärt werden müssen, bevölkern wieder die Szene. Statt das Thema zu umgehen, muß man sich damit auseinandersetzen, damit man in die nächste Phase hineingehen kann. Bedenken Sie, daß Sie nicht mehr Vater oder Mutter sind. Sie sind eine eigenständige Person, und Ihre erwachsenen Kinder sind auch selbständige Menschen. Sie können deren Leben nicht führen. Sie müssen sie das sein lassen, was sie sind – Erwachsene.

Sechster Jupiterzyklus (60 – 72 Jahre)

Das kann eine schreckenerregende Zeit sein, denn der Ruhestand klopft an die Tür. Der Alterungsprozeß ist mit Sicherheit im Gange, die Knochen tun weh, und man kann nicht mehr das machen, was man immer gemacht hat. Wenn sich die eigenen Wertvorstellungen auf die verlorene Jugend konzentrieren, dann kann das eine unglückliche Periode werden. Frauen geht es in diesem Alter sogar besser als Männern, denn Frauen haben mit sich Frieden geschlossen, so etwa im Alter von 50 Jahren. Männer werden jetzt mit der unangenehmen Aufgabe konfrontiert, das Büro zu verlassen und zu Hause zu bleiben. Hoffentlich wurde vorher für ein Ruhestandshobby oder eine Arbeit gesorgt, damit der Übergang von einer Art Arbeit zu einer anderen nicht zu drastisch ist. Das ist der Zyklus, der auf spirituelle Entwicklung drängt. Jupiter symbolisiert Beziehungen und Ausdehnung, aber er regiert das Zeichen des Schützen, das immer auf den Philosophen hingewiesen hat. Deshalb erscheint jetzt die philosophische Seite Jupiters auf der Bildfläche. Im Orient verläßt das Familienoberhaupt in diesem Alter sein Heim und seinen Besitz und geht weg in den Wald, um Nirvana oder Weisheit zu finden. Das können wir auch tun, aber wir brauchen dazu nicht unser Zuhause zu verlassen. Jetzt ist die Zeit gekommen, sich irgendeine Art philosophischer Theorie, Metyphysik oder die Arbeit in einer Kirche näher anzusehen.

Mit 63 Jahren ist der Ruhestand meistens schon eingetreten. Männer beißen sich vielleicht schon die Zähne daran aus, daß die Jupiterentscheidung mit 60 nicht klug war. Wenn das der Fall ist, dann ist es Zeit, das ursprüngliche Vorhaben zu verändern, da Sie jetzt mehr über das, was Sie tun wollen, wissen, oder es ist Ihnen vielleicht plötzlich klar geworden, worum es bei diesem Zyklus geht. Es geht nicht darum, alleine, einsam und vergessen zu sein. Eine völlig neue Welt hat sich eröffnet. Manche Männer engagieren sich darin, anderen geschäftlich zu helfen und stellen Zeit für Beratung zur Verfügung. Manche Frauen engagieren sich sehr in der Arbeit einer örtlichen Organisation, obwohl man sich fragen kann, ob das nicht auch getan wird, um von einem pensionierten Ehemann wegzukommen, der zuviel zu Hause bleibt.

Die Jupiteropposition kommt im Alter von etwa 66 Jahren, und das bringt noch mehr Geschäftigkeit in diesen Prozeß des Alterns. Wenn der Plan im Alter von 60 Jahren gut war, werden sich die positiven Ergebnisse der geleisteten Arbeit langsam zeigen. Das müßte eigentlich eine sehr glückliche Zeit werden für diejenigen von uns, die sich ihre Gesundheit erhalten haben.

Der neunundsechzigste Geburtstag bringt das letzte Quadrat mit sich und damit all den Kummer über die schlechten Entscheidungen, die im bisherigen Verlauf des Zyklus getroffen wurden.

Alles, was geklärt werden muß, sollte jetzt in Angriff genommen werden. Wenn eine philosophische Einsicht gefehlt hat, dann werfen Sie jetzt einen Blick darauf. Wenn in den Beziehungen zu den Kindern und Enkelkindern Mißverständnisse entstanden sind, dann müssen Sie vielleicht offener mit ihnen sprechen. Sie sind nicht nur Großvater oder Großmutter, sondern auch ein Mensch, der Interesse daran hat, etwas für sich selbst zu entwickeln. Alleinstehende Menschen müssen vielleicht ein anderes Problem bearbeiten. Hat es mit Akzeptieren zu tun?

Siebter Jupiterzyklus (72 – 84 Jahre)

Der siebte Jupiterzyklus steht in Verbindung mit den letzten Stadien der spirituellen Entwicklung. Der ganze Sinn, das Universum von einem philosophischen oder spirituellen Gesichtspunkt aus zu betrachten, liegt darin, unseren endgültigen Frieden mit dem Leben zu schließen. Wenn wir geboren werden, beziehen wir uns als erstes auf unsere Bedürfnisse – Essen, ein Dach über dem Kopf, Schutz vor dem Unbekannten. Während wir heranreifen, beziehen wir uns auf unseren sich verändernden Körper. Wir haben teil an dem Prozeß, Eltern und Mitglieder einer sozialen Gruppe zu werden. Was hat das für einen Sinn? Warum passiert diese Sache, die Leben genannt wird? Wo ist unser Platz darin? Was hat uns das Leben bedeutet? Und was wird der Tod bedeuten?

Wir werden alle eines Tages sterben. Das weiß jeder. Wir werden zugeschaut haben, wie viele Freunde und uns liebe Menschen gestorben sind; wie werden wir mit unserem eigenen Tod zurechtkommen? Die Möglichkeiten des Sterbens zu erforschen, sich mit der örtlichen Sterbeklinik in Verbindung zu setzen, um etwas über diesen sehr intimen Prozeß zu erfahren, das kann eine Möglichkeit sein, sich mit dieser Frage zu beschäftigen. Der Tod ist das Bedeutendste, das mit jedem von uns geschieht, seit wir geboren wurden. Wir wissen sehr wenig über diese Erfahrung, und die meisten Leute haben Angst davor, aber es gibt jetzt eine ganz neue Art von Literatur auf dem Markt für diejenigen, die neugierig sind.

Wenn man sich einmal mit dem Sterben beschäftigt, kann es sehr viel Spaß machen, das Leben zu leben, denn der ältere Mensch, der seinen Frieden mit dem Tod geschlossen hat, hat nicht vor zu sterben, sondern er ist in der Lage, das Leben voller und mit größerer Freude zu genießen. Der Winter des Lebens hat seine eigene Schönheit.

Das erste Quartal im Alter von 75 Jahren mag Pläne verändern, die bis dahin gefaßt wurden. Die Entscheidungen, die im Alter von 72 getroffen wurden, werden neu überdacht, und es wird ein weiterer Anstoß zur spirituellen Entwicklung gegeben.

Im Alter von 78 Jahren tritt die Opposition auf, die noch mehr Veränderungen bezüglich der Vorstellung vom Tod als Freund oder Feind mit sich bringt. Diese Opposition ist ein endgültiger Anstoß für das spirituelle Bewußtsein. Diese zweimonatige Periode mag große spirituelle Einsicht oder spirituelles Verständnis mit sich bringen. Sobald diese Einsicht angenommen wird, findet ein weiterer Rückzug von der Familie statt, und Liebe kann jetzt in einem universelleren Kontext gegeben werden.

Mit 81 erleben wir das letzte Quadrat, das Situationen mit sich bringt, die bereinigt und erledigt werden müssen. Wir machen uns bereit, den achten Jupiterzyklus zu beginnen, und wir müssen uns jetzt der akuten Frage des Todes stellen.

Achter Jupiterzyklus (84 – 96 Jahre)

Dieser Zyklus fängt im Alter von etwa 84 Jahren an. Nach Lionel Day ist aus der Sicht der Astrologen das Leben mit 84 zu Ende. Von der Zahlenmystik und der Symbolik her ist das sehr vernünftig, denn wir haben sieben Jupiterentwicklungszyklen und drei Saturnreifezyklen durchlebt. Da sich die Orbits der Planeten verändern, wird sich das vielleicht auch verändern. Wie dem auch sei – nicht jeder beschließt jetzt zu sterben. Viele kreative und glückliche Menschen genießen das Leben. Das Gewahrsein von Gott und einem universalen Bewußtsein sind Geschenke, die geteilt werden können.

Saturnzyklen (29,46 Jahre)

Wie wir im letzten Kapitel schon sagten, haben Jupiter und Saturn eine symbolische Beziehung. Im Tierkreis regiert Jupiter die Zeichen Schütze und Fische, Zeichen, die philosophische und humanitäre Entwicklung verkörpern. Im Geburtshoroskop symbolisiert Jupiter, wie und warum man bestimmte persönliche, philosophische und humanitäre Züge während der Zyklen seines Lebens entwickelt. Saturn regiert Steinbock und

Wassermann; Zeichen, die Führerschaft, Beruf, Darstellung in der Öffentlichkeit, das Wechselspiel zwischen dem Selbst und den Freunden ebenso wie die Verwirklichung von Hoffnungen und Wünschen regieren. Schaut man sich die Opposition an, die mit den von Saturn regierten Zeichen im Tierkreis in Verbindung stehen, dann kann man das öffentliche/private Erscheinungsbild und den Selbstausdruck in der Beziehung mit anderen verstehen. Die Opposition zwischen Krebs/Steinbock ist auch eine Opposition zwischen Mond und Saturn oder Gefühlen und Verantwortung. Die Opposition zwischen Löwe und Wassermann ist auch eine Opposition zwischen Sonne und Saturn oder dem Selbstausdruck und der Verantwortlichkeit des Wassermanns. Saturn hat überall dort einen Einfluß, wo das Selbst Energien oder Vorstellungen im Tierkreis ausdrückt, und er schafft das symbolische Bild der Verantwortung für alle Aktivitäten, die mit dem Ausdruck von Sonne und Mond verbunden sind. Das kann man als einschränkend betrachten, oder es kann als die Notwendigkeit gesehen werden, das Selbst in all seinen Ausdrucksformen zu prüfen.

Nach Vivian Robson verkörpert Saturn im Geburtshoroskop den Vater (zusammen mit der Sonne)[16]. Es wird Saturn auch zugeschrieben, das Symbol für Reife, Verantwortung, Lernen durch Erfahrung und Kristallisation des Bewußtseins zu sein. Sein Wechselspiel mit Jupiter schafft ein Gleichgewicht im Individuum, denn Jupiters Hinausstreben muß von der saturnischen Realisierung der Wirklichkeit gemäßigt werden. Die beiden Energien in uns liegen immer im Streit miteinander und doch helfen sie uns, ein eigenes, inneres Sicherheitssystem zu schaffen.

Dal Lee sagt, daß Saturn 29,46 Jahre braucht, um einen Zyklus zu vollenden. Diese Zahl variiert in der Wirklichkeit, wie man in Tabelle 5 auf den Seiten 70-71 sehen kann. Da wir mit einer durchschnittlichen Unterteilung des Saturnzyklus arbeiten (die Einteilungen beziehen sich auf einen 28-Jahre-Saturnzyklus), schien es mir wichtig, Ihnen zu zeigen, wie der Zyklus variiert, wenn man ihn auf individuelle Geburtsdaten bezieht. Die Tabelle zeigt, wie der Zyklus unter Umständen aus dem Gleichgewicht gerät, was bedeutet, daß man die Zeit des Saturnzyklus für jedes Horoskop berechnen muß, um genau zu wissen, wann er eintritt.

Der 28-Jahre-Zyklus unterteilt sich in vier Siebenjahreszyklen, und

[16] Vivian Robson, »A Student's Textbook for Astrology«, Cecil Palmer, London, 1922, S. 127.

Tabelle Nr. 5: Saturnzyklen und Krisenjahre[1)]

Aspekt	Durchschnittliches Alter	♄ 14° ♐	Tatsächliches Alter	♄ 13° ♉	Tatsächliches Alter	♃ 16° ♏R	Tatsächliches Alter
☌	0	Geburt	0	Geburt	0	Geburt	0
□	7	21.3.35 - 14.10.35 2.12.35 - 21.3.36	7-8	27.8.46 - 28.2.47 9.5.47 - 17.8.47	5-6	25.2.62 - 30.8.62 18.11.62 - 2.3.63 26.9.63 - 16.11.63	6-8
☍	14	9.6.42 - 30.5.43	14-15	17.11.53 - 15.6.54 28.7.54 - 21.11.54	12-13	23.6.69 - 22.10.69 14.3.70 - 11.6.70 11.12.70 - 24.2.71	14-15
□	21	28.10.48 - 6.2.49 18.7.49 - 17.10.49 21.3.50 - 8.7.50	20-22	30.1.62 - 4.2.63	21-22	26.7.76 - 17.7.77	21-22
☌	28	17.11.56 - 23.11.57	28-29	25.5.69 - 2.12.69 5.2.70 - 17.5.70	28-29	21.10.83 - 24.10.84	28-29
□	35	11.5.64 - 21.7.64 28.1.65 - 6.5.65 22.8.65 - 28.1.66	36-38	2.7.76 - 1.10.76 27.1.77 - 20.6.77	35-36	15.4.91 - 19.6.91 3.1.92 - 15.4.92 12.7.92 - 7.1.93	35-36
☍	42	27.7.71 - 13.11.71 13.4.72 - 10.7.72 6.1.73 - 24.3.73	43-45	3.1.83 - 26.3.83 25.9.83 - 1.1.84 22.4.84 - 27.9.84	42-43	22.4.99 - 15.8.99 14.9.99 - 13.4.00	43-44

Tabelle Nr. 5 (Fortsetzung): Saturnzyklen und Krisenjahre[1)]

Aspekt	Durch-schnitt-liches Alter	♄ 14° ♐	Tatsäch-liches Alter	♄ 13° ♉	Tatsäch-liches Alter	♃ 16° ♏R	Tatsäch-liches Alter
♇	49	28.8.78 - 23.8.79	50-51	7.3.91 - 2.8.91 4.12.91 - 11.3.92 23.8.92 - 6.12.92	50-51	3.9.05-20.2.06 19.5.06 - 24.8.06	50-51
☌	56	22.12.85 - 3.7.86 11.9.86 - 28.12.86 27.7.87-12.9.87	57-59	20.7.98 - 11.9.98 29.3.99 - 28.6.99 3.11.99 - 18.3.00	58-59	26.11.12 - 30.5.13 16.8.13 - 29.11.13 30.6.14 - 10.8.14	57-59
□	63	4.3.94 - 5.3.95	66-67	9.8.05 - 31.7.06	64-65	8.2.21 - 13.2.22	65-66
☍	70	23.5.01 - 13.5.02	73-74	31.10.12 - 4.11.13	71-72	1.6.28 - 23.11.28 17.2.29 - 24.5.29	73-74
□	77	7.10.07 - 10.3.08 26.6.08 - 28.9.08 7.5.09 - 27.5.09	79-81	13.1.21 - 19.1.22	80-81	10.7.35 - 10.10.35 22.1.36 - 28.6.36	80-81
☌	84	10.2.15 - 17.4.15 1.11.15 - 12.2.16 8.5.16 - 6.11.16	87-88	7.5.28 - 30.4.29	87-88	19.1.42 - 12.3.42 5.10.42 - 14.1.43 11.4.43 - 8.10.43	86-88

[1)] Saturn in 14° Schütze ist aus dem Geburtsjahr 1928, in 13° Stier von 1941; und bei 16° Skorpion Rückläufigkeit (R) von 1955. Wie man sehen kann, funktionieren die Zyklen einigermaßen, aber im Alter von 84 Jahren ist der Zyklus ganz außerhalb der Reihe. Das mag beim Alter von 84 Jahren in einigen Horoskopen, die Sie erstellen, der Fall sein.

der Siebenjahreszyklus ist seit Jahrhunderten im Gespräch. Wir haben sieben gute und sieben schlechte Jahre, das kritische siebte Jahr und viele andere Arten von Siebenjahreszyklen. All diese Zyklen scheinen mit dem Ernten dessen, was wir gesät haben, oder mit sehr großen Veränderungen in Zusammenhang zu stehen. Es sind Wendepunkte im Leben, und jede Phase des Zyklus dauert etwa ein Jahr.

Der Saturnzyklus drängt uns zu wachsen. Das Wachstum beinhaltet die Situationen im Leben, die einer Veränderung bedürfen, damit wir auf unserem Weg zum umfassenden Bewußtsein weitergehen[17]. Wie zum Beispiel das Überwinden von einschränkenden Vorstellungen, sich dessen bewußt zu werden, was wir wissen, Ängste zu überwinden, uns mit Gefühlen von Begrenztheit auseinanderzusetzen etc. Jedesmal, wenn wir durch eine weitere Saturnphase gehen, entfernen wir uns von unserer vergangenen Einstellung, gehen weiter in ein neues Entwicklungsstadium und entwickeln Stärke in irgendeinem neuen Lebensabschnitt. Die meiste Saturnenergie geht dahin, uns zu lehren, wie wir mit Autoritäten zurechtkommen (oder der natürlichen Ordnung in all ihren Ausdrucksformen). Die erste Autorität, die wir kennenlernen, ist die unserer Eltern. Wir gehen dann weiter hinaus in die Welt und lernen, uns mit Lehrern, Vorgesetzten, Chefs, dem »starken Mann« in unserer Straße (ob er 10 oder 35 Jahre alt ist) auseinanderzusetzen, oder mit irgendetwas anderem, was wir vielleicht tun wollen, und was nicht mit dem gegenwärtigen Wachstumsstadium übereinstimmt.

Die äußeren Veränderungen, die von Saturn hervorgerufen werden, erscheinen vielleicht einschränkend, wenn wir beginnen zu lernen, daß wir wachsen müssen. Die Welt kommt und sagt »Das kannst du nicht tun«. Und das gefällt uns nicht. Es gibt noch eine andere Phase des Saturnzyklus, die sich auf Veränderungen bezieht, die auf einer inneren Ebene stattfinden. Es geht darum zu wissen, was man weiß, und zu wissen, wer man ist, und zu wissen, wie man in unsere soziale Struktur hineinpaßt. Zum Beispiel: wie wird man von seinen Angestellten gesehen – was hält man von sich selbst? Wie werden Sie in Ihrem Wirkungskreis anerkannt? Diese Bewußtheit tritt vielleicht erst nach der zweiten Saturnwiederkehr auf, aber das ist Teil des saturnischen Wachstumsmusters.

[17] Eine interessante Diskussion über die saturnische Brücke zum spirituellen Bewußtsein kann in Leo, »Saturn«, Samuel Weiser, Inc., York Beach, ME, 1970, nachgelesen werden. Zuerst in London, 1916, veröffentlicht.

Saturn bleibt 2½ Jahre lang in einem Zeichen, so daß viele Menschen den Geburtssaturn im gleichen Zeichen haben, und viele haben ähnliche Saturnaspekte, wenn sie im selben Alter sind.

Das Nutzen saturnischer Energie ist immer noch eine individuelle Entscheidung, denn die Stellung Saturns zeigt nur ein Potential an und garantiert kein bestimmtes Verhalten. Wir wählen alle verschiedene Wege, wie wir uns entwickeln wollen, und diese Wahl hat eine Verbindung mit dem Schachspiel. Jede Bewegung, die man macht, beeinflußt die nächste. Wenn wir 84 Jahre alt werden, dann erleben wir dreimal die Saturnwiederkehr. Bei unserer Geburt wird uns ein Muster als unser Potential mitgegeben, und wir entwickeln mehr und mehr Verantwortlichkeit bei jedem herausfordernden Aspekt des ersten Zyklus. Bei der Saturnwiederkehr oder am Anfang des zweiten Saturnzyklus sind wir, astrologisch gesehen, Erwachsene, haben alle Phasen des Heranwachsens vollendet. Beim zweiten Saturnzyklus geht es um die Entwicklung der erwachsenen Persönlichkeit und darum, sich auf einer erweiterten Ebene des Lebens auszutauschen. Es ist der Haushaltszyklus oder der Geschäfts- und Berufszyklus. Wenn Saturn zum drittenmal wiederkehrt (etwa im Alter von 56 Jahren), dann treten wir in die Lebensphase ein, die mit Führerschaft und Weisheit zu tun hat. In der westlichen Kultur war das die Phase des Staatsmannes und des philosophischen Führers, der den jüngeren Menschen weise Ratschläge gab. Im Osten war das für den Hindu die Zeit, mit dem Reflektieren über spirituelle Konzepte zu beginnen, da die letzte Phase des Lebens mit dem Aufgeben weltlicher Besitztümer zu tun hatte und mit der Verantwortlichkeit, die Bedürfnisse der sich entwickelnden Seele zu erforschen.

In der Antike sagte man, daß das Leben nach drei Saturnumrundungen zu Ende ist, aber wir wissen, daß das nicht wahr ist, weil viele Menschen länger leben. Langes Leben wird auch Saturn zugeordnet, da Saturn mit Langlebigkeit und Ausdauer in Verbindung steht. Wir werden die Saturnphasen nach dem Alter von 84 Jahren nicht besprechen, da sie den Rahmen dieses Buches überschreiten und ich nicht genug Wissen habe, um so weit zu gehen.

Erster Saturnzyklus (0 – 28 Jahre)

Der Zyklus beginnt bei der Geburt. Das neugeborene Kind ist schwach und abhängig. Vor Jahren wurden Astrologen über die Zukunft des Kindes befragt, und die immer wiederkehrenden Fragen lauteten: »Wird mein Kind lebendig geboren?« »Wird mein Baby überleben?« »Werde ich die Geburt überleben?« – das waren einstmals wichtige Fragen für Menschen.

Saturn hat etwas zu tun mit Tod und Beenden, und Saturns Position in Beziehung zum Mond war im Geburtshoroskop wichtig. Das ist es immer noch; aber durch medizinische Fortschritte drücken sich die Probleme, auf die Saturn hinweist, möglichwerweise mehr in Bezug auf psychologische Auswirkungen als auf physische Beschränkungen aus. Bei der Geburt weist die Stellung Saturns auf die Art der Schwierigkeiten hin, da herausfordernde Saturnaspekte zeigen, was das Individuum während seines Lebens überwinden muß. Die genauen Einzelheiten der Lebensgeschichte können aus dem Horoskop nicht abgelesen werden, aber der Grund für die Schwierigkeiten.

Im Alter von sieben Jahren durchleben wir das erste Saturnquadrat. Manche Menschen glauben, daß das Kind hier zum erstenmal lernt, sein Ego den Gruppenbedürfnissen unterzuordnen. Das geschieht sicherlich während der Schulzeit. Das erste Jahr im Kindergarten oder auch die erste Klasse müssen das Kind nicht unbedingt davon abhalten, mit seinen Freunden zusammenzusein. Das Saturnquadrat selbst bringt normalerweise ein Verhalten zutage, das wahrscheinlich saturnische Disziplin auf den Plan ruft. Diese Disziplin mag notwendig sein, weil das Kind auf Kosten anderer Kinder zu selbstbestimmt ist. Das Kind muß lernen, daß es nicht alleine auf der Wwlt ist, daß die Welt sich nicht nur um das Kind dreht, sondern eher, daß es ein Teil davon ist. Dem Kind wird wahrscheinlich bewußt, daß die Welt voll Konkurrenz ist – vielleicht sogar Krieg –, aber die Welt dreht sich mit Sicherheit nicht um seine momentanen Bedürfnisse. Unterordnung des Ego schafft ein notwendiges Gleichgewicht in der Sozialstruktur. Wir werden Teil der Gruppe und brauchen deshalb ein paar gemeinsame Regeln und Vorschriften, sonst haben wir nicht lange eine Gruppe. Es wäre interessant festzustellen, wie ein Siebenjähriger mit dieser Erfahrung zurechtkommt, weil die Reaktion unter Umständen mit in die nächste Saturnphase hineingenommen wird.

Im Alter von etwa 14 Jahren wird die erste Saturnopposition fühlbar. Dieser Teil des Saturnzyklus folgt auf das Jupiter zugeordnete Aufblühen der sexuellen Natur. Wir haben Drüsen eines Erwachsenen, aber das Wesen eines Kindes. Autorität wird als »Feind« betrachtet, und Eltern und Lehrer stehen auf der »anderen Seite«. Zu der Zeit geraten viele Teenager in Konflikt mit dem Gesetz, was damit endet, daß sie sich mit Polizisten auseinandersetzen müssen. Manche Jungen schließen sich als »Gesetzlose« in einer Bande zusammen, nicht im Sinne Robin Hoods, sondern in einem rebellischen Sinn, da Jungen, die die Opposition durchleben, gegen Autoritäten sind. Eltern regen sich während dieses Zyklus verständlicherweise auf, da das Kind von ihnen wegstrebt und unter Umständen im Laufe dieses Prozesses seine Erziehung vergißt. Einerseits muß sich das Kind freischwimmen, und andererseits sind die Eltern ehrlich besorgt um die Zukunft des Kindes.

Bei jungen Mädchen folgt die Saturnopposition der Entwicklung der sexuellen Merkmale, und Teenagermädchen verlieben sich. Das ist auch für Mädchen eine rebellische Zeit, aber die Rebellion drückt sich unter Umständen anders aus. Der biologische Antrieb ist wegen des Jupiterzyklus stark, und die Saturnopposition ist vielleicht das einzige, was sie davon abhält, sich sexuell einzulassen, da sie Angst vor den Nachwirkungen (Schwangerschaft) haben. Manche Mädchen fangen vielleicht als Reaktion auf die Saturnopposition an, ihre Sexualität auszuleben, da das für sie das Symbol ist, eine Frau zu werden. Während Jungen rebellisch sind und sich gegen die Vaterfigur auflehnen müssen, um einen unabhängigen Sinn für ihr Selbst zu entwickeln, machen sich Familien Sorgen, weil sie nicht wissen, wie die junge Frau auf ihre Sexualität und auf ihr Bedürfnis, von zu Hause wegzukommen, reagieren wird. Das Geburtshoroskop ist sehr wichtig, wenn man diagnostizieren möchte, wie dieser Zyklus zu handhaben ist, und Eltern, die verstehen, daß Sex ein normaler Teil des Lebens ist, können besser mit diesem Zyklus umgehen.

Mit 21 Jahren erleben wir das zweite (oder letzte) Quadrat im ersten Saturnzyklus, und diese Energie drängt oft zu früher Ehe. Viele heiraten, um von zu Hause wegzugehen, angetrieben von einem Sinn für Verantwortlichkeit, den die sexuelle Entwicklung mit sich gebracht hat. Es mag sein, daß diese Ehe nicht sorgfältig überdacht wurde, aber es ist eine Möglichkeit, mit der Billigung von Familie und Öffentlichkeit von zu Hause wegzugehen, da die Ehe ein Ritual ist, das uns von einer Lebensphase in die nächste führt. Das Alter von 21 ist wichtig, wenn Saturn- und Jupiterzyklen zur selben Zeit aktiv sind. Wir werden das noch einmal im zweiten Teil diskutieren.

Leute, die mit 21 Jahren nicht heiraten und eine Familie gründen, tun das vielleicht während anderer typischer Heiratsjahre, wie 24 oder 28 Jahre. Manchen gelingt das Weggehen von zu Hause mit dem Collegeabschluß, denn der junge Erwachsene verläßt die Schule, um einen neuen Beruf zu beginnen. Wie es auch geschieht, es ist wichtig, von zu Hause wegzugehen und etwas über das Alleinleben zu lernen. Das ist manchmal sehr schwer, besonders, wenn Eltern Schwierigkeiten haben, ihre Kinder loszulassen, oder wenn der junge Erwachsene Angst davor hat, das Nest zu verlassen. Das 21. Jahr hat große Wichtigkeit, denn es bedeutet, daß wir jetzt für unsere Schulden verantwortlich sind, daß wir legale Verträge abschließen können, und daß die Regierung uns für alt genug erachtet, als Erwachsene behandelt zu werden.

Zweiter Saturnzyklus (28 – 56 Jahre)

Der zweite Saturnzyklus beginnt etwa im Alter von 28 Jahren. Unter Anwendung eines 10°-Annäherungsorbits sehen wir, daß diese Phase des Zyklus etwa ein Jahr lang wirkt. Die erste Saturnumrundung ist zu Ende; wir sind herangewachsen, vom Kind zum Teenager, zum Erwachsenen. Wir haben all die Dinge erlebt, die junge Erwachsene erleben können, wie alleine leben, sexuelle Erfahrungen machen, vielleicht Vater oder Mutter werden, mit Verantwortung umgehen. Es ist jetzt Zeit zu überlegen, was wir getan haben und wo wir hingehen. Das ist der astrologische Zyklus, der anzeigt, daß wir volljährig geworden sind.

Wenn Saturn zu sich selbst in Konjunktion steht, steht ein Jahr ungeheurer Veränderungen an, und das ist die Zeit, in der wir uns anschauen sollten, wo wir hingehen, wo wir gewesen sind und was unsere Pläne für die Zukunft sind. Die beiden Hauptthemen, mit denen man sich befassen muß, sind Berufsziel und Beziehungen. Wie Mark Twain sagte: »Als ich 21 war, waren meine Eltern ziemlich beschränkt, aber als ich die 28 erreicht hatte, waren sie viel reifer geworden«. Offensichtlich war er viel reifer geworden, denn er fing wahrscheinlich gerade an, die Art, wie seine Eltern ihr Leben lebten, zu verstehen.

Die Wiederkehr Saturns weist auf eine größere Neuordnung bezüglich unserer Lebensphilosophie hin. Wir haben uns diese Philosophie im Teenageralter recht unbewußt angeeignet. Sie fängt so an: »Wenn ich von zu Hause weg bin, dann werde ich ein soundso gearteter Mensch sein. Wenn ich für mich bin, dann werde ich nicht so wie meine Eltern. Ich werde anders sein.« Und wir gehen von zu Hause weg und wir sind anders und wir versuchen, diese Vorstellung in die Tat umzusetzen. Die Ideen eines idealistischen Teenagers sind jedoch oft nicht tragbar, und wir fangen an, das zu realisieren. So lassen wir im Grunde genommen nur Kinderträume und -vorstellungen platzen, die nicht realitätstüchtig sind, wenn sie mit der Wirklichkeit konfrontiert werden. Diese Erkenntnis ist schmerzhaft, weil sie bedeutet, daß wir unser Kinderspielzeug weglegen und uns in die Reihe der Erwachsenen einordnen müssen. Wenn wir wissen, daß der Zyklus im Gange ist, dann ist es leichter, diese Veränderungen vorzunehmen. Wenn wir nichts über die Wiederkehr von Saturn wissen, sind wir vielleicht frustriert, weil unser Lebensplan nicht so gut funktioniert, oder wir fühlen uns unzulänglich, da das, was wir versucht haben, nicht klappt, was wiederum auf unser Selbstbild wirkt. Verliert man etwas während der Saturnwiederkehr, so geschieht das normalerweise aus gutem Grund.

Der Beruf wird zu einem wichtigen Thema. Manche Menschen haben das Glück zu wissen, was sie machen wollen, wenn sie auf's College gehen. Andere sind nicht in dieser glücklichen Lage. Für diejenigen, denen es noch nicht gelungen ist, in einem Beruf Fuß zu fassen, ist es eine Zeit für Veränderungen. Bei manchen weist der Saturnzyklus auf einen völligen Berufswechsel hin, denn nachdem man ein paar Jahre auf einem Gebiet gearbeitet hat, mag es deutlich werden, daß es nicht das ist, was man für den Rest seines Lebens machen will. Entscheidungen über den Beruf in diesem Zyklus werden normalerweise positiv sein, weil wir verantwortlicher werden. Wir überlegen auch, bestimmte freizügige Vorstellungen loszulassen, die nicht in Verbindung mit unserer Gesellschaftsstruktur stehen. Man sollte zum Beispiel von jeder Lebensphilosophie, die nicht tragfähig ist, oder die eine Prüfung bezüglich Zeit oder Wirklichkeit nicht besteht, Abstand nehmen. Das Moralgefühl wird sich verändern. Was bedeutet das? Nun, es ist sehr schön, liberal und verständnisvoll zu sein, aber man kann sich in seiner eigenen Liberalität kompromittieren lassen, wenn man nicht darüber nachdenkt. Ist es wirklich sinnvoll, daß man sein eigener Chef, sein eigener Therapeut ist? Sollten alle Angestellten in der Firma, entsprechend ihrem Arbeitsplatz, ihr Teil dazutun? Wollen Sie immer noch für Mary und John einspringen, weil die ihre Arbeit nicht tun können? Oder vielleicht haben Sie einmal gesagt, daß jeder das Recht hat, das Leben seiner Wahl zu leben. Erinnern Sie sich? Nun, was geschieht, wenn Sie Kinder haben, und Sie entdecken, daß Ihr bester Freund, der immer bei Ihnen und Ihren Kindern war, mit Drogen handelt? Wollen Sie diesen Menschen um sich haben? Plötzlich ist es vielleicht in Ordnung, mit Drogen zu handeln, solange die Leute, die das machen, nicht zu Ihren näheren Bekannten gehören. Oder Ihr Verantwortungsniveau hat sich geändert. Es fällt Ihnen vielleicht auf, daß Sie Ihre Verpflichtungen, Ihre Verantwortlichkeiten in einem ganz neuen Licht sehen. Die Veränderungen können sehr aufregend sein und Sie fühlen unter Umständen dadurch, daß Sie sie verstehen, eine ganz neue, innere Sicherheit.

Die Wiederkehr Saturns beeinflußt auch Beziehungen. Falls Sie noch nicht verheiratet waren, dann kommen Sie vielleicht zu der Überzeugung, daß das eine sehr wichtige Sache ist. Wenn Sie keine Kinder haben, dann entschließen Sie sich vielleicht, in diesem Zyklus ein Kind zu bekommen; sind Sie unglücklich verheiratet, dann beschließen Sie vielleicht die Scheidung. Der Punkt ist, daß sich jeder dazu entscheidet, etwas zu tun. Leute, die nicht heiraten wollen, entscheiden sich vielleicht dazu, mit jemandem zusammenzuleben, oder kommen vielleicht zu dem Schluß, daß sie verbindlichere und ernsthaftere Beziehungen als vorher haben wollen. Männer und Frauen werden sich beide sicherer über den Lebensstil, den sie gerne haben möchten.

Nicht jeder will während der Saturnwiederkehr Juniorchef in einem schnell wachsenden Unternehmen werden. Manche Menschen werden nie einen aufregenden Beruf haben, und viele wollen das auch nicht. Manche Menschen haben mehrere Berufe, und wenn das der Fall ist, dann markiert die Wiederkehr Saturns vielleicht einen der Berufswechsel. Diese Menschen werden in der Branche Renaissanceleute genannt. Sie verstehen sich gut auf eine ganze Menge Sachen. Der Beruf des Augenblicks hängt oft damit zusammen, welcher philosophische Wechsel gerade innerlich stattfindet. Andererseits sind manche Leute auf einem ausgeprägt spirituellen Trip und wollen keinen Job, der viel Denken und Konzentration erfordert, da der Job nur ein Mittel zum Zweck ist. Esoterikstudenten arbeiten oft, um Bücher zu kaufen, oder arbeiten, um genug Geld zu verdienen, damit sie bei einem Lehrer lernen können. Der Maler arbeitet, um Leinwand zu kaufen, und der Schriftsteller arbeitet, um die Miete für die Schreibmaschine zu bezahlen, die er für das nächste Buch oder Drama braucht. Diese Menschen gehen der Wiederkehr Saturns nicht aus dem Weg; sie hören eine andere Melodie und die Veränderungen finden vielleicht innen und nicht außen statt. Das Wichtigste, was man zu diesem Zyklus behalten muß, ist, daß er einen Wechsel im Reifeprozeß anzeigt.

Der zweite Zyklus weist auf eine andere Lebensphase hin. Der erste war ein Aufbauzyklus auf persönlicher Ebene. Kann ich dies tun, kann ich jenes tun? Jetzt wissen wir, was wir können und nicht könen, und es ist Zeit für uns, ein selbständiger Mensch zu werden. Die nächsten 28 Jahre umfassen im wesentlichen die verschiedenen Entwicklungsstadien des Erwachsenenlebens. Vergeßt die Mutter-Vater-Story. Jeder, das Teenagerkind inbegriffen, kann ein Baby produzieren oder bekommen. Was machen wir, nachdem wir es bekommen haben? Wir bewegen uns vom biologischen Erwachsenen dahin, wirklich einer zu sein. Die beiden

Quadrate und die Opposition in diesem Zyklus zeigen Wachstumsphasen während dieses Prozesses an. Und es steht uns sehr wenig Literatur zur Verfügung, die uns lehren könnte, wie wir sie durchleben sollen.

Das erste Quadrat im zweiten Saturnzyklus tritt im Alter von etwa 35 Jahren auf. Erinnern Sie sich noch, daß der Jupiterzyklus mit etwa 36 Jahren beginnt? Die Entscheidungen, die während des dritten Jupiterzyklus getroffen werden, sind unter Umständen beeinflußt von dem, was im ersten Saturnquadrat passiert. Die Krise steht in Zusammenhang mit dem Neuüberdenken aller Pläne in diesem Jahr. Der junge Mensch, der im Berufsleben steht, erwägt, ob er im Beruf einen Schritt weiter geht oder nicht. Der Mensch, der ins Berufsleben eingebunden ist, ist vielleicht verbittert über die Tatsache, daß der Beruf nicht selbst gewählt wurde, oder daß der gewählte Beruf nicht der ist, den man jetzt haben möchte. Der Zyklus ist schwierig für junge Mütter; die Gespräche, die man dabei hören kann, lauten: »Ich bin nur ein Leibwächter; alles was ich tue, ist, die Kinder von der Schule zum Fußballspielen zu bringen. Und ich muß sie sogar zu ihren Verabredungen bringen!« Die Mutter, die das sagt, hat kein großes Selbstwertgefühl als Individuum. Es ist nett, Klein-Johnny auf der Ehrentafel der Schule stehen zu sehen, aber sie kann nicht ersatzweise durch ihre Kinder leben, wenn sie der Ansicht ist, daß sie selbst etwas zu geben hat. Es ist schwierig, mit 35 Jahren zu denken, daß die ausgezeichnete Arbeit, die sie bei der Aufzucht der Kinder leistet, sich in der Zukunft des sozialen Gefüges auszahlen wird. Sie braucht direkte Reaktionen und Wertschätzung für die Arbeit, die sie tut. Deshalb muß die Mutter ihre Wertvorstellungen neu überdenken. Ich empfehle normalerweise, daß sie Teilzeitarbeit in Betracht zieht, oder Arbeit in einer Organisation, so daß sie ihr Selbstwertgefühl wieder aufbauen kann.

Für den arbeitenden Menschen ist das die Zeit, um neu einzuschätzen, was sich im Berufsleben für ihn abspielt. Wenn es in der Firma nicht so aussieht, als würde man befördert werden, dann ist es vielleicht Zeit, einen Arbeitsplatzwechsel ins Auge zu fassen. Wenn der Wechsel während des Saturnquadrates beschlossen wird, dann wäre vielleicht während des nächsten Saturntrigons die rechte Zeit, ihn durchzuführen, oder im neuen Jupiterzyklus. Saturn ist im Tierkreis der strenge Aufseher. Wenn wir während eines Quadrates im Saturnzyklus Schwierigkeiten erleben, dann bedeutet das für gewöhnlich, daß wir innerlich etwas verändern müssen. Auf die eine oder andere Art sind die Entscheidungen und die Ansichten, die wir in der Vergangenheit vertreten haben, überholt. Saturn macht uns auf alles aufmerksam, was verändert werden muß. Ein Problem entsteht normalerweise deshalb, weil eine Autoritätsfigur (und in diesem Fall ist eine Autoritätsfigur jemand, der zwischen uns und unserem Ziel steht) uns das Leben schwer macht. Das ist eine gute Gelegenheit, auf sich selbst zu hören und zu analysieren, was vor sich geht. Angenommen, Sie sind wütend, weil Ihr Vorgesetzter Ihre Arbeit kritisiert hat – aber vielleicht haben Sie nicht das getan, was für Ihre Firma notwendig war. Versuchen Sie, den größeren Zusammenhang zu erfassen und zu verstehen, woran Sie da teilhaben, damit Sie verstehen können, in welchem Boot Sie sitzen. Es geht nicht darum, daß Sie alleine gegen den Strom schwimmen; es geht darum, daß Sie Teil einer Gruppe sind.

Dieses Quadrat mag auch darauf hinweisen, daß es Zeit ist, neu einzuschätzen, wer Sie sind. Wenn Sie lange Zeit Student gewesen sind, ist es jetzt vielleicht Zeit für Sie zu lehren. Wann werden Sie wissen, daß Sie genug gelernt haben? Wann können Sie sich selbst erlauben, qualifiziert genug zu sein? Ist das ein Problem? Müssen Sie immer noch studieren oder haben Sie jetzt die Grundlage, die Sie brauchen, um etwas anzuwenden? Was wollen Sie in der Arbeitswelt werden? In Ihrer Familie, Ihrer Stadt?

Das kann auch eine Zeit sein, in der man damit beschäftigt ist, seine Energie teilweise in etwas außerhalb der direkten, familiären und beruflichen Erfordernisse zu stecken. Vielleicht wäre es eine Hilfe, wenn Sie einer örtlichen Organisation oder politischen Vereinigung Zeit zur Verfügung stellen würden. Das hat damit zu tun, daß man sich selbst in einen größeren Zusammenhang projiziert, und seinen Horizont über das Dasein als Arbeitnehmer und Familienmitglied hinaus erweitert. Das erlaubt einem auch, ein frisches Verständnis über sich selbst zu entwickeln, denn man trifft neue Menschen, man muß sich selbst ohne die Krücke des Berufs- oder Familiengesprächs auf Fremde beziehen.

Im Alter von ungefähr 42 Jahren steht Saturn wieder zu sich selbst in Opposition. Das ist das nächste Stadium, das über die Opposition, die man im Alter von 14 Jahren erlebt hat, hinausführt. Es bedeutet, wieder loszulassen, aber auf andere Art. Man kann diesmal nicht gegen seinen Vater kämpfen, deshalb möchte man vielleicht gegen die Welt kämpfen. Wenn man daran gearbeitet hat, seine Karriere aufzubauen, dann sollte diese Opposition ein paar Früchte mit sich bringen. Und man sollte die Ergebnisse der Arbeit, die man geleistet hat, sehen können. Viele Leute hinterfragen Entscheidungen, die sie in der Vergangenheit getroffen haben, und es ist die Zeit, die wir jetzt Midlife Crisis nennen. Viele empfinden es als schwierig, mit dieser Krise zurechtzukommen.

Wenn es Ihr Ziel war, die Firma mit 40 Jahren zu besitzen und Sie haben es noch nicht geschafft, dann fühlen Sie sich vielleicht langsam verzweifelt. Wo führt dieser Beruf Sie hin? Manche Leute haben ein starkes Selbstvertrauen in Bezug auf ihren Beruf, weil sie die Ziele, die sie sich selbst gesetzt hatten, erreicht haben, und die Krise wirkt sich auf anderen Ebenen schmerzhaft aus. Manche Leute werden krank, manche begehen Selbstmord, manche lassen alles stehen und liegen und fangen neu an, aber das steht mehr mit der Uranusopposition in Verbindung, die unter Umständen auch während der Saturnopposition ihre Wirkung entfaltet.

Manche Leute sind enttäuscht von dem Resultat, das sie erreicht haben, und diese Erkenntnis wird bei der Opposition bewußt. Diese Phase kann uns auch innehalten lassen, wenn wir keine Vorstellung davon haben, wer wir sind. Nicht, weil wir nie eine entwickelt haben, sondern weil das Bild der Lebensphase angepaßt werden muß, die wir gegenwärtig erleben. Das verbreitetste Problem ist das des Selbstwertgefühls, da es sich auf das bewußte Wahrnehmen unserer selbst bezieht. Saturn ist das Symbol der Kristallisation, oder auch der Erkenntis dessen, was wir wissen. Das ist die Zeit, um zu erkennen, wer man ist. Wer sind Sie in Ihrer Umgebung? Ihrer Familie? Wie sieht Ihre neue Perspektive als Vierzigjähriger aus? Zugegeben, Sie lernen auf vielen verschiedenen Gebieten, aber andere sehen Sie auch in einem anderen Licht. Welche Rolle spielen Sie dabei? Ich spreche hier nicht über ein vorgetäuschtes Bild von sich selbst, sondern davon, daß man sich zugesteht, sich selbst so zu sehen, wie andere es tun. Viele Leute, die auf der spirituellen Suche sind, sehen nicht, wohin sie sich in Bezug auf andere entwickelt haben – das ist jedoch ein wichtiger Schritt in der eigenen Entwicklung.

In der Midlife Crisis ist das Leben halb vorüber. Deshalb ist eins der Dinge, die man überdenkt, das Sterben. Vielleicht stirbt ein Freund, und Sie werden sich schmerzlich bewußt, daß das Leben nicht ewig dauert. In unseren Zwanzigern und Dreißigern waren wir in erster Linie mit unserer persönlichen Vervollkommnung und der eigenen Entwicklung beschäftigt. Jupiter drängt uns jetzt dazu, anzufangen, anderen etwas zu geben und andere zu unterweisen. Wenn wir dem Jupiterzyklus keine Aufmerksamkeit geschenkt haben, wird uns vielleicht plötzlich klar, daß unsere Freunde, unsere Familie und die, die wir lieben, vielleicht nicht für uns da sind, wenn wir sie einmal brauchen, weil wir auch oft keine Zeit für sie hatten.

Beziehungen waren während der ersten Saturnwiederkehr wichtig, und sie sind es jetzt wieder. Ernsthafte Gedanken über Ehe und Familie sind Teil dieser Opposition, denn diese Phase steht in Verbindung mit dem, was wir im Alter von 28 Jahren getan haben. Jetzt ist es wieder Zeit, einen Blick darauf zu werfen, wohin sich Beziehungen entwickeln in Bezug auf Verantwortlichkeit. Die Verantwortlichkeit, die man selbst fühlt und die, die man zurückerwartet. Viele Eltern entschließen sich, öfter mehr Zeit miteinander zu verbringen, manche fangen sogar an, ohne die Kinder Urlaub zu machen, damit sie sich wieder näherkommen können. Unverheiratete Leute heiraten jetzt unter Umständen; manche Menschen lassen sich scheiden. Wie eine Ehe endet, kann nicht einzig aus diesem Saturnzyklus abgeleitet werden, da sich Uranus zur selben Zeit bemerkbar macht, und es mag eher eine uranische Entscheidung sein, ob man heiratet oder sich scheiden läßt als eine, die auf Saturn beruht.

Die Saturnopposition in der Mitte des Lebens wird unter Umständen ignoriert, weil der Einfluß von Uranus, Jupiter und sogar Neptun Probleme, die im Zusammenhang mit Saturn stehen, verschleiern kann. Wenn das Älterwerden in Zusammenhang mit dem Tod gesehen wird, und wenn der Tod eine beängstigende Vorstellung ist, dann wird die positive Seite des Alterungsprozesses vielleicht übersehen. Wenn das der Fall ist, dann ist das Individuum vielleicht völlig davon in Anspruch genommen, jugendlich auszusehen, die Kleidung junger Leute zu imitieren und verliert auf diese Weise alle Befriedigung, die aus dem Verständnis des Reifeprozesses gewonnen werden könnte. Leute, die vor dem Sterben Angst haben, beschäftigen sich mit Gesundheit, machen eine Radikalkur, probieren eine Naturkostidee nach der anderen aus, machen wie verrückt Körperübungen usw. Manche Menschen müssen jetzt mit echten Gesundheitsproblemen fertigwerden, denn Saturn hat mit langandauernder Krankheit und Langlebigkeit zu tun, und deshalb kann die Lebensmitte auch die Erkenntnis zutage bringen, daß der Jupiter zugeordnete, übertriebene Konsum von ungesundem Essen aufhören muß. Die Wertvorstellungen, die in Zusammenhang mit dem Reifeprozeß stehen, sind jetzt wichtig, denn entweder starten wir die zweite Hälfte unseres Lebens mit der Vorfreude auf die neuen Erfahrungen, oder wir beginnen dieses Phase mit Sorge und Angst. Metaphysisch gesehen, ist diese Einstellung wichtig, denn sie wird schließlich unseren eigenen Prozeß des Älterwerdens beeinflussen.

Sieben Jahre später (49 Jahre) erleben wir das letzte Saturnquadrat im zweiten Zyklus. Es findet ein Jahr nach der vierten Wiederkehr Jupiters statt. Gerade wenn wir anfangen, uns für die Vorstellung zu öffnen (unter Jupiter), daß wir lernen müssen, wie wir Hilfe würdevoll annehmen können, werden wir geprüft, denn Saturn kommt ins Spiel. Das ganze nächste Jahr wird Saturn die Entscheidungen überprüfen, die wir mit 28 Jahren getroffen haben. Die Krise hängt damit zusammen, wie wir beschlossen haben, unser Leben als Erwachsene zu gestalten. Berufliche Entscheidungen oder Entscheidungen, die die Familie und den Lebensstil betreffen, und die in die Tat umgesetzt wurden, stehen jetzt wieder auf dem Prüfstand. Etwas aus unserem Leben taucht jetzt wieder an der Oberfläche auf, und dieses »etwas« muß auf der Ebene der Verantwortlichkeit bereinigt werden. Der fünfzigste Geburtstag winkt am Horizont. Der Prozeß des Alterns setzt ein. Was haben wir in unseren späteren Jahren vor? Wir fangen an, darüber nachzudenken, was wir wirklich wollen, und viele Leute setzen sich auch dafür ein.

Das ist eine schwere Zeit für Frauen, denn manche fühlen sich ungeheuer eingeschränkt, wenn sie ihr Leben ausschließlich auf die Kindererziehung ausgerichtet hatten. Die Wechseljahre bringen eine Zeit des Nachdenkens mit sich, und zu dem Nachdenken gehört auch, daß man Gedanken über das Selbstwertgefühl zuläßt. Wenn der Selbstwert nur auf dem Muttersein begründet war, und man keine Kinder mehr bekommen kann, dann muß man damit anfangen, ein persönliches Selbstwertgefühl aufzubauen, das sich nicht auf die Kinder bezieht. Manche Frauen beschäftigen sich damit, Großmütter zu sein und konkurrieren wieder mit ihrer Tochter oder ihrer Schwiegertochter, wer die bessere Mutter ist. Das ist wirklich nicht die beste Art, mit dieser Energie umzugehen. Für Männer reicht vielleicht die Arbeit aus, um ihnen durch diese Phase zu helfen. Aber innerlich wissen sie, daß sie nicht mehr so lange arbeiten werden. Etwas braut sich zusammen. Wir wissen intuitiv, was los ist; der dritte Saturnzyklus steht vor der Tür. Die Entscheidungen, die jetzt getroffen werden, beeinflussen ganz grundlegend den Prozeß des Alterns und wie wir beschließen, mit dieser Erfahrung umzugehen.

Zwei Dinge können geschehen. Der rigide saturnische Typus bleibt in einem eingefahrenen Gleis stecken und versucht, sich an dem festzuhalten, was er weiß. Leute, die die saturnische Energie als Teil des Lernprozesses nutzen, werden in die Erfahrung einer neuen Realität verwickelt. Sich für Philosophie, Religion, Kirche oder Gemeindeaktivitäten zu interessieren, ist ein Schlüssel, um auf konstruktive Art Teil dieses Prozesses zu werden. Es ist wichtig, nicht rigide zu werden. Es muß etwas getan werden, um Rigidität und Gewohnheit nicht das Leben bestimmen zu lassen. Manche Leute werden zu dieser Zeit mit Metaphysik oder Esoterik konfrontiert, da diese Lehren das Leben von einem erweiterten Blickwinkel aus betrachten. Es mag das erstemal sein, daß ein Individuum irgendeine Art Philosophie ins Auge faßt, da die vorangegangenen Jahre auf die Notwendigkeiten, eine Familie zu ernähren und den Lebensunterhalt zu verdienen, konzentriert waren.

Dritter Saturnzyklus (56 – 84 Jahre)

Der dritte Saturnzyklus formt die Grundlage für unsere späteren Jahre. Im Alter von etwa 56 Jahren treten wir in die nächste Phase der Lebenserfahrung ein, und wenn wir offen sind für das Konzept der spirituellen Entwicklung, dann weist das auf den Gipfel menschlichen Verständnisses hin. Für diejenigen, die religiös oder spirituell ausgerichtet sind, wird das Wissen, daß die Seele ewig lebt, die Angst vor dem Tod abmildern. Für die, die das Gefühl haben, daß das Leben lediglich physisch ist, daß wir nur einmal leben, kann die Angst vor dem Tod recht zermürbend sein, und das Leben wird zu etwas, an das man sich klammert – koste es, was es wolle.

Männer denken jetzt darüber nach, in welche Richtung sie weitergehen wollen, was den Ruhestand betrifft, und sie müssen darüber nachdenken, was sie während des Ruhestandes tun wollen. Das ist eine bedeutende Entscheidung, denn in 14 Jahren (etwa mit 70) werden sie mit der Entscheidung, die jetzt gefällt wird, konfrontiert. Wenn der Ruhestand als das Ende angesehen wird, dann stellt sich das Individuum darauf ein, alt zu werden, ohne das neue Wachstum wirklich zuzulassen, das ein wunderbarer Teil des Alters sein kann. Vor vielen Jahren waren unsere Staatsmänner ältere Leute. Heute verschreiben sich viele der Vorstellung, daß junge Leute klüger sind als alte Männer, aber das ist eine Modeerscheinung. Diejenigen unter uns, die die Phasen des Lebens wirklch verstehen, können es genießen, mit dem Wachstum, das diese Phase mit sich bringt, zu arbeiten.

Frauen im Alter von 56 Jahren entscheiden sich, welche Art älterer Frau sie sein wollen. Entweder entscheiden sie sich für die Rolle als Großmutter, oder sie entwickeln eine exzentrische Persönlichkeit, oder sie entwickeln ein neues Tätigkeitsfeld für sich. Ja, Beruf! Viele ältere Frauen werden Lehrerinnen, und auf dem Gebiet der Astrologie arbeiten vorwiegend Frauen, die ihr Wissen und ihre Kenntnisse weitervermitteln. Wenn persönliche Interessen wegen des Ehemannes aufgegeben wurden, weil der Ehemann und die Familie sie nicht billigten, dann sagt die Frau jetzt: »Wenn dir das, was ich tue, nicht gefällt, dann geh!« Es ist erstaunlich, wie dann der Ehemann zu dem Schluß kommt, seine Frau ihre Interessen verfolgen zu lassen. Sie entwickelt eine neue Stärke.

Zu Beginn des dritten Saturnzyklus wird sich jeder seiner Fehlbarkeit bewußt. Auch der Tod wird zu einem realen Teil des Lebens, da Freunde und Familienmitglieder die Welt verlassen, was jeden von uns zwingt, daran zu denken, wie wir mit unserem unaufhaltsamen Hinübergehen in die andere Welt umgehen wollen. Dieses Thema ist für die meisten Menschen sehr bedeutend, da unsere Kultur nicht viele Informationen über den Vorgang des Sterbens zur Verfügung stellt, außer daß »Jesus uns retten wird«. Wenn wir mehr über den Tod wissen wollen, oder wenn wir Interesse an dem Prozeß des Sterbens haben, dann glauben andere Leute, daß wir vorhaben zu sterben. Lächerlich! Geburt und Tod gehören zusammen. Niemand wird dieses Leben lebendig verlassen. Elisabeth Kübler-Ross und ihre Arbeit über Tod und Sterben hat der amerikanischen Öffentlichkeit einen großen Dienst erwiesen.

Während des dritten Saturnzyklus werden wir nicht unbedingt sterben; es gehört nicht wirklich zu diesem Zyklus. Aber der Tod ist ein Ereignis im Leben, das ein Teil unserer Lebenserfahrung sein wird. Da wir alt genug sind, den Tod als Lebensprozeß wahrzunehmen, werden sich unsere Wertvorstellungen verändern. Wir können mit mehr Wärme geben. Wir können jüngere Leute stärker unterstützen, während wir uns vorher darauf konzentrierten, unser eigenes Wertgefühl aufzubauen. Das ist die Zeit für den älteren Staatsmann, denn ein Mensch in diesem Alter hat der Firma wie der Familie und der Öffentlichkeit viel zu geben. Die Matriarchin und der Patriarch entwickeln sich. Die eigenen Eltern werden nicht mehr lange leben (falls sie überhaupt noch am Leben sind), und der dritte Saturnzyklus bringt die Verantwortung als Oberhaupt des Clans mit sich. Der Stamm oder der Clan stehen mit der Familie auf einer Ebene. Werden wir zittrig oder senil? Oder werden wir der Führer des Clans als alter und reifer Berater?

In diesem Alter können wir die Verantwortung als Eltern im physischen Sinn des Wortes aufgeben. Kein Bügeln, Kochen oder Waschen mehr. In der Hindu-Zivilisation ist das der Zyklus, wo man den Haushalt und die weltlichen Besitztümer aufgibt, so daß man ein Asket werden und sich auf der spirituellen Ebene weiterentwickeln kann. Das geschieht deshalb jetzt, weil man vorher keine Zeit dazu hatte. Die Jugend wird mit dem Jungsein verbracht. Dann hat man einen Hauhalt, zieht die Kinder auf und kümmert sich um die Bedürfnisse der Eltern. Mit 56

Jahren läßt man die Kinder langsam für ihre eigenen Bedürfnisse sorgen. Das heißt nicht, daß man sein Zuhause aufgibt und aufhört, für sich selbst zu sorgen. Es bedeutet, daß man aufhört, die Verantwortung für die Kinder im selben Sinn wie früher zu übernehmen.

Dieser Zyklus weist auch darauf hin, daß es Zeit ist, unsere Vorstellung davon, wer wir sind, zu verändern. Während der letzten 28 Jahre haben wir uns für andere eingesetzt, eine Karriere aufgebaut und das Image eines Erwachsenen geformt. Jetzt gehen wir weiter in das Beraterstadium, und wir übergeben die schwere Arbeit jemandem, der jünger und weniger erfahren ist. Wird dieses Konzept nicht verstanden, dann arbeitet der ältere Mensch sogar noch schwerer, um zu beweisen, daß er es immer noch kann, und er merkt gar nicht, daß er es nicht mehr tun muß. Hat man dieses Alter erreicht, dann hat man sich genügend unter Beweis gestellt, und es ist Zeit, mit dieser Art der Beweisführung aufzuhören. Wenn das nicht verstanden wird, und Männer und Frauen an ihrer Arbeitsstelle nicht Platz machen, damit sie in die nächste Phase gehen können, dann wird ihnen die Arbeit manchmal entrissen; sie enden dann damit, daß sie »gegangen werden«, weil sie nicht sehen konnten, daß sie freiwillig loslassen müßten. Das Universum ist nicht unfreundlich, aber es liegt in unserer Verantwortung zu erkennen, was als nächstes zu tun ist, und wir können nicht der Beratungskommission angehören, wenn wir immer noch versuchen, in der Belegschaft zu arbeiten. Der Schlüssel liegt darin zu entdecken, was es ist, das wir tun können, um unser Wissen in einer beratenden Tätigkeit zu nutzen und von den alten Geleisen wegzugehen.

Das erste Quadrat im dritten Saturnzyklus findet im Alter von etwa 63 Jahren statt, und wir überprüfen die Entscheidung, die wir zu Beginn des Zyklus getroffen haben. Der Ruhestand rückt jetzt immer näher. Das ist für Männer gewöhnlich schwieriger als für Frauen. Manche Leute haben sich vielleicht zum frühen Ruhestand mit 60 oder 62 Jahren entschlossen, und das mag eine Gelegenheit sein, ein paar Entscheidungen neu zu treffen. Manche Leute beschließen, wieder anzufangen zu arbeiten. Wenn sie nicht rigide geworden sind, oder Angst haben vor dem Prozeß des Alterns, und wenn sie sich nicht dem amerikanischen Mythos verschrieben haben, daß alte Leute nichts wert sind, dann ist das eine befriedigende und fruchtbare Periode. Die Opposition tritt im Alter von etwa 70 Jahren ein, und sie bringt die Früchte aus den Entscheidungen, die man im Alter von 56 Jahren getroffen hat. Wenn der dritte Saturnzyklus als neue Phase der Erforschung des Lebensprozesses betrachtet wurde, dann müßte das eine vergnügliche Zeit sein.

Wenn Entscheidungen im Hinblick auf den Ruhestand nicht gründlich genug überdacht wurden, dann wird einem jetzt vielleicht deutlich bewußt, daß man einige Dinge anders hätte angehen sollen. Manche Leute haben ihren Mut zusammengenommen und in diesem Alter etwas Neues angefangen, aber das hängt von dem jeweiligen Menschen ab. Krankheit und verschiedene Stadien schlechter Gesundheit unterbrechen unter Umständen in dieser Zeit bestimmte Vorhaben.

Wenn der Geist offen geblieben ist und wenn dieser Zyklus benutzt wurde, um das Potential der spirituellen Entwicklung zu erforschen, dann kann das eine äußerst produktive Phase sein. Das ist die Zeit, ein großes Buch zu schreiben, interessante Forschungen durchzuführen und mit der Lebenserfahrung und den Einsichten, die im Laufe der Jahre gewonnen wurden, zu arbeiten. In der astrologischen Gemeinschaft haben wir zwei große Astrologen, zu denen wir aufschauen – Mark E. Jones schrieb Bücher, lehrte und hielt Vorträge bis zu seinem Tod, und Dane Rudhyar hat anerkennenswerterweise über 40 Bücher geschrieben und schreibt immer noch, hält Vorträge und berät. Das letzte Quadrat fängt im Alter von etwa 77 Jahren an zu wirken und bringt ein weiteres Jahr Streß mit sich. Das ist die Zeit, wenn Menschen sterben oder ihre Freunde sterben sehen oder sich darauf vorbereiten zu sterben. Wenn man sich einmal darauf vorbereitet hat zu sterben, dann muß man es nicht mehrmals tun – es heißt lediglich, daß man seinen Frieden mit diesem Gedanken geschlossen hat, und daß er einen nicht länger auf die eine oder andere Weise stört. Das kann größere Freiheit mit sich bringen, da jeder Tag voll genossen wird und ein Sonnenuntergang wirklich wegen seiner Schönheit geschätzt werden kann.

Der nächste Saturnzyklus beginnt mit etwa 84 Jahren, was für den Astrologen das Ende des Lebens ist. Drei Umrundungen Saturns wurden vollendet, und entweder sterben wir, oder wir beschließen weiterzuleben. Die Chancen stehen gut, daß wir an diesem Punkt einen neuen Saturn- und Jupiterzyklus zusammen erleben. Das ist ein interessanter Vorgang. Uranus ist auch dabei, in Konjunktion zu sich selbst. Leute, die sich für das Leben entschieden haben, genießen jeden neuen Tag. Picasso hat bis zu seinem Tod gemalt. Wieviele Menschen kennen Sie sonst noch, die so viel Schwung haben? Normalerweise haben die Leute, die weiterleben, eine Lebensaufgabe, etwas, das sie durch und durch genießen, oder sie haben eine Lebensphilosophie, die ihnen erlaubt, weiterzuleben, da sie Frieden mit sich selbst geschlossen haben. Hoffentlich fühlen wir uns aich alle so, weil wir innerhalb des Rahmens unserer Lebenszyklen gearbeitet haben und folglich das Leben genießen können.

Zyklen der Individuation

Die drei äußeren Planeten werden als Generationsplaneten betrachtet, denn alle, die innerhalb einer Generation geboren werden, haben denselben Planeten im selben Zeichen. Die drei Planeten wurden erst in jüngerer Zeit entdeckt, Uranus tauchte 1781 auf, Neptun 1846 und Pluto 1930. Aus Gründen, die auf der Hand liegen, haben Astrologen zu Uranus und Neptun mehr zu sagen als zu Pluto, mit dem man sich immer noch auf der Ebene der Spekulation befaßt.

Die zyklische Bewegung dieser Planeten ist so ungeheuer weit, daß wir keinen vollen Zyklus erleben können, sondern nur einen Teil davon. Aus diesem Grund versteht man die Planeten als Symbole der Energie, die uns auf eine andere Bewußtseinsebene hebt, einen anderen Bereich des Seins, die uns wegzieht von den lediglich persönlichen Problemen des weltlichen Lebens und uns zwingt, den größeren Lebenszusammenhang ins Auge zu fassen. Wir sind im Grunde genommen total mit uns selbst beschäftigt. Wenn Klein-Johnny in die Schule kommt, dann muß er etwas von seiner Selbstbezogenheit dem Gruppenbewußtsein opfern. Im Verlauf unseres Lebens ziehen wir den Gedanken, daß andere Menschen anders denken und leben als wir, in Erwägung. Manchmal versuchen wir, in den schmalen Randbereichen unserer Mondenergie zu leben oder in den Begrenzungen unserer Saturnaspekte, oder welcher Planet auch immer den stärksten Aspekt in unserem Geburtshoroskop zu haben scheint. Die äußeren Planeten richten unsere Energie auf etwas anderes; durch Transite über die persönlichen Planeten in unserem Geburtshoroskop spornen sie uns an, Veränderungen vorzunehmen. Wenn sie jedoch in ihrem eigenen Zyklus wirken, dann ist die Veränderung viel größer, da diese Zyklen mit dem kollektiven Bewußtsein übereinstimmen, das zum menschlichen Leben auf unserem Planeten gehört, und so erlauben sie manchen von uns, sich zu öffnen und über den Rahmen des Geburtshoroskops hinauszuwachsen. Deshalb werden sie als Teil des Individuationsprozesses angesehen, der uns erlaubt, mit uns selbst in Berührung zu kommen. Die Grenze liegt im Kosmos.

Uranuszyklen (84 Jahre)

Jupiter und Saturn bildeten früher die Grenzen des Wachstums. Im siebzehnten Jahrhundert öffnete sich die Welt. Wir begannen, neue Technologien zu entwickeln und die Künste verschiedener Handwerkszweige in einer Art zu beherrschen, an die man vorher nie gedacht hätte. Leute fingen an, zu reisen und ihren Lebensstil zu verändern. Das Kastensystem in der Welt veränderte sich allmählich, und die Menschen konnten von einer sozialen Position in die andere überwechseln. Die Welt mußte auch große Zerstörungen hinnehmen, da die Ausbreitung von Krankheiten eine Zeitlang überhand nahm. Menschliche Sklaverei wurde wie nie zuvor zu einem Geschäft, denn Menschen wurden gekauft und verkauft um des Verkaufs willen und nicht, weil sie Opfer von Kriegen zwischen Ländern oder Stämmen waren, oder weil sie arm waren. Gemeinsam mit diesen Aktivitäten entstanden neue Auffassungen über Menschen und Bewußtsein, und Uranus wurde entdeckt.

Die Meinung der Astrologen über die Bedeutung von Uranus im Geburtshoroskop gehen auseinander, und jeder Leser wird selbst bestimmen müssen, was Uranus für ihn bedeutet. Für manche bedeutet er Revolution, Unterbrechung, Eigenwilligkeit, Exzentrik, unkonventionelles Verhalten, Sturheit, Rigidität, alles die eher negativen Züge von Wassermann.[18] Dal Lee sagt, daß er auf Individualität und Entsagung hinweist.[19] Für andere ist er der Beginn des Individuationsprozesses, da die Energie des Planeten unsere Fähigkeit symbolisiert, die Fesseln der Einschränkung zu durchbrechen, so daß wir mit neuer Freiheit hervorsprudeln können. Als der Planet entdeckt wurde, ordnete man ihm Wassermann als Herrschaftsbereich zu. Wassermann war bis dahin von Saturn regiert worden. Saturn ist der Lehrer, und saturnische Energie steht auch in Verbindung mit unserem Gefühl für Freiheit oder dem Mangel daran. Einschränkungen und Begrenzungen sind die andere Seite der Freiheitsmedaille, ebenso wie Liebe die andere Seite von Haß ist. Es gibt also einige Verbindungen zwischen Saturn und Uranus.

Wir können nur einen vollständigen Uranuszyklus im Leben erfahren, was bedeutet, daß er ein viel wichtigerer Zyklus ist als zum Beispiel ein

[18] Margaret Hone, »The Modern Textbook of Astrology«, Fowler & Co, Ltd., London 1951.

[19] Dal Lee, »Dictionary of Astrology«, Paperback Library, Coronet Communications, New York, 1968.

Tabelle Nr. 6: Uranuszyklen und Krisenjahre[1)]

Aspekt	Durch-schnitt-liches Alter	♅ 29° ♓ 53′	Tatsäch-liches Alter	♅ 23° ♉ 57′	Tatsäch-liches Alter	♅ 25° ♑ 07′	Tatsäch-liches Alter
☌	0	Geburt	0	Geburt	0	Geburt	0
□	21	20.7.46 - 9.12.46 9.5.47 - 27.8.48 16.11.48 - 8.6.49	18-21	7.9.58 - 12.2.59 24.6.59 - 26.9.60 8.2.61 - 13.7.61	17-20	26.10.71 - 5.5.72 7.8.72 - 13.11.73 1.5.74 - 30.8.74	16-19
☍	42	11.9.66 - 27.9.68 31.5.69 - 14.6.69	38-41	5.12.77 - 15.5.78 23.9.78 - 30.12.79 5.5.80 - 17.10.80	37-39	25.1.92 - 31.7.92 13.11.92 - 7.3.94 28.6.94 - 26.12.94	36-39
□	63	8.1.86 - 24.6.86 28.10.86 - 12.2.88 30.5.88 - 1.12.88	58-60	23.2.99 - 30.8.99 14.12.99 - 12.4.01 17.7.01 - 29.1.02	58-61	23.5.14 - 22.9.14 14.3.15 - 26.4.17 27.11.17 - 7.2.18	58-62
☌	84	31.3.08 - 3.10.08 19.1.09 - 24.5.10 18.8.10 - 10.3.11	80-83	5.7.21 - 5.10.21 20.4.22 - 28.5.24 20.12.24 - 12.3.25	80-83	4.7.36 - 28.7.38 1.3.39 - 4.5.39	81-83

1) Geburtsdaten für Uranus: 29° 53′ Fische ist von 1928; 23° 57′ Stier von 1941; 25° 07′ Krebs von 1955. Aufgrund der Geburtsjahre können die Daten für das letzte Quadrat und die Konjunktion (63 und 84 Jahre) in das 21. Jahrhundert fallen. Beachten Sie, wie früh die Geburtsdaten 1928 und 1941 das letzte Quadrat durchlaufen haben, und wie das Geburtsjahr 1955 genau im durchschnittlichen Zyklus endet.

Marszyklus. Wäre seine Umlaufbahn regelmäßig, dann würden wir eine uranische Veränderung mit 21, 42 und 63 Jahren erleben. Die Umlaufbahn von Uranus ist jedoch unregelmäig und das heißt, daß die Berechnung der zyklischen Phasen von den individuellen Geburtsjahren beeinflußt wird. Der Zyklus muß individuell festgelegt werden, um die tatsächlichen Spannungsperioden zu bestimmen.

Tabelle 6 auf Seite 90 zeigt den Uranuszyklus für drei verschiedene Geburtsjahre. Benutzt man bei der Festlegung der einzelnen Phasen einen 10°-Annäherungsorbit, dann ist auffällig, daß er zwei oder drei Jahre wirken und zum Beispiel die Midlife Crisis mit 42 oder sogar schon mit 38 Jahren hervorrufen kann.

Viele Astrologen haben gesagt, daß Uranus plötzlich in Erscheinung tritt, unverhofft, rasch und schnell. So mag es für andere aussehen. Ich glaube nicht, daß uranische Entscheidungen schnell getroffen werden. Die Entscheidung war schon eine Weile in Arbeit, und wenn wir endlich in Aktion treten, dann sieht es so aus, als würden wir eine Notentscheidung fällen. Wenn wir einen größeren Orbit nehmen, um die Energie zu bestimmen, dann haben wir sogar noch eine bessere Chance, die Energie sinnvoll zu nutzen, denn anstatt auf ein Ereignis im Leben reagieren zu müssen, haben wir die Gelegenheit, die elektrischen Ladungen der Entscheidungen, die in uns arbeiten, zu fühlen, und dadurch können wir den Keim unserer Unzufriedenheit verstehen. Ich glaube nicht, daß ein Teenager in der Lage ist, diese Energie zu diagnostizieren, aber wir können sie für die Midlife Crisis nutzen, und bestimmt auch für das zweite Quadrat. Veränderungen, die während des Uranuszyklus vorgenommen werden, basieren wahrscheinlich auf Entscheidungen, die in verschiedenen Jupiter- und Saturnzyklen gefällt wurden, da Uranus das Konzept des »Selbst« verkörpert, das nicht über Nacht in Erscheinung tritt.

Leute, die im Geburtshoroskop Aspekte zwischen Uranus und den persönlichen Planeten haben, können mit diesen Zyklen wahrscheinlich besser umgehen, als Leute, die das nicht haben. Wenn man mit einem Mond/Uranus-Quadrat geboren wurde, dann wird einem die Uranus-Energie keine Angst machen. Wenn man mit einem Uranus/Neptun-Sextil geboren wird, dann weiß man vielleicht nicht genau, wie man mit einem Uranustransit oder -zyklus zurechtkommen soll, weil der Energiefluß unter Umständen überwältigend ist oder soviel Erregung auslöst, daß man nicht mehr nachdenkt über das, was man tut. Es ist hilfreich zu wissen, daß die Energie einer Nutzung zur Verfügung steht, denn diese Energie ist kreativ und gibt uns brandneue Ideen über das Leben.

Nimmt man einen 10°-Annäherungsorbit, dann fängt das wahrscheinlich den größten Teil der Sorgen auf, da man die Gelegenheit bekommt, mit der Energie gleich zu Beginn des Zyklus zu arbeiten. So hat man eine Möglichkeit, seine Gedanken und sein Bewußtsein zu verändern. Uranus kommt in den Orbit hinein, bringt die Energie ins Fließen und zieht sich dann in rückläufiger Bewegung für ein paar Monate aus der Geburtsposition zurück. Dadurch bekommt man Zeit, die Gedanken neu zu ordnen. Wenn er wiederkehrt, hat man vielleicht zwei oder drei Kraftproben mit der Energie während dieser zwei- bis dreijährigen Periode. Deshalb sollte man zulassen, daß Vorstellungen sich entwikkeln, bevor man sich angeregt fühlt, sie in die Tat umzusetzen.

Das erste Quadrat erscheint im Alter zwischen 18 und 21 Jahren. Unter diesem Einfluß drängen wir darauf, von zu Hause wegzugehen. Jupiter, Saturn und Uranus sind notwendig, um uns aus dem Haus zu bekommen. – Es ist nicht leicht, das Nest zu verlassen und normalerweise werden wir nicht genügend ermutigt, auf eigenen Beinen zu stehen. Vielen Eltern ist nicht klar, daß das Kind weggehen muß, da das Weggehen oft mit Liebesverlust verwechselt wird. Manche gehen von Zuhause weg, wenn sie das College abschließen. Sie freuen sich darauf, eine neue Arbeit zu beginnen, vielleicht in einer neuen Stadt zu leben oder mit Freunden in einer nahen Großstadt. Andere heiraten und gründen eine eigene Familie.

Der Schlüssel zum Verständnis dieser Energie liegt darin, daß sie in Verbindung steht mit einem größeren Wechsel des Lebensstils. Abhängig von anderen Aspekten im Geburtshoroskop treffen manche junge Menschen eine gute Wahl und andere nicht. Manche fällen vorschnelle Entscheidungen. Die meisten jungen Leute werden auf nichts hören, was ein Erwachsener zu sagen hat, so versessen sind sie darauf, auf eigenen Füßen zu stehen. Manches Leben wird mit dem Versuch verbracht, die Entscheidungen, die während dieses Uranusquadrates gefällt wurden, wiedergutzumachen; aber egal, was geschieht, die Uranusenergie führt uns zu der Bestimmung, die wir unbewußt für uns selbst vorgesehen haben. Mit Bestimmung meine ich nicht Schicksal, ich meine den unbewußten Antrieb, der uns die Lebenserfahrung – welche es auch immer sein mag – vermittelt für die Richtung, die unser innerstes Wesen gewählt hat.

Die Opposition tritt im Alter zwischen 38 und 42 Jahren ein, wieder kombiniert mit einem Jupiter- und Saturnzyklus und manchmal mit einem Neptunquadrat zum Geburtsneptun. Je mehr Zyklen während dieser Periode wirken, desto bedrückender ist die Energie; es ist leichter, mit den einzelnen Zyklen zurechtzukommen, wenn sie zu verschiedenen Zeiten auftreten. Wenn sie alle zugleich ihre Wirkung entfalten, macht man tiefgreifende Veränderungen durch. Sollte das der Fall sein, dann lohnt es sich, etwas über den Druck zu wissen, unter dem man steht, damit man hoffentlich bessere Schritte unternehmen kann.

Uranus ist als Symbol der Eigenwilligkeit, des unkonventionellen Verhaltens und der Exzentrik bezeichnet worden. In der Midlife Crisis kann sich die uranische Energie als eine elektrische, unberechenbare Kraft präsentieren, die uns antreibt, uns selbst zu finden und uns ins Auge zu blicken. Haben wir uns eine gemütliche Ehe ausgesucht, die nicht mehr unseren Bedürfnissen entspricht, dann lassen wir uns vielleicht scheiden. Haben wir einen unbefriedigenden Beruf gewählt, dann hilft uns die uranische Energie, daß wir uns der Notwendigkeit einer Veränderung bewußt werden. Wenn wir eine nach außen gerichtete, auf Ereignisse hin orientierte Persönlichkeit sind, dann werden wir versuchen, unsere Umgebung zu verändern. Wenn wir mehr nach innen gerichtet sind, dann wissen wir, daß die Unzufriedenheit mit der äußeren Umgebung irgendwie mit Veränderungen, die auf einer inneren Ebene geschehen müssen, in Verbindung steht. Wie wir diese Energie nutzen, bleibt uns überlassen.

Uranus sagt: »Ich komme nicht weiter. Ich will mein Leben verändern. Ich werde nicht jünger. Ich will meine Jugend zurück. Warum habe ich all diese Jahre damit verbracht, für meine Frau und meine Kinder im Vorort zu arbeiten, wenn es mir nicht wirklich Spaß macht? Mein Leben ist sinnlos, mein Job ist sinnlos. Und deshalb weg mit dieser Frau und dieser Familie, und weg mit diesem alten Job und auf zu einem neuen.« Frauen sagen dasselbe aus ihrer Sicht. Gelangweilt vom Leben, gelangweilt vom Ehemann und den Kindern, lassen sie sich scheiden und gehen mit irgendeinem Tunichtgut auf und davon, auf der Suche nach Abenteuer, und das nur, um festzustellen, daß sie keine Abenteuer finden. Noch einmal: Äußerliche Veränderungen können vorgenommen werden, aber nicht zu dem Preis, daß man ohne einen Blick auf die inneren Veränderungen damit umgeht.

Folgendes ist ein typisches Beispiel von Uranus' Einfluß auf die Midlife Crisis: Ein Collegeprofessor kam zu der Überzeugung, daß sein Leben langweilig sei. Er war verheiratet und hatte zwei Kinder im Teenageralter. Er verließ seine Frau und seine Familie und heiratete ein achtzehnjähriges Mädchen. Ein letzter Versuch. Seine Frau haßte ihn, und seine Kinder wollten nichts mehr mit ihm zu tun haben. Sie hielt ihn für wundervoll. Sie war schon mit ihm ausgegangen, als er noch verheiratet war und ein ansehnliches Einkommen hatte. Nachdem er sie geheiratet hatte, beschloß er, seinen Beruf und auch seine Frauen zu wechseln, und er nahm ein niedrigeres Gehalt in Kauf, um eine neue Arbeit auf einem neuen Gebiet zu bekommen. Er stellte fest, daß sie schwanger war. Nachdem das Baby geboren war, konnten sie nicht mehr ausgehen, denn er mußte Unterhalt zahlen, Alimente für die Kinder und mußte mit den Ausgaben für ein neues Baby und einen neuen Haushalt bei einem niedrigeren Gehalt zurechtkommen. Sie langweilte sich. Sie verließ ihn, und sie verließ auch das Baby. Er blieb zurück, stand mitten im Zimmer und sagte: »Was ist passiert?« Er wußte es nicht so recht. Aber er hatte wirklich seine ganze innere Unzufriedenheit genommen und versucht, sie nach außen in die Welt zu projizieren – anstatt das zu bereinigen, was innerlich bereinigt werden mußte.

Er hätte mit seiner ersten Frau über seine Unzufriedenheit sprechen können. Sie mochte ihn, und die Kinder mochten ihn auch. Er war wirklich nicht unglücklich verheiratet; er war gelangweilt, und er wollte auch nicht wirklich mit einem süßen jungen Ding am Arm umherlaufen. Er konnte mit ihrer Energie nicht mithalten, und er machte sich nichts aus ihren Interessen. Den Beruf hätte er mit der Unterstützung seiner ersten Frau wechseln können, aber wenn all das passiert wäre, dann würden Sie diese Geschichte nicht lesen. Uranus verleitet uns dazu, das Kind mit dem Bade auszuschütten. Ein totaler Wechsel, sagt Uranus. Das müssen wir nicht tun.

Die Midlife Crisis reflektiert ein Bedürfnis, große Veränderungen im Leben vorzunehmen. Das können Veränderungen sein, die dauerhaft sind. Das Bedürfnis nach Veränderung spiegelt ein Bedürfnis wider, sich anders zu verwirklichen. Man muß sich verändern, aber man kann das, was man gelernt hat, auf neue Art anwenden, statt die ganze Lebenserfahrung über Bord zu werfen, und beim Nullpunkt wieder anzufangen.

Manche Leute wollen während dieses Zyklus etwas in ihrem Berufsleben verändern, was auch in Ordnung ist, wenn der neue Beriuf irgendwie mit der vergangenen Erfahrung in Zusammenhang steht. Man kann nicht von der Leitung eines Geschäfts in der Bekleidungsbranche dazu übergehen, ein Hotel auf dem Land zu besitzen, wenn man keine Erfahrungen mit der Leitung eines Hotels oder mit dem Landleben hat. Man kann, aber was wollen Sie in Ihren Vierzigern alles auf die harte Tour lernen? Die *Entscheidung*, in etwas Neues hineinzugehen, kann ganz unvermittelt sein. Warum kann man es nicht mit dem Partner diskutieren? Das Schlimmste, was passieren könnte, ist, daß sie oder er nicht versteht, was Sie machen wollen. Wenn das der Fall ist, dann muß das geklärt werden. Wenn Sie verheiratet sind oder mit jemandem zusammenleben, der sich gestört fühlt, weil Sie das Bedürfnis haben, Ihre Arbeitssituation zu verändern, dann ist es Zeit, die ganze Beziehung neu zu überdenken, weil etwas Grundlegendes nicht stimmt.

Wenn Ihre Frau sagt, daß Sie Ihre Arbeit nicht aufgeben und nach Idaho gehen können, weil Susi die Schule in East-Podunk, Ohio, beenden muß, dann benutzt sie das, um irgendwie die Energie zu bremsen. Viele Dinge müssen berücksichtigt werden, wenn Sie Ihre Lebensweise auf halbem Weg verändern wollen. Aber es kann funktionieren, und viele Leute haben dieses Problem konstruktiv gelöst.

Der Mensch, der in die Midlife Crisis rennt, bereit, sich zu verändern, bereit, in dieser neuen Lebensphase in Bewegung zu bleiben, kann unter Umständen auch abrupt zum Stillstand gebracht werden. Eins der Themen der Midlife Crisis ist das Leben selbst. Daher die hohe Selbstmordrate während dieser Zeit. Die Idee, in etwas hinein- oder aus etwas herauszuspringen, kann einen auf den Gedanken bringen, daß eine Möglichkeit, mit einer Krise zurechtzukommen, der Sprung aus dem Leben ist. Aber das ist er nicht. Der Schluß, daß Ihr Leben ein Reinfall war, weil es eigentlich nicht besonders aufregend ist, ist auch nicht die Antwort. Die Uranusopposition bringt eine Wirklichkeit mit sich, auf deren Konfrontation viele nicht vorbereitet sind.

Das erste Quadrat trat etwa im Alter von 21 Jahren auf. Erinnern Sie sich? Das war ein übereiltes Losreißen von Zuhause. »Ich werde eine Persönlichkeit sein«, sagten Sie, »ich werde besser sein als meine Eltern. Ich werde wichtig sein.« Nun, was ist wichtig? Bei der Opposition sagt Uranus zu Ihnen: »Na, du bist immer noch nicht frei, du bist immer noch kein Individuum.« Sie realisieren schließlich, daß weiterhin Entwicklungen auf Sie warten, und daß Sie nicht so reif sind, wie Sie vielleicht dachten. Sie können immer noch abrupt zum Stillstand gebracht werden. Sie waren in der Tat sehr beschäftigt damit, sich selbst in der Welt zu beweisen, daß Sie sich noch nicht wirklich Zeit genommen haben, Sie selbst zu sein. Nun, wo führt das hin? Es trägt sicher nicht viel zum eigenen Selbstwertgefühl bei. Aber man erwirbt sich kein Selbstwertgefühl, indem man vor allem davonläuft, was man gewesen ist. Vielleicht könnte man davongehen mit dem Wissen, daß die nächste Phase des Individuationsprozesses vor der Tür steht. Die Zukunft, die man sich jetzt aufbaut, hat eine andere Wertstruktur als die vorangegangene, weil man jetzt an einem anderen Punkt des Uranuszyklus steht. Manche finden die Entdeckung, daß sie die Wegmarkierung der Hälfte des Lebensweges erreicht haben, beunruhigend. Das bringt die Vorstellung vom Tod ins Blickfeld. Und viele Menschen machen mit dem Tod eine Erfahrung aus erster Hand. Jemand, den sie lieben, stirbt, oder ein Familienangehöriger stirbt, oder Sie werden selbst so krank, daß Sie der Realität ins Auge sehen müssen, daß das Leben nicht ewig dauert. Das zwingt uns entweder dazu, den Sinn unseres Lebens neu zu überdenken, oder es beängstigt uns so, daß wir rennen, rennen, rennen müssen, um mit Sicherheit all das im Leben zu bekommen, was uns zusteht. Wie Sie richig vermuten, sind das die alternden Jugendlichen, die man heutzutage in den Urlaubsorten beobachten kann – flotter Dan und flotte Dora – die versuchen, einer entschwindenden Jugend nachzujagen. Das Phantastische, das wir als Ergebnis der Midlife Crisis erleben, ist die Dankbarkeit für das Leben. Wir bekommen einen Schubs vom Universum und werden uns bewußt, wie wertvoll die Erfahrung des Lebens sein kann, und wir haben genug Erfahrungen gesammelt, um es so zu genießen, wie das kein Zwanzigjähriger kann. Es heißt, daß die Jugend an die jungen Leute verschwendet wird. Und das stimmt.

Im Alter von 63 Jahren erleben wir das letzte Uranusquadrat, und dieses Quadrat führt in eine neue Phase des Individuationsprozesses. Saturn hat unter Umständen ein Quadrat mit dem Geburtssaturn, Jupiter vielleicht ein Quadrat mit dem Geburtsjupiter. Ist das der Fall, dann ist dieser Zyklus eine Hochdruckperiode. Nicht nur der Ruhestand ist jetzt Realität, sondern das ist auch eine Zeit, in der viele Menschen unbewußt aufhören zu leben. Ich spreche nicht vom Tod, sondern von einer inneren Entscheidung aufzugeben. Wir werden schließlich krank, verlieren unsere Sehkraft (oder das Augenlicht) oder unser Gehör, werden total abhängig, geben im Grunde genommen die Lebensfreude auf. Teil dieser Entscheidung mag aus einem Mangel an Selbstwertgefühl herrühren, weil das Individuum dem in unserer Kultur so übermächtigen Jugendsyndrom aufgesessen ist. Aber wir sind vielleicht auch auf das Mami/Papi-Syndrom hereingefallen, und haben das Gefühl, daß wir zu nichts mehr zu gebrauchen sind. Es gibt andere Ebenen des Lebens, und Kindergebären ist nicht das einzige, was man im Leben tun kann. Die Wahl liegt bei uns selbst.

Eine andere Möglichkeit dieses Zyklus liegt darin, die Entwicklung des letzten Stadiums der Individualität zu fördern. Diese Entwicklung findet statt, wenn das Individuum bereit ist, eine philosophische oder religiöse Entwickung in Betracht zu ziehen, zu der auch gehört, sich den Prozeß des Todes anzuschauen. Der Feigling stirbt tausend Tode. Es ist schrecklich, mit der Angst vor dem Tode zu leben, da das eine ständige Angst vor dem Leben hervorruft. Dadurch verschließt sich der Geist und die Welt erscheint als etwas Gefährliches. Der Mensch zieht sich zurück in eine Selbstschutzhaltung. Verschlossene Türen, abends nicht ausgehen, dies nicht tun, jenes nicht tun, da nicht hingehen, nichts genießen. Die Teilnahme an Religionskursen, der Besuch von psychologischen oder spirituellen Ferienseminaren, einen Workshop oder einen Kurs in spiritueller Entwicklung mitmachen, oder irgendeinen Aspekt der okkulten Wissenschaften erforschen, all das kann neue Türen zum Leben öffnen. Eine solche Offenheit kann unsere Vorstellung von Individuation völlig verändern und den Prozeß des inneren Wesens zutage bringen. Man nennt das: wissen, wo man steht. Das ist die Phase des Lebens, die darauf hinzielt, eine weise alte Frau oder ein weiser alter Mann zu werden, und es kann der Beginn einer herrlichen, zwanzigjährigen Periode sein.

Neptunzyklen (164,8 Jahre)

Wie Sie sehen, umfaßt der Neptunzyklus rund gerechnet 165 Jahre und kann daher nicht mehr als wirklich persönlich betrachtet werden. Er beeinflußt uns jedoch, besonders dann, wenn er mit dem zeitlichen Rahmen anderer Zyklen übereinstimmt. Tabelle 7 auf Seite 98 zeigt die Jahre zyklischer Aktivität in der Umlaufbahn Neptuns, und Sie werden feststellen, daß das Neptunquadrat mit dem Geburtsneptun individuell berechnet werden muß, um die genaue Zeit seines Auftretens zu bestimmen. Wenn Sie das nächste Kapitel lesen, werden Sie sehen, daß seine Umlaufbahn nicht so unregelmäßig ist wie bei Pluto.

Es gibt unterschiedliche Meinungen über die Bedeutung Neptuns im Geburtshoroskop, und Ihre Entscheidung darüber, was der Planet für Sie verkörpert, wird bestimmen, wie der Zyklus bei Ihnen wirkt. Dal Lee sagt, Neptun sei der Planet der Begeistigung, mystisch, beschaulich und religiös einerseits, und melancholisch, morbide und unzuverlässig andererseits. Er steht mit der Inspiration in Verbindung.[20] Hone definiert Neptun als einen Planeten, der Formlosigkeit, Nichtgreifbarkeit verkörpert, und sie weist ihm die Spiritualität zu. Sie sagt, er sei ein Schlüssel zum Verständnis der Fähigkeit, die Fesseln der materiellen Welt aufzulösen, und er verkörpere den inspirierenden Drang des

[20] Dal Lee, »Dictionary of Astrology«, Paperback Library, Coronet Communications, New York, 1968.

Tabelle Nr. 7: Neptunzyklen und Krisenjahre[1)]

Aspekt	Durchschnittliches Alter	♆ 28° ♌ 48′	Tatsächliches Alter	♆ 25° ♍ 46′	Tatsächliches Alter	♆ 25° ♎ 48′ R	Tatsächliches Alter
☌	0	Geburt	0	Geburt	0	Geburt	0
□	42	14.12.64 - 3.5.65 18.10.65 - 1.12.69 18.6.70 - 30.9.70	36-42	10.2.77 - 25.4.77 6.12.77 - 30.7.78 26.9.78 - 18.1.82 14.6.82 - 22.11.82	35-41	17.2.91 - 22.6.91 21.12.91 - 31.1.96 9.8.96 - 1.12.96	36-41
☍	84	21.3.06 - 28.7.06 21.1.07 - 28.2.11 19.9.11 - 29.12.11	79-83	27.4.18 - 12.8.18 24.2.19 - 2.4.23	77-82	18.4.21 - 2.11.32 15.2.33 - 26.5.36 6.10.36 - 27.3.37	77-82

1) Neptun in 28° 48′ Löwe ist aus dem Geburtsjahr 1928; 25° 46′ Jungfrau von 1941; in 25° 48′ Waage von 1955. Beachten Sie den Unterschied zwischen dem „durchschnittlichen“ Zyklus und seinem tatsächlichen Auftreten. Abhängig von den Geburtsjahren beinhalten die Daten in dieser Tabelle das 20. ebenso wie das 21. Jahrhundert.

Unfaßbaren, der aus dem Unbewußten zu kommen scheint.[21] In einem Vortrag, der in den frühen siebziger Jahren gehalten wurde, sagte Lionel Day, daß Neptun die Ideale und Träume einer Generation symbolisiere, und andere Astrologen haben gesagt, daß er die Traumziele im persönlichen Horoskop verkörpere.[22]

Der Planet bleibt etwa 14 Jahre lang in einem Tierkreiszeichen, so daß viele Menschen Neptun im selben Zeichen haben. Man kann ihn kaum als persönlich betrachten, aber sicherlich als Repräsentanten der idealen Träume und mystischen Interessen einer Generation von Menschen. Die einzelnen Menschen werden unterschiedlich auf die Manifestation dieser Energie reagieren. Jeder hat die Möglichkeit, sich spirituell zu entwickeln, und wenn wir die Neptunenergie nutzen, um uns an unsere innere, kreative Quelle anzuschließen, dann können wir äußerst kreativ arbeiten.

Wenn wir im Geburtshoroskop Aspekte zwischen persönlichen Planeten und Neptun haben, dann können wir entweder etwas von dieser Kreativität verwirklichen, oder wir werden von ihr in irgendeiner Art benutzt werden. Alle neptunischen Typen haben die Wahl, ob sie Kreativität entwickeln, oder im Dunst der Illusion schwelgen wollen, indem sie die rauheren Realitäten des Lebens, die normalerweise Saturn zugeordnet werden, vermeiden. Um das volle Potential des Bewußtseins zu entwickeln, müssen wir das Wechselspiel zwischen Saturn und Neptun erkennen. Mystische Konzepte sind wichtig, aber wir müssen auch überleben. Ausschließlich mystisch können wir nur dann sein, wenn wir total versorgt sind, und dieses Konzept funktioniert in unserer heutigen Gesellschaft nicht besonders gut.

Um für einen Moment abzuschweifen: Wenn man Saturn und Neptun vergleicht, dann sollte man es mit einer Perspektive tun. Neptuns positive Seiten sind Spiritualität und das Kennen und Verstehen der mystischen Seiten des Lebens. Die positive Seite Saturns symbolisiert das Verständnis von Form und Manifestation. Man kann Neptuns Kreativität mit den persönlichen Einschränkungen oder der Rigidität, durch die sich Saturn in seinem Individuum ausdrückt, nicht vergleichen. Neptun im spirituellen Sinn muß mit Saturn in dessen spirituellem Sinn verglichen werden, oder mit Saturns Beziehung zum Prozeß des

[21] Margaret Hone, »The Modern Textbook of Astrology«, Fowler & Co, Ltd., London, 1951.

[22] Eine komplette Übersicht über Geburtsneptun und seine Transite ist zu finden in Patricia Morimando, The Neptune Effect, Samuel Weiser, Inc., Xork Beach, ME, 1979.

Lebens und des Todes. Saturn wurde der unerbittliche Sensenmann genannt; der Planet symbolisiert also das Ende des Lebens. Wenn wir die Einschränkungen und Selbstbegrenzungen, die von der Saturnenergie auf persönlicher Ebene symbolisiert werden, vergleichen wollen, dann müssen wir sie mit den persönlicheren Zügen Neptuns, dem Maya der Unzuverlässigkeit oder der Illusion des Irrglaubens vergleichen. Maya ist weder kreativ noch spirituell. Es ist bloßer Wahn und es ähnelt vom Typ her den niedrigeren Formen des saturnischen Ausdrucks. Ich sage das, weil manche Leute glauben, daß Saturn von seinen Vibrationen im Horoskop ein »niedriger« Planet ist. Das ist er nicht. Saturn ist die Struktur.

Im Laufe eines Lebens sollten wir in der Lage sein, das mystische Konzept Neptuns mit dem persönlichen Konzept der Individuation, auf die Uranus hinweist, zu verbinden, um dann weiterzugehen und die Fesseln der Realität aufzulösen, indem wir an der neuen Geburt teilhaben, die von Pluto symbolisiert wird. Das kann im Leben eines Menschen eine großartige Leistung sein. Wie oft haben wir die Gelegenheit, Neptunenergie zu nutzen?

Nicht oft, denn wir haben normalerweise zuviel Angst vor den spirituellen Hintergründen, die der Energie dieses Zyklus zugrunde liegen. Wir verdecken es und ziehen es vor, Neptun als Planeten der Falschinformation zu betrachten. Die Umlaufbahnen von Uranus und Pluto verändern sich derzeit am schnellsten, deshalb weisen sie wahrscheinlich auf das momentane Bedürfnis der Weltseele hin. Das mag sich mit der Zeit verändern, aber wir sind an dieser neuen Entwicklung des Bewußtseins erst seit 200 Jahren beteiligt. Manche nennen es das Wassermannzeitalter und sagen, daß die stattfindenden Veränderungen darauf hinweisen, daß die Menschen als Gruppe noch nicht bereit sind, sich auf die erhabenste Seite Neptuns zu beziehen.

Der Neptunzyklus läßt das Konzept spiritueller Entwicklung um die Zeit der Midlife Crisis in das Bewußtsein dringen. Er erlaubt uns auch, dem Leben zu entfliehen, wenn wir das gerne tun möchten. Er führt die Seele auf eine andere Reise. Am Ende des Lebens kann die Neptunenergie die Tür für weitere Inspiration insoweit öffnen, als sie den Sinn der Struktur religiöser Rituale, an denen man eventuell teilnimmt, verständlich macht. Ist die Struktur einmal verstanden, dann wird sie nicht länger benötigt, und Neptun löst sich wieder auf.

Das erste Quadrat kommt im Alter zwischen 36 und 42 Jahren in Sicht. Wendet man einen 10°-Orbit an, dann wird diese Energie nur von sehr wenigen Menschen wahrgenommen, da der Einfluß Neptuns sehr subtil ist. Wenn Neptun eine innere Suche nach Spiritualität symbolisiert, dann ist es naheliegend, daß das Neptunquadrat mit dem Geburtsneptun von vielen Leuten ignoriert wird. Die Energie intensiviert sich, wenn Neptun sich dem exakten Quadrat nähert, und wenn Neptun drei oder vier Grad vor dem exakten Quadrat steht, dann wird sie offensichtlich sein, so offensichtlich wie Neptun sein kann. Eines der Schlüsselwörter ist *Auflösung*. Neptun ist also eine Art Lösungsmittel. Er nimmt weg, was immer weggenommen werden muß, und man nimmt vielleicht nicht wirklich wahr, was vor sich geht.

Wenn sich ein Teil unseres Selbst auflöst, dann kann das eine sehr beängstigende Erfahrung sein, denn es hat sich etwas verändert, und man realisiert, daß man mit dem bewußten Verstand keine wirkliche Kontrolle darüber hat. Während dieser Zeit durchlebt man eine Phase der Midlife Crisis, und viele anderen Bindungen werden aufgelöst, was viel Unruhe und Instabilität mit sich bringt. Die meisten Menschen im Westen fühlen sich unwohl, da sie sich der Zukunft nicht sicher sind.

Deshalb ist es ein Gefühl, über das unter Umständen nicht gesprochen wird. In den Beratungen ist mir aufgefallen, daß Neptun bezüglich seiner Transite und Zyklen die interessantesten Reaktionen hervorrief, wenn es mir gelang, ein Gespräch über etwas, das dem Klienten Angst machte, in Gang zu bringen. Normalerweise ist Neptun so subtil, daß ein Individuum, das nicht eng in ein spirituelles Programm eingebunden ist, unter Umständen anfängt, seinen Geisteszustand anzuzweifeln.

Wenn Neptun die Ideale, in die man hineingeboren wurde, symbolisiert, und wenn er auch die kaum bewußten Träume über die Gesellschaft symbolisiert, die zur Zeit der Geburt vorherrschend waren – Ideale und Träume, die nicht richtig bewußt sind, sondern die von der Struktur des Tierkreiszeichens, in dem Neptun stand, atmosphärisch aufgenommen werden – dann kann es die grundlegendste Basis der Persönlichkeit erschüttern, wenn dieses Konzept anfängt, sich zu verändern. Es rüttelt an den Grundlagen, weil es unaussprechlich ist. Wir können uns mit dem auseinandersetzen, worüber wir sprechen können, aber wie Jung sagte, wenn unbewußte Inhalte der Psyche nicht erkannt werden, oder wenn bestimmte Aspekte der Persönlichkeit unterdrückt werden, dann kann diese Energie anfangen, eine eigene Stärke und ein eigenes Leben zu entwickeln. Das könnte auch auf die Stellung Neptuns zutreffen, da er im Zusammenhang mit dem »großen Traum« einer Generation steht. Und wenn dieser Traum anfängt, zu entschwinden, oder wenn der Traum versagt, dann kann die neue Wirklichkeit sehr irritierend sein.

Wenn der Geburtsneptun Aspekte mit persönlichen Planeten im Geburtshoroskop hat, dann werden die Aktivitäten und Träume der Generation während des Neptunquadrats mit dem Geburtsneptun viel persönlicher. Persönliches Versagen könnte dann ein Problem werden, da Neptun auch andere Teile der Persönlichkeit beeinflußt. Für jeden mit starken Neptunaspektierungen im Geburtshoroskop ist das eine Zeit der Erneuerung. Neue Zielsetzungen müssen aufgebaut werden. Die Ziele und Träume der Generation, und daher auch die eigene Reaktion auf die Bedürfnisse der eigenen Generation, befinden sich in einem Veränderungsprozeß. Das ist der Anfang der ersten Hälfte des Alters. Es ist eine Zeit des Lernens. Normalerweise sind die kleineren Ziele, die man sich gestellt hat (Saturn-orientierte Ziele), in der Mitte des Lebens erreicht worden, und man muß sich neue Wertvorstellungen schaffen.

Mit dem Neuaufstellen von Zielen meine ich nicht, daß man sich ein neues Auto kauft oder umzieht. Ich meine damit die viel vageren Ziele und Träume des Wissens, Sehens, Bewußtwerdens von etwas, dem man gerne nachgehen möchte, was immer es sei. Normalerweise steht die erste Hälfte des Lebens mit irgendeiner Art Leistung in Zusammenhang. In der zweiten Hälfte muß man mit einer ganz anderen Suche beginnen.

Die Neptunopposition mit dem Geburtsneptun tritt um das Alter von 82 Jahren auf. Wenn das Leben mit 84 Jahren aus astrologischer Sicht endet, dann ist die Neptunopposition eine Art Vorläufer des Todesvorganges. Neptun symbolisiert die Auflösung und weitere Veränderungen im spirituellen Bewußtsein. Er kann lediglich dazu benutzt werden, den Todesprozeß zu beschleunigen, es sieht aber so aus, als könnte die Opposition auch einen weiteren Durchbruch zur Bewußtheit über den Sinn des Lebens anzeigen.

Leute, die diesen Zyklus durchleben, sollten dazu ermutigt werden, an sinnvollen religiösen Ritualen teilzunehmen. Es spielt keine Role, ob man einer kirchlichen Gruppe angehört oder nicht, oder ob man sein eigenes Ritual kreiert. Der Symbolismus jeder spirituell orientierten Gruppierung kann die Möglichkeiten tieferer Einsichten verstärken. Die beunruhigenden Nebenwirkungen Neptuns werden vermutlich bei den Menschen stärker auftreten, die keinen irgendwie gearteten spirituellen Glauben haben; Neptun zerrt dann an den Fäden der Glaubwürdigkeit und überläßt demjenigen, der keine Philosophie hat, eine düstere Zukunft. Berater sind ganz besonders in der Lage, während dieser Zeit zu helfen. Jede metaphysische Ausbildung, jede Erfahrung mit einer Sterbeklinik in Ihrer Heimatstadt oder mit irgendeiner Organisation, die sich mit der Krise des spirituellen Bewußtseins befaßt, wird Ihnen helfen, ein Verständnis für diesen Teil des Lebens zu entwickeln. Ich habe nicht viel Erfahrung mit der Beratung von Menschen in diesem Alter. Bei den wenigen Klienten, die zu dieser Altersgruppe gehörten, drehten sich die Fragen um Tod, Arbeit, und um den Sinn des Lebens. Die Menschen, die das mit mir besprachen, waren jedoch alle in spirituеller Entwicklung begriffen, und hatten sich bereits ein gewisses Verständnis erworben. Komischerweise arbeiteten die Leute, mit denen ich sprach, auch noch auf irgendeine Weise.

Plutozyklus (248 Jahre)

Es liegt auf der Hand, daß wir in einem Leben nicht allzuviele Phasen des Plutozyklus miterleben! Wenn, nach Aussagen der Wissenschaftler, die Plutos Umlaufbahn berechnet haben, Pluto 248 Jahre braucht, um die Sonne zu umlaufen, dann müßte man so etwa 62 Jahre alt sein, wenn man das erste Plutoquadrat erlebt. Dem ist nicht so. Plutos Bewegung ist unregelmäßig. In Tabelle 8 auf Seite 104 kann man drei verschiedene Pluto-Oppositionen, berechnet für drei verschiedene Geburtsjahre, sehen. Der eine erlebt das Quadrat Plutos mit dem Geburtspluto zwischen September 1974 und September 1980 oder im Alter zwischen 46 und 50 Jahren. Ein anderer wird es im Alter zwischen 40 und 45 Jahren erleben, während der Jüngste sich im Alter zwischen 33 und 38 Jahren damit auseinandersetzen muß. Um zu sehen, ob sich der Plutozyklus bei der Opposition verändert (so lange müßten wir eigentlich leben), überprüfte ich die Geburtsdaten in Tabelle 8 in Ephemeriden des 21. Jahrhunderts und entdeckte, daß für jemanden, der 1928 geboren ist, die Pluto-Opposition im Alter zwischen 83 und 88 Jahren eintritt, wenn man einen Zehn-Grad-Annäherungsorbit anwendet. Für das Geburtsdatum 1942 wirkt die Opposition im Alter zwischen 78 und 84 Jahren, während das Geburtsdatum 1955 die Opposition Plutos mit dem Geburtspluto im Alter zwischen 77 und 82 Jahren hat! Das ist weit weg von der 124-Jahre-Opposition, die dem 248-Jahre-Zyklus entspricht.[23] Es passiert etwas in

[23] Möchte man die Plutozyklen (das Sextil und das Quadrat) schnell nachschlagen, dann empfiehlt sich Mary Vohryzeks Artikel »Power and Choice« im National Astrology Society, c/o Barbara Somerfield, 205 3rd Ave, New York, NY 10003.

Tabelle Nr. 8: Plutozyklen und Krisenjahre[1)]

Aspekt	Durchschnittliches Alter	♇ 16° ♋ 0′ R	Tatsächliches Alter	♇ 2° ♌ 02′	Tatsächliches Alter	♇ 24° ♌ 27′	Tatsächliches Alter
☌	0	Geburt	0	Geburt	0	Geburt	0
□	62	16.11.73 - 6.3.74 12.9.74 - 3.12.77 10.3.78 - 26.9.78	45-50	23.10.80 - 19.5.81 13.8.81 - 17.1.84 22.2.84 - 24.10.84 22.6.85 - 1.8.85	39-44	28.11.88 - 10.4.89 22.10.89 - 27.12.92 4.5.93 - 23.10.93	33-38
☍	124	21.1.11 - 4.7.11 24.11.11 - 30.1.16 14.7.16 - 4.12.16	83-88	14.2.19 - 8.7.19 21.12.19 - 18.4.24 18.5.24 - 31.1.25	78-84	17.3.32 - 17.7.32 23.1.33 - 13.10.33 11.11.33 - 8.3.39	77.84

[1)] Pluto in 16° 02′ Krebs ist von 1928; in 2° 02′ Löwe von 1942; in 24° 27′ Löwe von 1957. Der Plutozyklus scheint wirklich wechselhaft zu sein. Wie man sehen kann, sollte das erste Quadrat mit 62 Jahren eintreten und tritt jetzt im Alter zwischen 33 und 50 Jahren ein, während die Opposition im Alter zwischen 77 und 88 Jahren eintritt, anstatt mit 124 Jahren, was dem halbierten Zyklus entsprechen würde. Die aufgeführten Daten stammen entsprechend den Geburtsjahren aus dem 20. und 21. Jahrhundert.

unserer Welt. Es muß etwas sein, das mit dem Entkorken der Flasche, die Bewußtsein heißt, zu tun hat. Oder vielleicht wird sie Pandoras Büchse genannt. Was bedeutet Pluto im Geburtshoroskop für Sie?

Für manche verkörpert er die unbewußten Motivationen und Neigungen einer Generation, da viele Menschen mit Pluto im selben Zeichen geboren werden. Manche haben das Gefühl, daß er uns mit dem kollektiven Unterbewußten verbindet. Er könnte die unbewußte Tendenz zu Wiedergeburt und Transformation verkörpern, die mit dem Prozeß der Individuation, wie er von Jung beschrieben wird, verbunden ist. Er könnte das Leben selbst symbolisieren, wie Shiva es tut, wenn er seinen Tanz über Leben und Tod tanzt und ständig alle Formen und Manifestationen des Lebens durchtanzt. Einfach immer weiter und weiter tanzt. Für viele Astrologen verkörpert Pluto den Trieb nach Macht, Manipulation und Kontrolle, was darauf hinweist, daß ungeheure Energie entweder für oder gegen das Allgemeinwohl eingesetzt wird. Kontakte mit der Unterwelt, der Arbeiterbewegung, sehr starke Unruhe, alte Verhaltensweisen über Bord werfen, um neuen Platz zu machen. Wie der Planet für Sie im zyklischen Prozeß wirkt, hängt davon ab, was immer er Ihnen bedeutet. Wenn Sie sich nicht sicher sind, was er Ihnen bedeutet, werden Sie vielleicht eine neue Bedeutung entdecken, wenn Sie die Energie in Ihrem eigenen Leben persönlich erfahren. Ich bin sicher, daß wir in den kommenden Jahren genauere Informationen haben, mit denen wir arbeiten können, da mehr und mehr Astrologen mit dieser Energie arbeiten. Wir studieren Plutos Auswirkungen erst seit 50 Jahren und von denen, die in dem Wissen geboren werden, daß der Planet existiert und die ein ganzes Leben lang von ihm begleitet werden und die alle möglichen Arten der Transformation erleben, werden wir weitere Informationen erhalten.

Wenn Pluto als Repräsentant des kollektiven Bewußten oder des kollektiven Unbewußten betrachtet wird, dann hat er ungeheure Auswirkungen auf die Gesellschaft als Ganzes, und ein bißchen persönliche Auswirkung auf diejenigen, die in der Lage sind, seine Macht an sich zu reißen. Aber seine Macht muß gewaltig sein, wenn er alle Menschen überall repräsentiert. Symbolisiert er das kollektive Unbewußte, dann meinen wir den Stoff, von dem Jung sagt, daß er nie an die Oberfläche kommt. Das sind all die Stammeserinnerungen, die in der Menschheit seit prähistorischen Zeiten existiert haben. Wenn Pluto das kollektive Bewußte repräsentiert, dann verkörpert er die Hoffnung der Menschheit, denn das bedeutet, daß diese Menschen in der Lage sind, Bewußtseinshöhen zu erreichen, die jetzt noch undenkbar sind, weil wir jetzt noch nicht so weit sind. Die letzten Jahrhunderte haben mehr Möglichkeiten eröffnet, da mehr Menschen Auswahlmöglichkeiten für ihre Zukunft haben, mehr Menschen sich der Zusammengehörigkeit aller Menschen auf dem Planeten bewußt sind. Immer mehr Leute realisieren, daß man die Menschen im angrenzenden Land nicht hassen kann – weil die Erde so klein geworden ist. In dem ganzen Chaos und Durcheinander arbeitet Pluto, um etwas ans Licht zu bringen. Vielleicht um uns zu den Quellen all unserer philosophischen und religiösen Lehren zurückzuführen – daß wir alle Brüder und Schwestern sind. Wird das erst einmal realisiert, dann sind wir vielleicht in der Lage, in neue Tiefen der Kommunikation mit uns selbst und mit dem Kosmos vorzudringen.

In der Zwischenzeit findet sich das Individuum mitten in seinem ganz persönlichen Plutoquadrat darin wieder, daß es in einen neuen Seinszustand hineingeschubst wird. Das einzige, was über ein Pluto/Pluto-Quadrat als Zyklus gesagt werden kann, ist, daß wir es nicht kontrollieren können. Astrologie zu studieren, um zu erkennen, was geschehen wird, hat keinen Sinn, weil die ausgefeiltesten Pläne »plutonisiert« werden. Der Zyklus scheint uns von unseren Wurzeln loszureißen, von unserer Herkunft, von unseren Erfahrungen. Er kann uns in eine andere Lebenserfahrung hineinwirbeln, und wir machen plötzlich etwas anderes, ohne auch nur zu wissen, daß wir vorhatten, etwas zu verändern. Andere Menschen kämpfen sich durch das Plutoquadrat, versuchen, die Füße auf dem Boden zu halten, und nicht loszulassen, kämpfen, um die Vergangenheit festzuhalten. Manchen gelingt das recht gut, soweit ich sehen kann, weil sie nicht zu einer Veränderung bewegt werden können, andere bleiben in einer bestimmten Art von Hoffnungslosigkeit stecken, in der Angst, dem inneren schwarzen Mann gegenüberzutreten, wegen der Dinge, die hochkommen können. Ich habe gesehen, wie Menschen ihrer bisherigen Lebenserfahrung ein radikales Ende gesetzt haben. In einigen Fällen veränderten sich Beziehungen ganz drastisch. Normalerweise würde ein Mensch eine Beziehung oder eine Ehe wegen der familiären Bindungen zu Verwandten, Kindern, wegen der Nachbarn, wegen dem, was man kennt und was bequem ist, nicht abbrechen, aber ich habe Leute beraten, die unter sehr merkwürdigen Umständen in eine Scheidung katapultiert wurden, wo keiner der Partner wirklich wußte, was los war. Außer, daß am Ende alles vorbei war, und es war, als hätte diese Beziehung nie existiert. In einem anderen Fall verlor eine Frau ihren Partner durch Tod und fand sich plötzlich bei einer Arbeit wieder, die sie noch nie vorher gemacht hatte. Dabei entwickelte sie sich aus der materialistischen Welt der Vorstadt mit zuviel Alkohol in ein engagiertes Mitglied der Heilberufe. Manche haben sich in Kliniken und spirituellen Wachstumsgruppen engagiert, nachdem sie das Plutoquadrat selbst erlebt hatten. Das Wertesystem kann sich völlig verändern.

Das Quadrat wirft uns aus der Bahn, weil wir nicht wissen, woran wir sind. Wir finden uns vielleicht wieder bei einer Tätigkeit, an der wir vorher überhaupt kein Interesse hatten oder dabei, eine völlig andere Lebensweise als die, die wir erwartet hatten, zu entwickeln. Manchmal frage ich mich, ob das Plutoquadrat wirklich persönlich ist. Zum Beispiel wurde Präsident Nixon durch die Watergate-Affäre entmachtet, während Pluto mit seinem Geburtspluto ein Quadrat bildete.

Nixon hat Pluto in 28° Zwilling und hat mit dem Plutoquadrat von April 1967 bis September 1971 zu tun. Der Zyklus hörte im September nicht auf, weil sein Geburtspluto ebenfalls eine Opposition zu Mars in 29° Schütze hatte, mit Merkur in 0° Steinbock und Jupiter in 1° Steinbock. Die Energie blieb also bei ihm bis Mitte September 1972. Er hatte noch eine kurze Begegnung mit dieser Energie im Juni 1973, aber zu dieser Zeit war das Problem Watergate schon beigelegt. Ich möchte nicht sagen, daß der Plutozyklus für Watergate verantwortlich war, aber es könnte sein, daß die Belastung und die Unsicherheit des Plutoquadrates etwas von der Unsicherheit verursachte, die ihn so auf das Leben reagieren ließ, wie er es zu der Zeit tat. Diejenigen, die daran Interesse haben, diesen Vorfall umfassender zu betrachten, können eine Besprechung in Rob Hands »Planets in Transit« lesen[24]. Ich bringe das Horoskop ins Spiel, um aufzuzeigen, daß zugrundeliegende Energien, die während solch einem Zyklus aktiviert werden, unter Umständen nicht sehr positiv genutzt werden. Kein Transit oder Zyklus *bewirkt*, daß wir auseinanderfallen, wenn jedoch einer der äußeren planetarischen Zyklen im Spiel ist, dann kann diese Energie auf nicht gut durchdachtes Verhalten einwirken.

Die andere Seite der Medaille ist die, daß wir die Energie vielleicht gar nicht positiv nutzen sollen. Vielleicht werden wir in ein Vorhaben verwickelt, das uns wachsen läßt, ob wir bereit sind dazu oder nicht. In Nixons Fall hat sein persönliches Trauma uns alle beeinflußt und neues Bewußtsein aus der Tiefe nach oben gebracht, und alle Menschen damit berührt – Amerikaner und Bürger anderer Länder dieser Welt. Viel-

[24] Robert Hand, »Das Buch der Transite«, Hugendubel Verlag, München, 1984.

leicht war er der Märtyrer der Entwicklung eines anderen Bewußtseins, so ähnlich wie es Judas für die Christenheit war. In einer der Geschichten heißt es übrigens, daß Judas von Jesus ausgesucht wurde, um ihn zu betrügen. Und Judas' Reaktion darauf, daß er ausgesucht wurde, war die, daß er sagte: »Herr, warum ich?« Diese Geschichte wird dem von Pluto regierten Zeichen des Skorpion zugeschrieben, da Judas manchmal so beschrieben wird. Das steht mit Sicherheit in Verbindung mit dem Transformations- und Wiedergeburtssyndrom, denn wäre Jesus nicht gestorben, dann hätte er nicht wiedergeboren werden können.

Die Opposition, die eigentlich erst eintreten soll, wenn die gegenwärtige Generation 124 Jahre alt ist, wird zusammen mit dem Anfang des zweiten Uranuszyklus stattfinden. Wir haben keine Informationen darüber, wie sich diese Energie ausdrückt. Ist das Leben mit 84 Jahren aus der Sicht des Astrologen zu Ende, und ist ein Plutozyklus dann präsent, wenn Tod zu einem interessanten Thema werden sollte, dann ist es bemerkenswert, daß sich die gegenwärtige Generation mit Fragen des Todes beschäftigt. Sobald wir vor dem Wort Tod weniger Angst haben, können wir das Ende unseres Lebens ganz anders leben. Und mit einer anderen Grundlage. Es bleibt uns allen selbst überlassen, zu beobachten, wie diese Energie in unserem Leben wirkt.

Teil 2

Die Krisenjahre Altersstufen und Lebensabschnitte

Nicht der bloße Lebensabschnitt, sondern die Rolle, die wir darin spielen, verleiht den Wert.
F. von Schiller
Fiesco

Es spielt keine Rolle, wieviel wir über Astrologie wissen, und es ist gleichgültig, was wir sonst wissen. Wir können der Erfahrung dieser Zyklen nicht aus dem Wege gehen. Das Leben beginnt, wenn wir geboren werden, und wir wachsen ständig weiter, bis wir sterben. Wenn wir verstehen können, daß Wachstum ein normaler, andauernder Prozeß ist, dann können wir die Energie unserer eigenen Wachstumszyklen nutzbar machen und diese Energie darauf verwenden, unsere Lebenserfahrung zu bereichern. Sobald wir einmal verstanden haben, daß zyklisches Wachstum unvermeidlich ist, dann kann uns das Wissen über bevorstehende Streßperioden in die Lage versetzen, den Schock und das Trauma, die auftreten können, wenn wir völlig unvorbereitet den nächsten Schritten in unserem Leben gegenüberstehen, zu vermeiden.[1]

Vor der tieferen Erforschung der einzelnen Krisenperioden müssen wir uns den Vorgang der Krise selbst anschauen. Das Wort bedeutet, daß wir einen kritischen Punkt erreicht haben, daß eine Entscheidung während dieser Krise gefällt werden wird und daß die Entscheidung, die wir fällen, den Rest unseres Lebens beeinflußt. In unserer heutigen Gesellschaft hat das Wort einen anderen Beigeschmack bekommen, für manche Leute beinhaltet es eine Situation, die nicht alleine bewältigt werden kann. Krisenberatung wird als Art Therapie angesehen, die

[1] Normale Krisenperioden sollten nicht mit einem traumatischen Ereignis verwechselt werden. Total traumatische Ereignisse sind die, denen wir völlig unvorbereitet gegenüberstehen, wie zum Beispiel der Verlust eines geliebten Menschen durch Unfall oder Krankheit, ein größerer Unfall, Ausbruch von Feuer usw. Diese Ereignisse haben keinen Zusammenhang mit dem, was wir hier besprechen. Tritt jedoch ein größeres Ereignis im Verlauf eines normalen Krisenzyklus auf, dann kann der Druck äußerst problematisch werden. Ein Klient, der kommt, um über ein traumatisches Ereignis zu sprechen, muß nichts von seinem Zyklus hören.

angewandt wird, wenn ein Individuum eine plötzlich veränderte Lebenssituation nicht handhaben kann. Wenn man diese Bedeutung weiterverfolgt, dann findet man viele Leute, die das Gefühl haben, daß eine Krise gräßlich und lebensbedrohend ist, oder ein Wort, daß irgendeine Art von Versagen beinhaltet. Die Definition von Krise, die in diesem Buch zur Anwendung kommt, ist die erste dieser Art – es ist eine Zeit, in der wichtige Entscheidungen gefällt werden. In einer bedeutenden Entscheidungskrise bekommen Leute manchmal Angst. Die Angst, die mit einer Lebenskrise zusammenhängt, wird wahrscheinlich am besten als Angst vor Veränderung definiert. Wir geben selten gerne zu, daß wir immer noch eng mit der Familie unserer Jugend verbunden sind, aber bei vielen Erwachsenen ist das so; sie haben Angst vor Veränderungen, wenn es um Unbekanntes geht. Die Wurzel des Wortes »familiar«[2] ist mit der Familie verbunden, was bedeutet, daß wir im Grunde genommen mit unserer Psyche immer noch in unseren Familien verwurzelt sind, ob wir in der Nähe der Familie bleiben oder nicht. Als Kinder sind wir bereit, uns zu verändern, aber irgend etwas mischt sich ein, wenn von Erwachsenen Veränderung gefordert wird.

Schauen wir einen Moment auf den Mythos unseres Erwachsenendaseins, um den Gedanken – Veränderung in der Kindheit versus Veränderungen als Erwachsener – zu untersuchen. Wenn wir geboren werden, sind wir völlig abhängig und doch strecken wir die Finger und Zehen aus, um die Welt um uns herum zu erfassen. Wir wechseln von der Wiege über auf den Fußboden, und schließlich erforschen wir, was in dem Schrank unter der Küchenspüle ist. Wir versuchen, zu gehen und zu rennen, und im Grunde genommen lernen wir während der ersten vier Lebensjahre jeden Tag etwas Neues. Wenn wir in die Schule kommen, fängt eine neue Lernprozedur an, in der die meisten Kinder benotet werden. Entweder wir bestehen oder wir fallen durch, und wir werden uns unserer Grenzen bewußter, wenn unsere Schwächen unter Umständen öfter hervorgehoben werden, als wir für das, was wir gut gemacht haben, Lob erhalten. Nach Abschluß der Schule denken wir irgendwie, daß wir jetzt Erwachsene geworden sind, und das Erwachsensein bringt die Auffassung mit sich, daß wir fertig sind mit dem Wachstum. Hier fängt das Problem an. Die meisten Leute sind nicht auf die

[2] Familiar (bekannt, gewohnt, Anm. d. Üb.) ist ein Wort, das »of or pertaining to the family, domestic« (Anm. d. Übers.: »von, oder zu der Familie gehörig, häuslich, heimisch«) bedeutet. Meine Definition stammt aus Websters »New Collegiate Dictionary«, 2. Ausgabe, G. & C. Merriam Co., Springfield, MA, 1958, S. 208.

normalen Veränderungen, die man als Erwachsener erlebt, vorbereitet, weil uns selten beigebracht wird, daß diese Veränderungen auftreten. Wir wandern fröhlich auf unserem Lebensweg, planen nicht wirklich im voraus und sind nicht bereit für die unvermeidlichen Bewußtseinsveränderungen.

In letzter Zeit ist sich unsere Gesellschaft bewußt geworden, daß sich Erwachsene während ihres ganzen Lebens verändern und wachsen, und es wird jetzt eine ganze Menge Literatur über die verschiedenen Lebensabschnitte veröffentlicht. Ich habe das Gefühl, daß die Psychologie Jungs für die Entwicklung dieses Konzeptes sehr wichtig gewesen ist, da Jung dafür eintrat, Patienten im Verlauf der Suche nach Individuation, und nicht nur neurotische Fälle, zu beraten. In den letzten zwanzig Jahren haben wir angefangen, über die Belastungen in der Lebensmitte als Krise zu sprechen, und Elisabeth Kübler-Ross hat sehr viel dazu beigetragen, daß wir vertrauter werden mit dem Prozeß des Todes und des Sterbens, der eine weitere große Krise ist, die bisher ignoriert wurde. In diesem Kapitel werden die Krisen den Altersstufen entsprechend dargestellt, so daß der Leser schnell die Streßjahre nachlesen kann, die ihn interessieren, und er kann auch sehen, welche Phasen astrologischer Zyklen während der jeweiligen Zeit möglicherweise wirken. Sie werden bemerken, daß ich auf das grundlegende Trauma aufmerksam mache und auf einige Möglichkeiten, wie sich die Energie ausdrückt, wenn sie mißbraucht oder mißverstanden wird. Ich habe noch nicht viele Beratungen über die konkreten Schritte durchgeführt, die man unternehmen sollte, außer auf einer sehr allgemeinen Ebene, da diese Schritte von der Symbolik des Geburtshoroskops des entsprechenden Individuums bestimmt werden sollten. Eine innere Stimme spricht während unserer Krisenzeiten zu uns, und solange diese Stimme etwas Konstruktives vermittelt, ist es vermutlich sehr sinnvoll, darauf zu hören.

0 Jahre
Geburt

Ja, Geburt *ist* eine Krise! Geboren zu werden ist ein recht traumatisches Ereignis für beide, Mutter und Kind. Die Fähigkeit, das Trauma der Geburt selbst zu überleben, sollte uns eigentlich helfen zu verstehen, daß wir auch andere Krisen überleben können. Nicht weil wir irgend etwas tun, sondern weil es einfach geschieht. Jung sagte, daß die wichtigsten Krisen im Leben oft einfach *durchlebt* werden, und wenn wir andere beraten, dann sollten wir das vielleicht im Kopf behalten.

2 – 3 Jahre
Erstes Jupiter/Jupiter-Quadrat (erster Zyklus)

Wir lernen zu essen, zu laufen, zu sprechen, zu hören, zu sehen, zu lernen und die Welt in uns aufzunehmen. Das erste Jupiterquadrat schubst uns aus der Wiege in die Küchenschränke und schließlich in den Hinterhof. Jupiter regt uns an, uns auf die Welt zu beziehen, und wir nehmen alles in einer völlig selbstbezogenen Weise auf. Wir fangen an, uns aus völliger Abhängigkeit in die Unabhängigkeit zu bewegen, wir streben mit unseren neuentdeckten Armen und Beinen nach außen. Unsere Mütter sind in diesem Stadium nicht immer erfreut, weil unser Jupiter'scher Überschwang oft ein ganz schönes Durcheinander schafft!

5 – 8 Jahre
Jupiter/Jupiter-Opposition (erster Zyklus)
Erstes Saturn/Saturn-Quadrat (erster Zyklus)

Hoffentlich treten diese beiden Zyklen nicht zur selben Zeit auf. Ist das aber der Fall, dann erlebt das Kind viele Belastungen und macht den Eltern viel Kummer. Das Kind wird jetzt in den nächsten Abschnitt seiner Entwicklung gedrängt, die normalerweise in der Schule stattfindet. Einerseits strebt das Kind nach Gleichaltrigen (Jupiter) und andererseits wird sein Streben nicht ganz akzeptiert. Es will eine Beziehung auf seinem Niveau herstellen, und die Opposition Jupiters sagt, daß es irgendwie einen Kompromiß schließen muß. Dem dreijährigen Kind gesteht die Mutter zu, daß es die Küchenschränke kaputt macht, aber Klein-Mary von nebenan wird nicht zulassen, daß es ihr alle Spielsachen wegnimmt, oder daß es die ganze Zeit nach seinem Kopf geht.

Das erste Saturnquadrat weist darauf hin, daß der Lehrer (der Prüfer, die Stimme von Gesetz und Autorität) nicht alles gutheißt, was das Kind versucht zu tun. Gesetz und Ordnung im Klassenzimmer, lernen, nach Regeln zu spielen, Sachen zu machen, die es nicht tun will, das alles steht auf der Tagesordnung.

Manche Eltern empfinden diese Periode als schwierig. Sie wollen die Wißbegierde des Kindes fördern, aber sie müssen auch die Wirklichkeit unterstützen, daß wir in einer sozialen Gruppe leben. Dieser Teil des Zyklus lehrt das Kind, daß es in gewisser Weise mit der Gruppe konform gehen, daß es nach sozialen Regeln leben muß und daß es in der Gruppe nicht immer seinen Kopf durchsetzen kann. Das ist die erste Erfahrung der Unterordnung des Egos. Viele Lektionen werden weit weg von zu Hause gelernt: Der Lehrer ist ein Fremder, die anderen Kinder in der Klasse sind die gleichaltrigen Kameraden des Kindes. Die Mutter ist nicht da, um das Kind zu verstehen.

Diese Phase des Zyklus kann auch das erste Bewußtwerden des Kindes über die Trennung von den Eltern anzeigen. Es kann immer noch nach Hause laufen, um sich beschützen zu lassen, aber es hat nicht mehr diese Gefühle der Abhängigkeit, die es vorher hatte. Dieses Alter war einmal der Anfang vom Arbeitsleben eines Kindes. Ich könnte mir vorstellen, daß Arbeiten in diesem Fall mit der Symbolik des Quadrates von Saturn mit dem Geburtssaturn zusammenhängt.

8 – 9 Jahre

Letztes Jupiter/Jupiter-Quadrat (erster Zyklus)

Der nächste Anstoß im Beziehungszyklus zielt darauf ab, Freundschaften mit Kameraden aufzubauen, während man sich weniger auf Mutter und Vater bezieht. Es ist ein weiterer Schritt in Richtung Unabhängigkeit. Kameraden sind wichtig; Gruppenverhalten ist wichtig. Das Kind ist jetzt »sehr erwachsen« und kann auf sich selbst aufpassen. Weil es wichtig ist, ein Erwachsener zu sein, wird Ihnen auffallen, wie das Kind das Verhalten von Mutter und Vater nachahmt und zu einer Art Spiegelbild von einem Elternteil wird. Das Kind fängt an, eine Rolle zu spielen und die Erwachsenenrolle so zu imitieren, wie es sie sieht. Ein Teil der Belastung in diesem Zyklus tritt deshalb ein, weil die Eltern nicht darauf vorbereitet sind, das Kind loszulassen. Das Kind fängt an, ihnen zu entgleiten, und dieser Zyklus zeigt physisches wie geistiges Wachstum an, die Entwicklung der körperlichen und geistigen Beweglichkeit. Vielleicht fällt es Müttern schwerer, mit diesem Zyklus umzugehen, weil das Kind bis jetzt von ihnen abhängig war. Nun sehen sie, wie es auf eigenen Füßen steht, und manchmal ist es schwer, loszulassen.[3]

[3] In: »Erziehung leicht gemacht«, Christian Verlag, Bad Nauheim, 1957.

11 – 12 Jahre

Jupiter/Jupiter-Konjunktion (zweiter Zyklus)

Der erste Jupiterzyklus befaßte sich mit dem physischen Wachstum. Es ging darum, eine Beziehung zu Armen und Beinen, zum Baseball oder zu den Puppen zu finden. Dieser zweite Zyklus befaßt sich mit der nächsten Phase menschlicher Entwicklung, der sexuellen Entwicklung, damit das Kind schließlich Mutter oder Vater werden kann. Wir geben nicht gerne zu, daß wir tierische Lebewesen sind, aber unser Körper ist es, ob wir dazu stehen oder nicht. Männer sind dafür geschaffen, Väter zu werden, und Frauen dafür, die Art zu erhalten. Der physische Entwicklungsprozeß läßt das sehr deutlich werden![4] Der Zyklus verkörpert eine Krise, weil jedes Kind jetzt eine Veränderung im Körper erlebt. Mädchen entwickeln Brüste (oder nicht) und fangen an zu menstruieren (oder nicht). Ein Großteil der mit dem zweiten Jupiterzyklus verbundenen seelischen Erschütterungen wird vom Druck der gleichaltrigen Bezugsgruppe ausgelöst, der entweder durch eine schnellere oder langsamere Entwicklung als die in der Gruppe hervorgerufen wird. Wenn das junge Mädchen von seiner Mutter nicht liebevoll unterwiesen wird, dann kann es krankhafte Ängste in Bezug auf die natürlichen Funktionen seines Körpers entwickeln. Typisch dafür ist der Ekel vor der Menstruation. In einigen Kulturen wird der Druck gemildert, weil das junge Mädchen an einem Pubertätsritual teilnimmt, und seine Psyche weiß dann, daß es sich verändert hat. Juden feiern das Bar Mitzvah-Fest, das heutzutage für junge Mädchen nur noch ein soziales Ereignis zu sein scheint. Ich bin mir nicht sicher, ob die Quelle dieses zeitgenössischen Rituals auf älteren und bedeutungsvolleren Riten basiert.

Für Männer und Frauen ist der Übergangsritus gleichermaßen wichtig, wie Joseph Campbell hervorhebt, wenn er vom männlichen Ritus der Beschneidung spricht. Er sagt, daß die wichtigste Funktion von Mythos und Ritual die ist, die notwendigen Symbole bereitzustellen, um das menschliche Wesen in das nächste Stadium des Lebens zu geleiten.[5] Die Initiation in das Erwachsensein wird auch von Esther Harding diskutiert, und sie sagt, daß die Erfahrung eines Rituals, das einen als Mitglied des Stammes aufnimmt, eine bestimmte kindliche

[4] Ich spreche hier nicht von Sexualität; ich spreche ganz spezifisch über die Funktion der physischen Organe, die in jedem menschlichen Körper vorhanden sind.

[5] Siehe: »Der Heros in tausend Gestalten«, Joseph Campell, Suhrkamp Verlag, Frankfurt 1978; und »Myths to Live By«, The Viking Press, New York, 1972.

Abhängigkeit von der Familie durchbricht, und den jungen Menschen in das Bewußtsein der Gruppenzugehörigkeit mit aufnimmt.[6] In manchen Kulturen (besonders unter Spaniern) feiern junge Mädchen das Eintreten des ersten Menstruationszyklus. Sie bekommen Geschenke von anderen Frauen der Familie; und es wird ihnen jetzt erlaubt, dem Gespräch der Frauen zuzuhören, denn wenn die Menstruation beginnt, ist das junge Mädchen selbst zur Frau geworden.

Nach Harding werden junge Knaben in die Geheimnisse des Stammes eingeweiht, »worauf sie als vollwertige Mitglieder des Stammes aufgenommen sind«. Der Jupiterzyklus ist also symbolisch für die sich verändernde Rolle, die auf das Kind zukommt. Es ist eine weitere Phase der Trennung von den Eltern und eine Zeit, in der man in Erwägung zieht, wie ein Erwachsener zu leben. Das hat natürlich seine Tücken, weil man mit dem Unbekannten fertigwerden muß und sich einen weiteren Schritt weg vom gemütlichen Familienheim entfernt und dabei die sexuellen Merkmale entwickelt, die das Überleben der Art sicherstellen.

Jedes Kind reagiert auf den zweiten Jupiterzyklus anders: manche werden für eine Zeitlang zu »großen Babies«, wahrscheinlich als Reaktion auf den merkwürdigen Energiefluß, der im Körper gefühlt wird. Ich habe Jungen und Mädchen während dieser Periode näher an die Mutter heranrücken sehen, unterwürfig und mit dem Verhalten von Dreijährigen. Es muß eine Art Antwort auf das Gefühl sein, »daß es jetzt Zeit ist, sich zu entfernen«, und diese Kinder wollen selten über die Veränderungen in ihrem Körper sprechen. Andere Kinder streben jetzt bereitwillig weg von ihren Eltern, und die Eltern fühlen den Verlust und sind verletzt von der Tatsache, daß das Kind so bereitwillig weggeht.

Die Krise ist nicht etwas, was nur von dem Kind erlebt wird, nicht wahr? Es ist auch eine Familienkrise, denn während das Kind seine Veränderungen durchlebt, erleben Mutter und Vater ihre Veränderungen. Ohne ein unterstützendes Ritual, um beide, Eltern wie Kind, auf natürliche Weise durch diese Periode zu führen, schwebt die ganze psychische Energie vernachlässigt im Haus herum. Das läßt beträchtliche Spannungen aufkommen. Dieser zweite Jupiterzyklus weist auf eine andere Art von Erweiterung hin, als sexuelles Wesen in die Welt hinausgehen.

[6] Siehe: »Psychic Energy: Its Source and Its Transformation«, M. Esther Harding; Bollingsen Series X, Pantheon Books, New York, 1963, S. 92.

12 – 16 Jahre

Erstes Jupiter/Jupiter-Quadrat (zweiter Zyklus)
Saturn/Saturn-Opposition (erster Zyklus)

Beim ersten Jupiterquadrat des zweiten Zyklus ist der Reifeprozeß voll im Gange und der Körper des jungen Menschen verändert sich, um sich auf die nächste Phase des Lebens einzustellen. Bei jungen Frauen ist der Körper bereit zu gebären. Ein Teil der empfundenen Belastung hängt mit der Tatsache zusammen, daß der Körper biologisch bereit ist zu gebären, aber daß dieser wundervolle Körper vom Verstand eines Kindes geleitet wird! Mädchen verlieben sich, »gehen« mit jemandem, spielen das »Küß-mich-Spiel« und noch mehr, entsprechend der Stellung von Mars, Venus und Mond im Geburtshoroskop.

In einigen Kulturen wurden Mädchen in diesem Alter verheiratet, und auf den Farmen in den Vereinigten Staaten heiraten manche Mädchen in dieser Zeit immer noch. Das ist biologisch gesehen eine ausgezeichnete Zeit, Kinder zu gebären, da der Körper flexibel genug ist, um mit der Geburt zurechtzukommen, und da das Mädchen selbst jung genug ist, um in ganz besonderem Maße mit dem Kind zu wachsen. Die soziale Struktur heutzutage erlaubt uns nicht, unseren Körper zu dieser Zeit zu nutzen. So sind also die körperlichen Bedürfnisse präsent, und die junge Frau kann damit nichts anfangen. Oder wenn sie es tut, ist sie emotional nicht darauf vorbereitet, in dieser Phase ihrer eigenen Entwicklung ein Kind zu versorgen. Eltern sind verständlicherweise irritiert, und ein Großteil der Schranken zwischen Eltern und Kind in diesem Alter führt von der aufkeimenden Sexualität des Mädchens her. Sie weiß nicht, wie sie sich auf sich selbst beziehen soll, und ihre Eltern sind vielleicht nicht in der Lage, den Ängsten, die sie haben, Ausdruck zu verleihen – und ein Großteil der Ängste hängt irgendwie mit der Hoffnung, daß sie nicht schwanger wird, zusammen.

Der junge Knabe fängt jetzt an, mit seinen sexuellen Bedürfnissen zu experimentieren. Er fühlt sich für gewöhnlich unbehaglich, weil seine Stimme sich verändert und sein Körper unbeholfen ist. Er ist sich nicht sicher, ob er Mädchen mag und ob er mit ihnen ausgehen möchte. Sozial gesehen ist das eine schwere Zeit, weil er vielleicht nicht tanzen lernen oder auf Parties gehen will (außer Bierparties mit seinen Kumpeln). Er weiß nicht, wie er ein junges Mädchen um eine Verabredung bitten soll. Wie man sich verabredet, ist eine Sache, die alleine ausgetüftelt wird, und das ist traumatisch.

Was ist, wenn sie ihn auslacht, was, wenn sie nein sagt? Wie geht er mit der Zurückweisung um? Was ist, wenn er ein Mädchen mag, und sie mag ihn nicht? An den Haaren ziehen kommt mit 15 nicht mehr an. Die ganzen kleine-Jungen-Tricks aus der Vergangenheit funktionieren nicht mehr, und die Methoden des Erwachsenen sind noch nicht gelernt worden.

Manche jungen Männer und Frauen werden von dem sich verändernden Körper und dieser neuen sexuellen Energie so überwältigt, daß sie es vermeiden, sich zu begegnen. Wir entwickeln uns alle in dem uns eigenen Tempo, und Eltern können den Teenager beobachten, um zu sehen, was getan werden kann, um beim Verständnis dieser Lebensphase zu helfen.

Konkurrenz mag jetzt zu einem großen Problem werden. Diese Periode bringt innerhalb des Schulsystems extrem viel Konkurrenz mit sich. Manche Teenager reagieren gut darauf, mit ihrer gleichaltrigen Bezugsgruppe zu konkurrieren und andere fallen heraus. Es ist auch wichtig, in die Gruppe zu passen – manchen jungen Menschen gelingt das und manchen nicht. All das steht mit dem Zyklus des Erwachsenwerdens in Verbindung, da die Saturnopposition unter Umständen auf ein Jahr hinweist, währenddessen der Teenager wirklich darum kämpft herauszufinden, wer er oder sie innerhalb der Gleichaltrigengruppe ist. Die Position, die man in dieser Gruppe erreicht, ist wichtig, und es gehört als wichtigste Phase zu diesem Zyklus, daß man konkurrieren darf. Es hilft uns zu lernen, wie wir zurechtkommen, wenn wir später im Leben Prüfungen zu bestehen haben. Die Saturnopposition bringt die Beziehung mit dem Vater und mit Autoritäten in der Außenwelt auf eine andere Ebene. Der Teenager, der in dieser Phase rebelliert, fängt an, seine Kräfte auszuprobieren. Der Druck, von zu Hause wegzugehen, das gemütliche Nest zu verlassen, auf eigenen Füßen zu stehen, ist präsent. Es ist dem Jungen noch nicht klargeworden, daß er sein Taschengeld aufgeben muß, und daß er sich irgendwie um seine Wäsche kümmern muß, wenn er von zu Hause weggehen will.

Der Zyklus löst bei den Eltern und Teenagern Spannung aus, da beide gerade lernen, mit dieser Lebensphase zurechtzukommen. Der Junge oder das Mädchen im Teenageralter reagieren auf einen inneren Drang hinauszugehen. Sie wollen ausgehen und nach Hause kommen, wann es ihnen paßt; und die Eltern widersprechen. Vater und Sohn stellen öfter auf die Probe, wer das Oberhaupt ist, und wer die Regeln und Vorschriften zu Hause aufstellt. Sind die Eltern zu nachgiebig, dann hat das Kind überhaupt keine Grenzen. Sind die Eltern zu streng, dann rebelliert das Kind.

Eine Möglichkeit, mit diesem Zyklus zu arbeiten, liegt darin zu erklären, daß jeder bestimmte Regeln und Vorschriften beachten muß. Der Zyklus sagt dem Kind zwei Dinge: »Gehe von zu Hause weg«, und weil es ein Saturnzyklus ist, sagt er auch: »Wenn du ein Erwachsener sein willst, dann muß du auch die Verantwortung, die dazugehört, auf dich nehmen.« Saturn verkörpert, wie man ausprobiert, sich gegen irgendeine Art Autorität aufzulehnen, um zu lernen, wer man ist. Wenn Eltern die Rolle der Autorität für den Teenager in diesem Lebensabschnitt spielen müssen, dann müssen die Eltern dem jungen Menschen etwas geben, *wogegen* er kämpfen kann. Wenn Eltern zu nachgiebig sind, dann wird der Teenager immer renitenter, bis die Familie etwas unternehmen muß, und dieses Etwas ist unter Umständen äußerst unangenehm. Der Zyklus des Wegstrebens *muß* stattfinden. Die Eltern müssen für die entsprechenden Umstände sorgen, oder der Teenager wird sie selbst herbeiführen müssen. Die meisten Eltern wollen nett zu ihren Kindern sein; sie wollen ihren Kindern Freunde sein. Teenager wissen, daß sie Mutter und Vater nicht als Freunde haben können, weil Mutter und Vater in der Psyche des Teenagers mit einem Image verbunden sind, das keine Freundschaft beinhaltet. Eltern und Kinder können später im Leben Freunde sein, aber nicht in diesem entscheidenden Stadium. Der Zyklus muß in einem traditionelleren Rahmen verstanden werden.

In den Beratungssitzungen mit Teenagern habe ich die Erfahrung gemacht, daß ein Teil der Probleme aus einem Mangel an elterlicher Kontrolle heraus zu entstehen scheint. Die Situation ist folgende: Das Kind kommt zu spät nach Hause, die Eltern sagen »das ist o.k.«; das Kind raucht zu Hause Zigaretten, die Eltern sagen »das ist o.k.«; das Kind trinkt oder raucht zu Hause Hasch, die Eltern sagen »das ist o.k.«. Das Kind wird in allem, was es tut, von den Eltern unterstützt oder ermutigt. Und plötzlich steht ein Polizist vor der Tür, und das Kind ist verhaftet worden, weil es ein Auto gestohlen hat, und die Eltern sollen bitte kommen und es abholen. Das Kind hat seine Grenzen gefunden. Die freundlichsten »Autoritäts«-Personen, auf die ein Kind stoßen kann, sind *verständnisvolle* Eltern und keine *nachgiebigen*. Jemand, der die Rolle, zu der er gezwungen wird, spielen kann mit dem Verständnis davon, was diese Rolle im größeren Lebenszusammenhang bedeutet.

Bei der jungen Frau drückt sich der Kampf ein wenig anders aus. Sie muß aus anderen Gründen gegen ihre Eltern rebellieren. Weil die weibliche Art der Rebellion nicht immer so deutlich ist wie die männliche Reaktion, rebelliert sie vielleicht sexuell. Das kann sich auf unterschiedliche Arten ausdrücken. Sie muß vielleicht eine weiblichere Frau sein als ihre Mutter. Sie muß um Aufmerksamkeit kämpfen, um selbst zur Frau zu werden. Sie rebelliert vielleicht gegen ihren Vater, um seine Autorität auf die Probe zu stellen und fängt eine Beziehung an, die er nicht billigt. Sie rebelliert vielleicht auch eher privat, indem sie ihre eigene Sexualität erforscht, in der Hoffnung, von einem Ritter auf einem weißen Pferd von zu Hause weggeholt zu werden.

In Teil I wurde erwähnt, daß manche jungen Leute in der Phase der sexuellen Entwicklung unter Umständen belästigt werden. Eltern machen sich oft Sorgen über ihre Töchter im Teenageralter, weil der Drang nach Freiheit unter Umständen die Möglichkeit einer frühen Schwangerschaft oder unangenehme sexuelle Erfahrungen beinhaltet, die emotionale Wunden hervorrufen, die das ganze Leben lang nachwirken. Eine frühe Schwangerschaft, die aus einer liebevollen Beziehung mit einem jungen Mann herrührt, ist eine Art von Krise, mit der beide zurechtkommen müssen – die Eltern und das junge Paar. Aber es ist nicht die einzige Sorge, die Eltern haben. Eine physisch attraktive, fünfzehnjährige Frau mag sich nicht bewußt darüber sein, daß sie eine sehr deutliche sexuelle Ausstrahlung hat. Das kann unwillkommmene Annäherungsversuche zur Folge haben, und das junge Mädchen kann unter bestimmten Umständen von einem Nachbarn, einem Familienmitglied oder einem Fremden vergewaltigt werden, und sie weiß vielleicht nicht, wie sie sich selbst schützen kann. Manche Eltern sind offen dafür, mit ihren Töchtern über sexuelles Bewußtsein zu sprechen, und andere sind es nicht. Wenn Eltern solchen Diskussionen aus dem Wege gehen, machen sie sich dennoch Sorgen, weil sie das Gefühl haben, in einem Dilemma zu stecken. Wenn sie das Kind warnen, dann übertragen sie vielleicht ihre eigenen Ängste unnötigerweise auf das Kind; warnen sie das Kind nicht, dann haben sie vielleicht Schuldgefühle, daß sie das Kind ungeschützt unangenehmen Erfahrungen überlassen. Manche Eltern beachten die Entwicklung des Kindes nicht und weigern sich, über die Sexualität des jungen Menschen nachzudenken, während andere zuviel darüber nachdenken. Ich habe junge Frauen beraten, die vergewaltigt wurden, weil sie unschuldig in eine Situation hineinspazierten, was einer älteren Frau nicht passiert wäre. Ich habe auch junge Frauen beraten, deren erste sexuelle Erfahrung mit einem Familienmitglied stattfand – älterer Bruder, Onkel usw. – und das geschah während der Teenagerjahre. Das wird als Inzest angesehen, aber nicht auf dieselbe Art, wie man Inzest diskutiert, wenn er im Zusammenhang mit Kindesmißhandlung steht. Die junge Frau, die diese unangenehme Initiation erlebt hat, war jemand, dem man gesagt hatte, sie könnte allen Männern »vertrauen«. Man hatte ihr nicht beigebracht, wie sie sich selbst schützen kann, wenn ihr Körper Objekt sexueller Anziehung wird für jemanden, mit dem sie »vertraut« ist. In dem Drang, erwachsen zu werden, der normal ist, wird sie ahnungslos in eine Situation verwickelt, die tiefe emotionale Narben hinterläßt. Die Schuldzuweisung, von der am meisten gesprochen wird, ist die, daß sie den Vorfall selbst hervorgerufen hat, und die nächste ist die, daß sie der einzige Mensch in ihrem sozialen Umfeld ist, dem das jemals passierte.

Manche sagen, daß Jungen keine unangenehmen sexuellen Erfahrungen machen. Das ist nicht wahr. Die meisten Jungen sprechen nicht darüber, aber einige haben sich mit sexuellen Annäherungsversuchen älterer Frauen aus der Familie oder aus der Nachbarschaft auseinanderzusetzen. Wenn der junge Mann emotional bereit ist dafür, dann amüsiert sich die Gesellschaft, wie es in dem Film »Die Reifeprüfung« dargestellt wird. Wenn ein junger Mann noch im Teenageralter ist, kann er sich jedoch von einer älteren Frau ungeheuer bedroht fühlen, und diese Erfahrung beängstigt ihn. In der heutigen Kultur hören wir auch von sexuellen Annäherungsversuchen älterer Männer jungen Männern gegenüber. Nach Aussage der Leute, mit denen ich gesprochen habe, scheint das Ziel des Annäherungsversuches Erniedrigung zu sein. (Ich spreche hier von Mißbrauch, nicht von Homosexualität.)

Wenn wir offener werden für ehrliche Gespräche über mögliche menschliche Erfahrungen, dann können unangenehme Ereignisse im Leben vielleicht abgemildert werden. Vielleicht stellen das erste Jupiterquadrat und die Saturnopposition die Energie dar, die in der Teenagerperiode, wenn Sexualität und Freiheit das Leben beeinflussen, im Spiel ist. Als primitive Stämme ihre sexuellen Initiationen veranstalteten, wurde diese Energie vielleicht auf die Mitglieder des Stammes gerichtet. Heute gibt es keine Rituale, viele Kulturen sind miteinander verschmolzen, und seelisch unausgeglichene Menschen werden als solche nicht erkannt. Manche jungen Leute werden dazu gezwungen, für sich selbst auf eine Art sexuell verantwortlich zu werden, die unfair ist. Sexuelle Verantwortlichkeit ist eine sinnvolle Sache im Leben. Aber es scheint unfair zu sein, von Teenagern zu fordern, daß sie sich für häßliche sexuelle Erfahrungen verantwortlich fühlen, die ihren Grund entweder in einem Mangel an Wissen oder in den Schwierigkeiten von jemand anderem haben. Während der Saturnopposition ist das Bedürfnis, Verantwortung zu übernehmen, ein berechtigtes Anliegen. Es ist auch wichtig, daß ein Berater jungen Menschen hilft, zwischen dem Verantwortungsgefühl für eine Handlung und dem, was man nicht auf sich nehmen muß, zu unterscheiden. Zu oft fühlen sich ein mißbrauchter Junge oder ein mißbrauchtes Mädchen dafür verantwortlich, daß sie unschuldig oder naiv waren. Ich habe keine Antworten darauf, wie man mit dem Ergebnis einer emotionalen Erschütterung bei einem Teenager umgeht, aber ich habe das Gefühl, daß der Astrologe auf diesem Gebiet soviel wie möglich lesen sollte, um besser auf das Verstehen dessen vorbereitet zu sein, was er oder sie von einem jungen Klienten hört.

18 – 21 Jahre

Jupiter/Jupiter-Opposition (zweiter Zyklus)
Letztes Jupiter/Jupiter-Quadrat (zweiter Zyklus)
Letztes Saturn/Saturn-Quadrat (erster Zyklus)
Erstes Uranus/Uranus-Quadrat (erster Zyklus)

Es ist schwer zu sagen, wie sich diese Zyklen überschneiden werden. In manchen Horoskopen sind sie alle zur selben Zeit aktiv. In anderen treten sie einer nach dem anderen auf und machen es damit dem jungen Erwachsenen, der sie durchlebt, einfach. Es mag sein, daß unsere Klienten, die Krisenberatung benötigen, sie deshalb brauchen, weil die Zyklen alle zur selben Zeit auftreten und die Spannung zu stark geworden ist. Wir benötigen hier einen rituellen Übergang und unsere Gesellschaft gibt uns nicht wirklich einen. Wir schließen die Schule ab oder das College, aber das sind eher soziale Prestigeereignisse als Rituale, die irgendeine Bedeutung für die Psyche haben, was das nächste Stadium des Lebens betrifft.

Der Druck, ein Erwachsener zu werden, wird jetzt noch stärker. Was Jupiter betrifft (die Opposition tritt idealerweise im Alter von 18 Jahren ein), ist die körperliche Fortpflanzungsentwicklung praktisch vorüber, und Männer und Frauen sind beide bereit, sich fortzupflanzen. Der sexuelle Trieb ist stark, es sei denn, er wurde durch einschränkende Faktoren in der häuslichen Umgebung beeinflußt. Junge Erwachsene entwickeln in dieser Zeit normalerweise ernsthafte Beziehungen, oder sie entwickeln ausgefeilte Verhaltensmuster, um die Tatsache zu verstecken, daß sie aus irgendeinem Grund keine Beziehung haben wollen. Extrem scheue Typen vergraben sich in der Wissenschaft; extrem ängstliche Typen haben irgendeine Art flüchtiger Beziehungen. Für gewöhnlich liegt der Grund dafür in einem Problem, das mit dem ganzen sexuellen Entwicklungsprozeß zu tun hat – irgendein Unbehagen ist damit verbunden.

Viele junge Frauen heiraten in dieser Zeit. Viele heiraten, weil sie Lust haben, zu heiraten und eine Familie zu gründen. Manche heiraten, weil es die einzige Möglichkeit ist, von zu Hause wegzukommen, oder sie fühlen sich dazu gedrängt, auf eigenen Füßen zu stehen. Das Saturn/Saturn-Quadrat mag früh mit ins Spiel kommen, und wenn das geschieht, dann können Beziehungsprobleme zwischen Vater und Tochter entstehen, die sie in eine Ehe treibt, damit die Meinungsverschiedenheiten zwischen ihnen beendet werden; was so nicht funktioniert.

Manche junge Männer heiraten jetzt, und da wird die Ehe wieder als Möglichkeit benutzt, um von zu Hause wegzukommen. Um einen kritischen Vater zu umgehen, oder um eine eigene erwachsene Beziehung anzufangen, katapultiert sich der junge Mann selbst nach draußen. Das nennt man junge Liebe. Manchmal klappt es und manchmal nicht. Ich habe Fälle von sehr glücklichen Ehen gesehen, die dauerhaft waren. Ehen, die unter dieser Art von Druck entstanden waren. Wer kann also sagen, ob es richtig oder falsch ist? Das einzige, worum sich der achtzehnjährige Mann kümmern muß, ist, wie ernst er es mit der Übernahme seiner saturnischen Verpflichtungen meint. Der Realität ins Auge blicken, daß er Miete zu bezahlen, Lebensmittel zu kaufen, für die Kosten aufzukommen hat, die anfallen, wenn man eine Familie gründet. Und das muß alles getan werden, ohne daß der Vater einspringt.

Das Saturn/Saturn-Quadrat sagt einem, daß man jetzt in die nächste Phase des Erwachsenenlebens eintritt. 18 Jahre war eine Zeit, als junge Männer zum Militärdienst einberufen wurden, was als eine Art nationales Ritual betrachtet werden könnte, das junge Männer vom Schürzenzipfel ihrer Mutter wegzieht. Durch den Militärdienst hatten Männer Gelegenheit, eine Reihe von Saturneinflüssen zu erleben – zum Beispiel Befehle anzunehmen, morgens aufstehen, sich mit der Wäsche auseinanderzusetzen und mit dem Bettenmachen, lernen mit Männern auszukommen, die man nicht mag und in einer Gruppe von Männern zu überleben, ohne daß die Eltern aus der Klemme helfen, wenn man Versprechungen macht, die man nicht halten kann. Das Überlebenstraining war auch wichtig, weil von diesen Männern verlangt wurde, als Team zu kämpfen.

Die Wichtigkeit dessen, daß man in der Lage war, den eigenen Stamm (oder das Land) zu verteidigen, war ein wesentlicher Punkt, auch wenn er als solcher nicht diskutiert wurde. Seit die Militärpflicht abgeschafft worden ist, entgeht unseren jungen Männern unter Umständen ein Ritual, das für das Überleben auf einer inneren Ebene wichtig ist. Es war das einzige Ritual, das wir hatten. Und vielleicht muß es auf irgendeine Art ersetzt werden.

Ob wir Männer oder Frauen sind, das Saturnquadrat ist Teil unseres Entwicklungsprozesses und zu diesem Entwicklungsprozeß gehört es, ein eigenständiges Mitglied des Stammes zu werden, wie Joseph Campbell sagt:

> »....eine der vorrangigsten Funktionen von Pubertätsriten primitiver Gesellschaften und in der Tat von Erziehung überall war es, das Reaktionssystem der Heranwachsenden von Abhängigkeit auf Verantwortlichkeit umzuschalten – eine Transformation, die nicht leicht zu erreichen ist. Und mit der Ausweitung des Abhängigkeitszeitraumes in unserer eigenen Zivilisation bis in die Mitte oder die späten zwanziger Jahre, ist die Herausforderung heute bedrohlicher als je zuvor, und unser Versagen wird immer offensichtlicher.«[7]

Auf manche Weise werden die nach außen gerichteten Herausforderungen des frühen Erwachsenseins von Frauen einfacher bewältigt, weil vielen jungen Frauen beigebracht wurde, eine untergeordnete Rolle in der Gesellschaft zu spielen – was bedeutet, daß ihnen der Umgang mit unangenehmen Verantwortlichkeiten geläufig ist. Sie sind es gewöhnt, Sachen zu tun, die sie nicht gerne tun, wie Geschirr spülen oder Windeln wechseln. Aufgaben zu bewältigen, die »getan werden müssen«, kann einen angeborenen Verantwortungssinn innerhalb des Stammes entwickeln. Verantwortung zu übernehmen, fällt einigen jungen Männern schwerer, weil es kein Ritual gibt, das sie in den nächsten Abschnitt des Reifeprozesses führt. Wie Campbell sagte, gehört die Reise des Hero zu den Dingen, die wir alleine unternehmen, und ein Teil der Befriedigung dieser Reise liegt darin, daß wir Verantwortung für jeden Lebensabschnitt, dem wir begegnen, übernehmen, ob wir bereit dazu sind oder nicht.

Für den jungen Menschen, der bereit ist, seinen Weg durch diese besondere Phase des Saturnzyklus zu machen, kommt auch noch das erste Quadrat des Uranuszyklus hinzu. Das ist das Symbol des ersten großen Dranges nach Individuation, denn Uranus verkörpert diesen Prozeß im Geburtshoroskop. Während Jupiter sagt, wir sollen Beziehungen auf einer bewußteren Ebene herstellen, und Saturn sagt, wir müssen Verantwortung für uns selbst übernehmen, sagt Uranus: »Geh' da hinaus und *sei* jemand!« Zum Teil beinhaltet der Druck wegzustreben das Wegstreben von zu Hause und von den Gleichaltrigen. Im Alter von etwa 9 Jahren fangen wir an, uns auf Gleichaltrige zu beziehen – wir ziehen uns an wie unsere Altersgruppe, wir machen die Ticks unserer Zeit mit. Uranus kommt daher und schubst uns an, damit wir uns zum ersten Mal selbst finden, und langsam sehen wir, wie sich der Drang nach Selbstentdeckung ausdrückt.

Es fällt uns plötzlich auf, daß das Mädchen von nebenan anders ist, und wir wissen nicht warum. Sie geht vielleicht von zu Hause weg, um in einem Fach eine Collegeausbildung zu machen, wo wir nie vermutet hätten, daß sie daran Interesse hat. Sie wird vielleicht so individualistisch, daß sie in eine andere Stadt zieht und versucht, mit Freunden zu leben, die ihr bei der Erforschung ihres neuen Lebens kein unbehagliches Gefühl vermitteln. Der Anstoß zur Individuation löst viele verschiedene Reaktionen aus.

Alle drei Phasen der drei Zyklen haben ihren Platz, und die Krise tritt auf, wenn sich die Aspekte der Persönlichkeit nicht so entwickeln, wie sie es bei dem entsprechenden Individuum tun sollten. Niemand kann einen jungen Erwachsenen dazu zwingen, sich zu entwickeln – und am wenigsten die Eltern. Um das Beste aus dem Zyklus zu machen, treiben die von Jupiter ausgelösten Beziehungsveränderungen und das saturnische Anwachsen persönlicher Verantwortung den jungen Erwachsenen vorwärts, damit der uranische Prozeß der Individuation anfangen kann, sich von innen heraus zu entwickeln.

Ein Teil der seelischen Erschütterungen dieses Zyklus liegt in der Sorge um den Beruf oder die Weiterbildung. Manchmal wissen junge Leute, welchen Lebensstil sie anstreben wollen, und sie schreiben sich in einem College ein mit einer bestimmten Vorstellung. Manche Leute wissen, welche Art Arbeit sie machen wollen, und sie richten ihre Energie auf einen Job, der ihnen Befriedigung gibt. Und wir übrigen haben keine Vorstellung, was wir machen wollen, dehalb hängen wir ein bißchen 'rum und schlagen die Zeit tot, bis wir irgendwie eine Ahnung davon haben, wie unsere Zukunft aussehen soll. Wenn wir verstehen, daß das, was uns im Leben etwas bedeutet, jetzt noch nicht ganz festgelegt werden kann, daß wir bis zur Saturnkonjunktion im zweiten Zyklus Zeit haben, unseren Weg zu wählen, dann gibt uns das eine Gelegenheit, die Welt auf andere Art zu erforschen. Irgendeiner Ausbildung nachzugehen mag längerfristig gesehen lohnender sein, als ein Strandfreak zu werden. Manche Leute wollen nicht aufs College gehen, und sie finden sich dabei wieder, wie sie sich ein Plätzchen in einer Firma einrichten, die direkte Belohnung in Form von Gehaltserhöhung und Mitarbeiterprämien anbietet. Es spielt keine Rolle, ob wir mit diesem Zyklus perfekt zurechtkommen oder nicht; es ist wichtig zu verstehen, daß wir gerade anfangen, das Leben zu entdecken.

23 – 24 Jahre

Jupiter/Jupiter-Konjunktion (dritter Zyklus)

Wir treten jetzt in die nächste Krisenphase unserer Entwicklung ein. Der dritte Jupiterzyklus ist für viele Leute der offizielle Anfang von Elternschaft und Hausstand. Der physische Körper ist jetzt entwickelt, und wir hatten ein paar Jahre Zeit, mit einer sexuellen Rolle zu experimentieren – das heißt, wir hatten Zeit, mit der körperlichen Sexualität zu experimentieren, wir hatten Gelegenheit zu bestimmen, was uns sexuelle Aktivität geben soll, und wir sind vielleicht schon Vater oder Mutter geworden. Während des zweiten Zyklus (besonders von der Jupiter/Jupiter-Opposition an und bis zum Ende des Zyklus) glauben die meisten Leute, daß sie schon erwachsen sind. Aber dieser Wachstumsprozeß beinhaltet mehr als das Ausreifen eines Körpers und die sich daraus ergebenden sexuellen Experimente. Erst *nach* dem Experimentieren mit der Sexualität kann man bewußt bestimmen, was man vom Sex oder einer sexuellen Beziehung will.

Die meisten jungen Leute glauben, daß die erste Liebe der Anfang und das Ende der Existenz ist. Diejenigen unter uns, die nicht mehr mit ihrer ersten Liebe zusammen sind, wissen es besser. Woher weiß man, was man mag, wenn man keine Erfahrung hat? Woher weiß man, was man später im Leben will? Das weiß keiner von uns. Mit 24 Jahren wird es ernst mit dem Elterndasein. Mit anderen Worten, wir sind in der »Familiengründungs«-Phase der Entwicklung, und bei der Gründung einer Familie lernen die meisten jungen Erwachsenen sehr viel. In dieser Phase sind die biologischen Bedürfnisse sehr stark, und viele junge Männer und Frauen heiraten während dieses Zyklus. Der biologische Trieb wird Frauen dazu drängen (manchmal fast zwanghaft), ein Kind zu bekommen. Frauen, die schon verheiratet sind, werden schwanger. Manche heiraten und werden sofort schwanger; manche heiraten nicht und landen bei einer Abtreibung. Das ist eine schwierige Periode für Frauen, die eine Ausbildung abschließen wollen, weil manche »gegen ihren Willen« schwanger werden, womit sie sagen wollen, daß sie ein Verhütungsmittel benutzt haben, aber vielleicht etwas »gedankenlos«. In jedem Fall zeigt die Jupiterkonjunktion die Möglichkeit einer

Abtreibungsperiode an, die noch eine andere Art von Krise zutage bringt, da dies eine Zeit ist, in der Frauen wirklich gebären wollen. Männer wollen Väter werden und viele werden es auch. Wenn die empfindsameren Männer jetzt Kinder wollen, und diese Vorstellung ist nicht bewußt, sondern bleibt in der Psyche verborgen, dann kann das auf eine übereilte Ehe hinweisen, die geschlossen wurde, damit das Kinderkriegen anfangen kann. Eine solche Basis für eine Ehe kann später Konflikte auslösen.

Die Eltern heutzutage machen sich Sorgen darüber, daß ihre Sprößlinge zu früh eine Familie gründen. Sie denken oft, daß junge Leute mit dem Kinderkriegen warten sollten, bis sie finanziell abgesichert sind. Sie wissen, wie lange es dauert, ein Kind aufzuziehen, und sie wissen, wie schwierig eine Ehe sein kann, wenn es nicht der richtige Partner ist, aber sie können mit den Kindern nicht wirklich darüber sprechen, weil das diverse persönliche Unzufriedenheiten in der Ehe der Eltern offenlegen würde. Deshalb machen Mutter und Vater vielleicht nur einen unvernünftigen Eindruck in ihren Einwänden gegen eine frühe Heirat. Andererseits ist das wirklich ein guter Zyklus, um eine Familie zu gründen, weil es sich in den Wachstumsprozeß, der sich durch das ganze Leben zieht, einfügt. Wenn wir zu lange warten, bis wir ein Kind bekommen, stehen wir vielleicht am Ende da und müssen das Aufziehen eines Kindes mit einem anderen Entwicklungszyklus in Einklang bringen. Ältere Eltern finden sich vielleicht in einer anderen Streßsituation wieder, da sie Probleme, die mit der Kindererziehung zu tun haben, mit Interessen kombinieren müssen, die in Verbindung mit einem persönlichen Zyklus stehen, der nichts mit den direkten Bedürfnissen ihres Kindes zu tun hat.

Der Mensch, der beschließt, nicht zu heiraten oder derjenige, der im Grunde homosexuell ist, wird diese Energie auf andere Weise nutzen müssen. Obwohl es für unsere Art normal ist, jung zu gebären und während dieses Zyklus Kinder aufzuziehen, ist der Mensch, der sich bewußt dafür entscheidet, das nicht zu tun, besser dran, wenn er oder sie realisiert, daß der Zyklus existiert. Dieses Individuum entscheidet sich bewußt dafür, die Routine des Stammes nicht mitzumachen, was in Ordnung ist, solange diese Entscheidung bewußt ist. Das bedeutet, daß ein Bedürfnis entsteht, etwas Bedeutendes im Leben, ein Berufsziel oder seine Individualität aufzubauen. Für gewöhnlich sind die produktiveren Individuen in dieser Gruppe sehr karriereorientiert und arbeiten extrem hart für ein Berufsziel. Die Tücken treten auf, wenn Menschen es vermeiden, sich mit diesem Zyklus zu befassen. Das sind die Menschen, die blind leben, die in unbefriedigende Beziehungen und viele Liebesenttäuschungen hineingezogen werden. Der Grund, der hinter einer Vermeidung eines Zyklus steht, kommt vielleicht im zweiten Saturnzyklus mit 28 oder 29 Jahren ans Licht. Das Leben für den normalen, alleinstehenden Menschen besteht nicht nur aus einer Reihe von Parties und Amüsements. Bei diesen individualistischen Typen steht in Bezug auf ihre persönliche Wertschätzung im Beruf viel mehr auf dem Spiel. Wenn man zum Beispiel homosexuell ist, dann kann man für die Geburt eines Kindes im Familienkreis keine »Punkte als Erwachsener« bekommen. Die ganzen familiären Ehrungen, die wir auf unserem Weg normalerweise dafür erhalten würden, daß wir etwas getan haben, um einen Erben zu produzieren, sind nicht da. Der einzig sichere Weg zur Verwirklichung und Entwicklung ist Arbeit. Individuen, die bewußt gewählt haben, nicht zu heiraten, sind oft an metyphysischen, spirituellen oder esoterischen Philosophien interessiert. Teil des Entwicklungsprozesses ist eine Suche nach Selbsterkenntnis, was auch dabei hilft, der Lebenskraft eine Richtung zu geben. Irgendwann in seinem Leben wird der Alleinstehende auch etwas über Elternschaft lernen müssen, oder er läuft Gefahr, zu rigide zu werden. Kinder zu haben erfüllt zumindest einen Zweck. Es lehrt uns, um zwei Uhr morgens aufzustehen, wenn wir nicht aufstehen wollen. Es lehrt uns, daß es etwas Wichtigeres im Leben gibt, als nur uns selbst; und das passiert, wenn ein kleines Kind plötzlich krank wird, und man muß mit dieser Erfahrung zurechtkommen. Diese Erfahrung – für andere dazusein – ist das, was der Alleinstehende alleine lernen muß. Wenn es nicht gelernt wird, werden Erwachsene unglaublich selbstbezogen. Alles wird persönlich genommen, alles wird als persönlicher Affront angesehen, die Welt dreht sich nur um diese Menschen. Manchen alleinstehenden Menschen fällt es schwer zu erkennen, wie sie in den Lauf der Dinge hineinpassen, denn es ist nicht einfach für sie, etwas außerhalb des eigenen Horizontes wahrzunehmen.

27 – 30 Jahre

Erstes Jupiter/Jupiter-Quadrat (dritter Zyklus)
Jupiter/Jupiter-Opposition (dritter Zyklus)
Saturn/Saturn-Konjunktion (zweiter Zyklus)

Das ist eine der kritischsten Perioden, mit denen ein Erwachsener konfrontiert wird. Sie heißt Krise, weil Leute, die den Zyklus nicht verstehen, mit der Erfahrung überhaupt nicht zurechtkommen. Dem durchschnittlichen jungen Erwachsenen wurde beigebracht, daß er groß genug ist, sobald er alt genug ist. 18 Jahre alt zu werden, ist alles, was man braucht, um in der Erwachsenenwelt sein Glück zu machen. Ist man erst einmal ein Erwachsener und besonders, wenn man das College abgeschlossen hat, weiß man über alles Bescheid, und es gibt nichts mehr zu lernen, außer wie man zu Geld kommt. So spielt sich das Leben nicht ab.

Das Spielchen, auf das wir während der letzten Jahrhunderte im Grunde genommen alle hereingefallen sind, heißt, daß das Leben nicht mehr zu bieten hat, als zu heiraten und Kinder zu bekommen. Und vielleicht in die Kirche zu gehen, um sonntags eine Dosis Gott verabreicht zu bekommen. Aber der innere Wachstumsprozeß, der zu jedem von uns gehört, ist nicht wirklich erklärt worden. Vielleicht würden wir sowieso nicht zuhören.

Das erste Quadrat in diesem Jupiterzyklus bringt weitere Gedanken über Elternschaft und Erwachsensein mit sich. Die Beziehung zwischen zwei verheirateten Leuten macht vielleicht keinen Spaß mehr. Niemand hat uns erzählt, daß Beziehungen Arbeit sind. Niemand sagte, daß man vielleicht jemanden heiratet, der sich verändern könnte, oder daß man sich selbst verändern könnte. Unsere Kinoideale zeigen uns zwei verliebte junge Menschen, die auf der Straße hintereinander her sind – die tanzen – auf Parties gehen – schwimmen – mit schnellen Autos fahren – oder zusammen dem Sonnenuntergang entgegengehen. Im Kino ist alles wunderbar. Niemand dreht einen Film darüber, wie man mit wenig Haushaltsgeld vom Montag in den Dienstag kommt, mit einem schreienden Kind im Hintergrund (oder sogar im Vordergrund, was noch schlimmer ist). Also sagen Männer und Frauen beide: »Vielleicht sollte ich mal darüber nachdenken.«

Wenn die Saturnkonjunkton zur selben Zeit eintritt wie das Jupiterquadrat, dann fühlt sich das Individuum unter Umständen überwältigt von der Energie der Frustration, die innerhalb dieses Zyklus auftritt. Der Saturnzyklus dauert ein Jahr. Das ist eine lange Zeit, wenn man sich jeden Tag damit auseinandersetzen muß. Saturn sagt: »Werde erwachsen.« Und Saturn geht nicht gerade locker mit uns um. Das Endergebnis dieses Gefühls ist, daß wir alle anfangen, uns ziemlich ernst zu nehmen. Bis zu diesem Punkt haben wir ›erwachsen‹ gespielt. Die ganze Zeit während unserer zwanziger Jahre hat die Gesellschaft uns dieses Spiel spielen lassen, und wir dachten wirklich, wir wüßten, was es mit dem Leben auf sich hat – das wußten wir aber nicht.

Was tatsächlich passiert, ist folgendes: wir entwickeln uns als Teenager, und wir haben viele wunderbare Ideen, wie die Welt sein sollte, und was wir für ein Leben führen, wenn wir von zu Hause weggehen; und im Verlauf des Prozesses, in dem wir unsere Eltern und das, was sie von uns verlangen, ablehnen, schließen wir mit uns selbst ein Abkommen. Grob gesagt, lautet es folgendermaßen: »Wenn ich von zu Hause weg bin, dann werde ich so und so sein.« Es spielt keine Rolle, wie die Worte genau lauten, weil sich die Worte eines jeden etwas anders anhören. Und wir gehen den Weg und wir stehen auf eigenen Füßen, und wir merken, daß »so und so« nicht so gut funktioniert. Vielleicht sind einige unserer Ideen nicht tragfähig. Oft basieren persönliche Ideologien auf einer Ablehnung dessen, was Eltern getan haben. »Ich werde nie wie meine Mutter sein!« sagt die junge Frau. Aber es ist auffällig, daß dieselbe junge Frau *genau* wie ihre Mutter ist; vielleicht sind die Umstände ein bißchen anders, aber das zugrunde liegende Verhalten ist das gleiche.

Während dieser Saturnwiederkehr müssen die ganzen kindlichen Spiele verschwinden. Wenn wir einen 10°-Annäherungsorbit anwenden, um diesen Zyklus zu berechnen, dann gibt uns das ein ganzes Jahr, um mit der Energie zu arbeiten, und um zu lernen, wie wir mit ihr kooperieren können, damit wir das Beste für uns daraus machen können. Ob Leute etwas über Astrologie wissen oder nicht, die konstruktiveren Menschen kommen automatisch in den gleichen Takt wie der Zyklus. Woran erkennen wir ein Kinderspiel? Wir können damit nicht mehr durchkommen. Wir hecken im Büro etwas aus, und der Boss läßt es sich nicht gefallen. Wenn wir anderen beweisen, daß wir nicht vertrauenswürdig oder unverantwortlich sind, wie können wir dann im Management weiterkommen? Wir müssen uns einfach darüber klar werden, welchen Weg wir bezüglich der Arbeit einschlagen wollen. Wenn wir ein schönes Stück Arbeit leisten oder gut mit Verantwortung umgehen, dann werden wir während dieses Zyklus dafür belohnt. Und wenn nicht, dann nicht. Manche von uns wechseln während dieser Zeit ganz den Beruf, weil sie plötzlich entdecken, was sie eigentlich schon immer machen wollten. Wenn irgendwelche beruflichen Entscheidungen während der Saturnwiederkehr getroffen werden, dann werden sie für gewöhnlich mit Überzeugung getroffen, und es ist eine gute Idee, auf die innere Stimme zu hören, solange sie nicht negativ ist.

Manche Menschen neigen dazu, sich während dieses Zyklus selbst zu bemitleiden, da er vielleicht nicht die angenehmste Erfahrung mit sich bringt. Je mehr wir versuchen, uns an unsere überholten Ideen festzuklammern, desto mehr schmerzt dieses Festhalten. Autoritätspersonen lassen jetzt einfach nicht mehr zu, daß wir unseren Kopf durchsetzen. Wir werden wachsen, ob es uns gefällt oder nicht. Wir können den Zyklus überleben, ohne sehr viel zu wachsen; ich habe Leute sich beschweren hören, die nichts anderes tun, als während dieser Zeit auf alles negativ zu regieren. Und wenn der Zyklus vorbei ist, dann haben diese Leute den Zug verpaßt; sie sind wütend, nicht reifer als vorher, und im Grunde genommen haben sie sich auf ein Abstellgleis geschoben. Das ist eine beschränkte Art zu leben, wenn man bedenkt, daß noch andere Zyklen im Laufe der Zeit auftreten werden. Das ist nicht die richtige Zeit, um das Unvermeidliche hinauszuschieben. Das ist ein Schlüsselzyklus, der uns zum nächsten Schritt im Entwicklungsprozeß geleitet.

Leute erleben tatsächlich große Veränderungen während dieses Zyklus, und wir sollten das sehr wichtige Thema Beziehungen nicht übersehen. Während des Saturnzyklus sehen wir uns unsere Beziehungen oder das Fehlen von Beziehungen genau an. Leute, die nicht verheiratet sind oder nicht mit jemandem zusammenleben, finden für gewöhnlich einen Ehepartner oder einen Freund. Manchmal ist es so wichtig, überhaupt einen Partner zu finden, daß wir nicht überlegt genug auswählen.

Für die verheirateten Paare, die noch keine Kinder haben, steht es zur Debatte, Vater oder Mutter zu werden. Gehen Sie die Horoskope Ihrer Klienten und Freunde durch, um zu sehen, wieviele Kinder eine Saturnkonjunktion mit dem Geburtssaturn der Mutter oder des Vaters haben, und Sie werden ein Saturnzyklusbaby entdecken. Viele Ehen gehen während dieser Periode durch die Hölle. Wenn ein Mann mit 24 geheiratet hat, dann hat er möglicherweise ein Kind, wenn Saturn an seinen Geburtsort zurückkehrt, und die Verantwortlichkeiten einer Ehe und der Versorgung eines Kindes erträgt er vielleicht nicht. Für ein Kind sorgen? Ja – die Verantwortung, für ein Kind Sorge zu tragen, ob man nun wirklich Windeln wechselt oder nicht. Wenn die Ehe den Saturnzyklus überlebt, dann muß man daran denken, daß die Frau wahrscheinlich jünger ist als der Mann und in ein paar Jahren auch eine Saturnwiederkehr durchleben wird, und dann wird sie überdenken, ob sie diese Ehe will oder nicht. Ihre Entscheidung wird unter Umständen von einer Jupiter/Jupiter-Opposition und dem Wort dreißig beeinflußt. Wenn eine Frau durch eine Saturnwiederkehr geht, dann verändert sie sich sehr stark. Ein Mann nimmt für gewöhnlich seinen Beruf ernster und macht wirklich langfristige Pläne, um ein Ziel zu erreichen. Die Frau trifft ihrerseits nicht nur Entscheidungen in Bezug auf ihren Beruf, sondern sie fängt auch an, über sich selbst als eigenständige Person nachzudenken.

Während ihrer zwanziger Jahre war die junge Frau leicht zu formen. Wenn sie irgend jemanden liebt, und er will nicht, daß sie etwas tut – wie zum Beispiel Astrologie zu studieren – dann tut sie es nicht. Nach der ersten Saturnwiederkehr stehen die Chancen gut, daß sie studieren wird, ob es ihm gefällt oder nicht. Sie wird viel stärker, viel kraftvoller, weniger bereit, das Gerede, das manche Männer ihren Frauen zumuten, hinzunehmen. Sie gibt sich nicht mehr damit zufrieden. Sie widerspricht. Er ist unglücklich. Dadurch mag die Beziehung zu Ende gehen, weil der Mann, den sie geheiratet hat, ihrer veränderten Haltung unter Umständen völlig unvorbereitet gegenübersteht. Nun, sie bereitet sich darauf vor, eine Frau zu sein, und sie kann ihre Persönlichkeit nicht in den Griff bekommen oder sie entwickeln, wenn sie dazu verdammt ist, eine Amina-Rolle zu spielen.

Wie kommen alleinstehende Leute mit der Saturnwiederkehr zurecht? Genauso wie verheiratete Leute, nur daß die Umstände andere sind. Es geht hier um das Heranreifen, und ein Alleinstehender motiviert sich stärker für seinen Beruf und macht für gewöhnlich in dieser Zeit große Fortschritte. Was das Privatleben angeht, so finden auch Veränderungen statt, weil wir uns selber ernster nehmen. Das Thema Sex ist sehr bedeutend; tiefergehende sexuelle Beziehungen werden wichtiger als Experimente mit der Sexualität. Man kann nur solange experimentieren, bis man gesättigt ist, und die Saturnwiederkehr ist eine gute Gelegenheit, keine Beziehungen mehr einzugehen, die damit enden, daß sie von einer weiteren Lernerfahrung weggewischt werden. Sicheinlassen wird wichtig. Frauen bekommen das Gefühl, daß sie irgendeine Art Bindung wollen, auch wenn sie nicht nach einer Ehe Ausschau halten. Homosexuelle Partnerschaften tendieren dazu, jetzt enger zu werden und sogar von dem eher geselligen homosexuellen Umfeld wegzugehen, um eine Lebensstruktur aufzubauen, die tiefere Bedeutung hat. Die Krise, die mit diesem Saturnzyklus verbunden ist, bringt genug seelische Erschütterungen mit sich, die man durchmachen muß, auch ohne eine Beziehung abzubrechen, die schon angefangen hat. Wenn eine unglückliche Beziehung jetzt beendet werden muß, dann wird das geschehen. Aber die Probleme können auch ausdiskutiert werden. Keine Frau will einen Mann durch seinen Saturnzyklus gehen sehen: er ist zu ernst, er will keinen Spaß haben, er will arbeiten. Vielleicht hat er einen völlig neuen Beruf ins Auge gefaßt, und das macht seine Partnerin nervös. Wenn ein Mann ein größeres Berufstrauma durchlebt, dann verliert er unter Umständen völlig das Interesse am Sex. Dadurch kann sich seine Partnerin unerwünscht und sehr unsicher fühlen.

Die Frau, die durch diesen Zyklus geht, wird jetzt zu einer eigenständigen Person. Das kann für ihren Partner, der diese Seite vorher noch nie an ihr gesehen hatte, ein totaler Schock sein. Sie ist vielleicht mit ihrem eigenen Beruf beschäftigt, und das bedroht ihn unter Umständen. Sie will vielleicht jetzt eine Familie gründen, oder sie will beides tun. Eine Reihe von Frauen in New York City bekamen während der Saturnwiederkehr Kinder, fingen wieder an zu arbeiten und gaben ihr ganzes Gehalt für die Versorgung des Kindes aus. Der Beruf war ihnen wichtig, aber auch, eine Familie zu haben. In mehr stammesorientierten Gesellschaften war es nicht ungewöhnlich, daß manche Frauen für eine Reihe von Kindern anderer Frauen sorgten. Die Notwendigkeit, daß Mütter die ganze Zeit die ausschließliche Verantwortung für ihre Sprößlinge tragen, wurde erst in neuerer Zeit proklamiert. Viele New-Age-Mütter geben ihre Kinder in eine Kindergruppe und ziehen es vor, mit der Arbeit am Wesen des Kindes mehr Zeit zu verbringen als mit den Windeln.

Frauen fangen während dieses Zyklus auch an, in einer Art zu sprechen, wie sie es nie zuvor getan haben. Manche Frau drückt sich unter Umständen zu aggressiv aus, weil sie es nicht gewohnt ist, sich zu artikulieren. Das ist eine Zeit für Gespräche, und ihr Partner wird ihr dann zuhören, wenn ihm genug daran liegt, etwas von ihr zu erfahren, während sie durch diese Reifephase geht. Wenn sie sich eines Tages von einem Anima-Bild in eine Matriarchin oder eine weise Frau entwickeln soll, dann muß sie lernen, wie sie sich selbst als eigenständige Person verwirklichen kann. Persönliche Beziehungen sind der problematischste Ort, um das zu tun. Haben Sie jemals die kompetente Frau in einem Büro gesehen, die den ganzen Tag tüchtig arbeitet, die mit ihren Kollegen auf erwachsene, geistreiche Art umgeht, und haben Sie dann gesehen, wie sie sich bei ihrem Ehemann wie ein dummes Mädchen verhält? Ich schon. Sie hat ihm nicht erlaubt, an der Entwicklung ihrer Persönlichkeit teilzuhaben. Und sie schafft eine Spaltung, die letzten Endes zur Trennung führen wird, weil sie ihn von ihrer Entwicklung ausschließt.

Ich habe gemerkt, daß es bei einer Beratung in diesem Zyklus wirklich genug ist, dem Individuum einfach zu erklären, was ansteht. Für gewöhnlich spreche ich zuerst über die negativen Seiten und dann erkläre ich all die wundervollen Sachen, dir sich ergeben können, wenn man die Energie konstruktiv nutzt. Ich weiß nicht, wie die Beratung in der Zukunft aussehen wird, weil die Menschen sich verändern. Die Leute, die ich in New York beraten habe, waren Tatmenschen. Die meisten jungen Leute, die in die Stadt kommen, suchen nach etwas, und der Individuationsprozeß ist ein Teil davon. Deshalb waren sie recht offen für den Gedanken zu wachsen.

Kürzlich habe ich Leute in ihren späten zwanziger Jahren kennengelernt, die total dynamisch waren, während sie durch die Saturnwiederkehr gingen, und es war aufregend, mit ihnen zu sprechen. Es gibt dennoch eine Reihe junger Leute, die unter Umständen Probleme haben, sich mit den Entscheidungen zu konfrontieren, die zu diesem Zyklus gehören.

Gail Sheehy berichtet von interessanten Beobachtungen über diese Periode in »Pathfinders«. Sie benutzt den Begriff »Aufschieber«, um das Individuum zu beschreiben, das es vermeidet, sich mit der Übernahme von Verantwortung auseinanderzusetzen.

Sheehy untersuchte Menschen jeden Alters, die die Krise überstanden hatten. Sie nennt sie »Pathfinders«, weil sie sich mit der Krise eines Initiationsüberganges im Leben konfrontiert hatten, und als Resultat dieses Überganges reifere Menschen geworden waren. Aber sie stellt fest, daß junge Leute, die nach einem Platz in der heutigen Welt streben, mit neuen Problemen konfrontiert werden. Ein Hauptthema für Frauen sind Kinder. Viele bekommen gar keine Kinder zugunsten des Aufbaus einer Karriere. Andere schieben es einfach auf, überhaupt eine Entscheidung zu treffen. Manche Frauen, die sie befragte, planten intensiv Karrieren fünf oder zehn Jahre weit in die Zukunft, während sie immer noch in ihren Zwanzigern waren! Kinder und Beruf können kombiniert werden, aber viele junge Frauen sehen das nicht so. Männer sind mit dem Thema Arbeit auf eine andere Art beschäftigt. Die Vorstellung, so hart wie ihre Väter zu arbeiten, auf Kosten dessen, was sie emotionale Selbstentwicklung nennen, ist zu einem neuen Thema geworden. Wie Sheehy bemerkt:

> »Das Paradoxe ist, daß aufgeweckte junge Frauen in der althergebrachten Zeiteinteilung geschult werden, während die früheren Männer unserer Gesellschaft kürzlich angefangen haben zu fragen ›warum soll ich so hart arbeiten? was entgeht mir im Leben?‹[8]

[8] Siehe: »Pathfinders«, Gail Sheehy, Bantam Book, New York, 1982, S. 159.

Der gebildete junge Mann in meinen Untersuchungen ist ein entschiedener Aufschieber. Das Kernstück seiner Strategie ist es, ungebunden zu bleiben, wenigstens bis er dreißig ist, und seine Berufsausübung im Versuchsstadium zu belassen. Hier betritt er ganz besonders unerforschtes Gebiet. Die Mehrheit der Generation seines Vaters entschied sich, als Lebensgrundlage alle drei Aspekte, – Beruf, Ehe und Familie – in ihren frühen zwanziger Jahren in Angriff zu nehmen.«[9]

Das sind die Kinder der Profis, die keine Zeit für ihre Kinder hatten. Viele der jungen Menschen heutzutage haben das Gefühl, daß ihre Eltern ihnen Zeit schulden, daß sie ihnen etwas schulden, was sie nicht bekommen haben, aber sie sind auch nicht darauf vorbereitet, viel zu geben. Weder in einer Familie noch in Freundschaften.

Sheehy spricht verschiedene Themen an, die man bei der Beratung von Zyklen in Betracht ziehen könnte. Junge Frauen, die in Zukunft die Saturnwiederkehr durchleben, brauchen vielleicht eine besondere Beratung bezüglich des Kombinierens von Berufszielen und Mutterschaft, da diese Themen mit natürlichen Zyklen in Verbindung stehen. Die von Sheehy befragten jungen Männer schienen mehr damit beschäftigt zu sein, Aktivitäten aufzuschieben, die früher in unserer Gesellschaft als wichtig erachtet wurden. In vorangegangenen Generationen kombinierten die jungen Männer Karriere, Ehe und Vaterschaft in ihren frühen zwanziger Jahren. Heute wollen es viele junge Männer umgehen, Berufsentscheidungen zu treffen oder Heiratspläne zu machen. Rückt die Saturnkonjunktion näher, drängen die inneren Triebe des sich entwikkelnden Individuums vielleicht darauf, gehört zu werden.

Nachdem sie Tausende von Leuten mit demselben Fragenbogen, der Fragen zum Wohlergehen beinhaltete, interviewt hatte, berichtete Sheehy, daß die aufschiebende Generation überhaupt keine Entscheidungen fällen will. Kindheitserwartungen wurden entwickelt, während man in Saus und Braus lebte, und die gegenwärtigen finanziellen Bedingungen lassen darauf schließen, daß dieselben Leute Schwierigkeiten damit haben werden, ein Haus zu kaufen, oder das zu tun, was ihre Eltern getan haben.

Das Leben aufzuschieben, schafft überall Probleme, da sich die jungen Männer darauf konzentrieren, frei und offen zu sein, während die gebildete junge Frau sich unter Umständen auf ihren Beruf konzentriert. Persönliche Freiheit und das Streben nach persönlicher Befriedigung mag neue Probleme aufwerfen, weil das die Familienstruktur

[9] Siehe: »Pathfinders«, Gail Sheehy, Bantam Book, New York, 1982, S. 146.

unter Umständen sogar schwächer macht.[10] Schließlich werden finanzielle Schwierigkeiten, die durch die Notwendigkeit einer Doppelverdienerbeziehung verursacht werden, letztendlich andere emotionale Probleme zutage bringen, die einer Beratung bedürfen. Es wird interessant sein zu beobachten, wie sich das später im zyklischen Muster ausdrückt.

31 – 33 Jahre

Letztes Jupiter/Jupiter-Quadrat (dritter Zyklus)

Diese Krise mag sehr schwach sein, verglichen mit dem, was wir gerade durchgemacht haben. Der dritte Jupiterzyklus geht seinem Ende entgegen. Ereignisse, die sich während der Jupiteropposition (etwa im Alter von 30 Jahren) zugetragen haben, müssen jetzt geklärt werden. Alternativen und Perspektiven verändern sich. Für die Frau, die in den frühen zwanziger Jahren Kinder bekommen hat, wird dieses Jupiterquadrat den Gedanken einer anstehenden Veränderung zumindest kurz ins Gedächtnis rufen – Sie werden vielleicht nicht mehr den ganzen Tag gebraucht, um für Ihre Kinder zu sorgen. Was sollen Sie jetzt tun? Das ist die Zeit für manche Frauen, sich beruflich weiterzuentwickeln.

Wenn mit dem Saturnzyklus positiv umgegangen wurde, dann ist das für Männer eine geschäftige Zeit. Sie gehen vielleicht so in ihrer Arbeit auf, daß man sie daran erinnern muß, daß sie eine Partnerschaft haben. Die Einstellung zu Beziehungen – persönliche Beziehungen vor dem Steckenbleiben im leeren Rollenspiel zu bewahren – mag das anstehende Thema während dieser Jupiterbetonung sein, und das bezieht sich auf alleinstehende wie auf verheiratete Leute.

35 – 36 Jahre

Jupiter/Jupiter-Konjunktion (vierter Zyklus)
Erstes Saturn/Saturn-Quadrat (zweiter Zyklus)
Vielleicht Neptun/Neptun-Quadrat (erster Zyklus)
Vielleicht Pluto/Pluto-Quadrat (erster Zyklus)

Die Jupiterkonjunktion leitet den vierten Jupiterzyklus ein. Sie wird etwas zu ihrer Auffassung von Beziehungen hinzufügen, nicht wahr? Sie

[10] Siehe: »Pathfinders«, Gail Sheehy, Bantam Book, New York, 1982, S. 145–163.

haben Ihren Körper, Ihre Sexualität, Ihre Kinder. Der nächste Lebensabschnitt beinhaltet das Teilen. Bis zu diesem Punkt hat jeder von uns versucht, eine Persönlichkeit aufzubauen. Die Phrasen dazu werden sich ungefähr so anhören: »Ich bin Mama (oder Papa). Ich bin erfolgreich im Beruf. Ich liebe jemanden. Ich habe ein Kind, das ich liebe. Ich besitze (vielleicht) ein Haus, das ich gekauft habe. Ich habe einen Partner (Partnerin).« Aber das ist nicht alles, was es im Leben gibt – weil die Idee des Teilens mit ins Spiel kommt. Um uns ganz zu entwikkeln, müssen wir lernen, unsere Ideen, unsere Zeit, unseren Raum zu teilen, einen anderen Menschen wirklich zuzulassen. Wir müssen lernen, unsere Kinder zu teilen und in diesem Prozeß müssen wir lernen, sie loszulassen. Wenn die Jupiterwiederkehr mit 36 damit verbunden ist, daß Sie mit 24 Jahren Mutter oder Vater geworden sind, dann kommen Ihre Kinder jetzt in die Pubertät. Das heißt, daß viele Leute ein Kind im Teenageralter haben, das in dem Prozeß steckt, ein Mann oder eine Frau zu werden. Es ist Zeit für die Eltern, die Kinder etwas über das Leben zu lehren. Es ist Zeit, in Betracht zu ziehen, sie loszulassen. Es ist Zeit, mit dem Ausweiten des Bewußtseins auf die Bedürfnisse der Nachbarschaft, in der wir leben, zu beginnen. Die erwachsene Perspektive wird sich während der nächsten zwölf Jahre in eine andere Phase entwickeln. Für die, die arbeiten, ist es Zeit, aufzuhören, alles alleine zu tun und damit anzufangen, anderen zu gestatten, einen Teil der Arbeitslast zu übernehmen.

Während dieser Jupiterwiederkehr gehen die meisten Männer völlig in ihrem Beruf auf. Die Frau und die Kinder sind ein nebensächliches Thema. Das Leben wird aus der Sicht der Geschäfte, die man abschließen kann, der Umzüge, die man bewältigen kann und der Häuser, die man kaufen kann, gesehen. Es ist eine Pomp- und Prunk-Periode. Männer fühlen sich in diesem Alter sehr stark, sie sind sich ganz sicher, daß ihnen mit 40 Jahren das Unternehmen gehören wird. Niemand kann sie aufhalten. Sie schauen weder rechts noch links, um nachzusehen, was sie tun; sie glauben, daß nichts in ihrem Weg stehen kann.

Unterdessen hat er keine Ahnung, was mit seiner Frau, falls sie in seinem Alter ist, zu Hause los ist. Seine Frau ist Mitte dreißig und hat gerade entdeckt, daß sie ihre Kinder loslassen muß. Die Rolle der Mutter, die ständig zur Stelle ist, hat ausgedient. Sie weiß nicht, was sie mit ihrem Leben anfangen soll. Ihr Ehemann schenkt ihr keine Aufmerksamkeit, und sie fühlt sich vielleicht unattraktiv. Ihre Jugend geht dahin, und schließlich ist der amerikanische Traum, eine zwanzigjährige Surferin an den kalifornischen Stränden mit einer Limonade in der

Hand zu sein. Deshalb findet sie vielleicht einen anderen Mann, der ihr wieder das Gefühl vermittelt, attraktiv und begehrenswert zu sein. Unter Umständen merkt niemand, daß sie einen Ehemann, eine Familie und einen Liebhaber hat. Wie dem auch sei, ein Berater kann ihr vielleicht helfen, mit der Belastung einer solchen Situation zurechtzukommen. Manche Frauen haben das Gefühl, sie sollten sich von ihrem Mann scheiden lassen und ihren Liebhaber heiraten. Das ist vielleicht keine gute Idee; man sollte es sich gut überlegen, bevor man handelt, weil der Liebhaber vielleicht nur solange notwendig ist, bis sie das Gefühl hat, daß ihr Selbstvertrauen wieder zurückkehrt. Er ist vielleicht nicht der Partner, den sie für eine langfristige Beziehung braucht.

Manche Frauen lassen sich in diesem Zyklus scheiden. Der Ehemann ist für gewöhnlich wütend, weil Scheidungen in seiner Personalakte nicht gut aussehen. Er braucht die perfekte Frau an seiner Seite, wann immer er die perfekte Frau braucht, und er hat nicht damit gerechnet, daß sie alles über den Haufen wirft. Wenn er von dem hohen Erfolgsroß herunterkommt, wird ihm vielleicht klar, daß er ohne einen Zweifel seine Frau ignoriert hat – und er fängt vielleicht an, seine Beziehung neu zu überdenken. Und unter Umständen geht er auch fremd, wenn er auf dem Weg nach oben ist; sein Büro ist voll mit jungen Frauen, die kraftvolle Männer faszinierend finden. Manche junge Frauen wollen eine Affäre haben, aber nicht die schmutzigen Socken waschen. Die Frage bei all dem ist: kommt Ihr Selbstwertgefühl von innen oder von außen? Wenn sich Ihr Wert nur danach bestimmt, wer Sie attraktiv findet, dann können die späteren Jahre recht ungemütlich werden.

Mit etwa 35 Jahren erscheint das erste Saturnquadrat (zweiter Zyklus). Es beinhaltet, daß manches in Verbindung mit dem Berufsziel, das während der Saturnkonjunktion in Angriff genommen wurde, neu geplant wird. Vielleicht müssen ein paar Korrekturen vorgenommen werden, die im Zusammenhang mit dem stehen, was wir gerade besprochen haben. Vielleicht müssen wir uns mitten in beruflichen Schwierigkeiten Zeit nehmen, unsere Beziehung auf eine andere Ebene zu bringen. Sind die Kinder einmal alt genug, um weniger Aufmerksamkeit zu verlangen, dann müssen die Eltern vielleicht das, was ihre Beziehung ursprünglich hat entstehen lassen, neu aufbauen. Das Kind ist während seiner ersten Lebensjahre so fordernd, so voller Bedürfnisse, daß wenig Zeit für eine persönliche Beziehung bleibt. Ehemänner und Ehefrauen vergessen, warum sie geheiratet haben. Dies ist eine Zeit, um sich wieder kennenzulernen.

Um einen Moment abzuschweifen: dieser Jupiterzyklus bildet die

Grundlage für die nächsten zwölf Wachstumsjahre. Wenn Eheleute total auf die Bedürfnisse der Kinder ausgerichtet sind, dann werden die Mahlzeiten vom Gespräch der Kinder beherrscht. Der Ehemann kommt von der Arbeit nach Hause, um sich anzuhören, was Klein-Johnny falsch gemacht hat. Am Essenstisch wird gestritten, und die Erwachsenen haben keine Zeit, sich zu unterhalten. Ein weinendes Kleinkind braucht Aufmerksamkeit, aber ein jammernder Zwölfjähriger nicht. Was Mütter nicht verstehen, ist, daß sie den Krach ihrer Kinder verdrängen, aber der Ehemann tut das nicht. Plötzlich will er nicht mehr nach Hause gehen, weil er dort keine Ruhe hat. Die Ehepartner unterhalten sich nicht mehr. Viele Paare unternehmen jahrelang nichts ohne die Kinder, und ihre Beziehung verkommt zu einem mythischen Mutter-/Vaterbild. Man kann sogar hören, wie diese Menschen sich gegenseitig als »Mutter« und »Vater« ansprechen. Wenn die Kinder das Nest verlassen, dann lassen sie entweder zwei miteinander verbundene Menschen oder zwei leere Hüllen zurück, die Wahl liegt bei uns selbst.

Wenn auch Neptun ein Quadrat mit sich selbst bildet, dann kommt zu unserer Verwirrung die nebulöse Energie dieses Planeten; sie sickert in unsere Bettten und unsere Träume und schließlich auch in unser Wachbewußtsein, um uns zu fragen, wie uns unser Traum gefallen hat. Wenn Neptun unsere Einstellung zur Inspiration, unsere Träume und Wünsche verkörpert, dann wird das Quadrat Fragen zutage bringen, die sich auf unsere Traumziele beziehen. Der hauchdünne Schleier über unserer netten Idee wird gelüftet, und wir finden etwas vor, das nicht so hübsch ist wie unsere Illusion. Wenn wir die ganze Zeit einem Traum nachgegangen sind, wenn wir angefangen haben, einen Traum zu verfolgen, der in unserem Teenageralter und in den frühen zwanziger Jahren nur ein schwacher Schimmer in unserem Gedächtnis war – was ist damit geschehen? Die Träumerin erwacht und realisiert, daß sie mitten in einem Haus voll schmutzigem Geschirr und schreienden Kindern steht. Was wollte sie eigentlich erreichen? Und er kommt nach Hause und findet eine zerzauste Frau vor, das Haus völlig durcheinander, das Essen nicht gekocht, und ein Haufen schreiender Kinder wartet darauf, daß er durch die Tür kommt, und er fragt sich, was er für ein Leben führt und wozu.

Anstatt über die zerbrochenen Ideale und Träume zu sprechen, greifen Ehemann und Ehefrau bekannterweise beide zum Alkohol. Wenn sie es nicht mehr aushalten kann, gibt es immer noch den vier-Uhr-Nachmittags-Martini. Und wenn er es nicht mehr ertragen kann, abends nach Hause zu kommen, dann trinkt er vielleicht einen

Martini im Zug oder in der Bar neben dem Büro, nur um zu Hause vor dem Essen noch einen zu trinken. Der Krach wird aus dem Weg getrunken. Geschieht das, dann hält uns die Neptunenergie unter Umständen davon ab, das zu betrachten, was jetzt bewußt werden muß. Es ist vielleicht ein bißchen weit hergeholt, aber Richard Bandler sagte in einer Diskussion über neurolinguistisches Programmieren, daß Menschen normalerweise das sehen, was sie für sich selbst als sehenswert eingestuft haben. Während wir von unserer inneren Welt aus in Aktion treten, versuchen wir, herauszufinden, was am besten dazu paßt.

> »Eine der besten Möglichkeiten, im Leben viele Enttäuschungen zu erleben, ist die, ein Bild zu konstruieren, wie man die Dinge gerne hätte, und dann zu versuchen, die Dinge so hinzubiegen. Man ist so lange enttäuscht, wie die Welt nicht zu diesem Bild paßt. Das ist die beste Art, sich in einem Zustand permanenter Enttäuschung zu halten, weil man es nie schafft, die Welt dem eigenen Bild anzupassen.«[11]

Diese Neptunkrise bringt die Notwendigkeit für Veränderung zutage. Alte Träume lösen sich auf, um einer neuen Wirklichkeit Platz zu machen. Die neue Wirklichkeit muß einem nicht zustoßen, man kann sie selbst schaffen, aber man muß sehen wollen, wer man ist und wohin man geht, wenn man sich verändern will. Sich verschließen und versuchen, das, was geschieht, ungeschehen zu machen, bringt uns auf lange Sicht nichts ein. Entfaltet das Plutoquadrat mit Pluto in diesem Alter ebenfalls seine Wirkung, was glauben Sie, was dann sonst noch alles passiert?

Pluto ist ein aufrüherischer Einfluß. Er ist auch ein nebulöser Transit. Saturn ist wenigstens sichtbar. Man weiß, was man lernt. Aber Pluto arbeitet nicht so. Man bekommt eine vage Ahnung, daß irgendwas nicht stimmt. Wenn Pluto die unbewußte Motivation Ihrer Generation symbolisiert, und Ihre Reaktion auf diese Strömungen ist im wesentlichen unbewußt, dann kämpfen Sie mit einem unbekannten Feind. Wenn Sie nichts über den Zyklus wissen, dann kann er sehr langsam daran arbeiten, Ihr Selbstvertrauen zu untergraben.

Die Wirkung des neuen Jupiterzyklus gemeinsam mit dem Saturnquadrat bringt mit sich, daß Frauen sich ihrer selbst unsicher sind und Männer am Rand entlangschlittern und auf das Eis laufen, in der Hoffnung, daß es sie tragen wird, weil es gut sein kann, daß sie anfangen

[11] Siehe: »Neue Wege der Kurzzeit-Therapie«, Richard Bandler und John Grinder, Junfermann Verlag, Paderborn, 1981.

zu hüpfen. Wenn wir haltmachen, um nach innen zu schauen, was sehen wir dann? Wer will hinsehen? Vielleicht sehen wir, daß tief in uns all diese häßlichen Sachen sind, die nur darauf warten, zum Durchbruch zu kommen. Vielleicht sehen wir, daß wir immer noch selbstsüchtig, gierig, konkurrierend, ängstlich, abhängig, eifersüchtig, besitzergreifend und sogar ein bißchen selbstzerstörerisch sind. Wer will sich das schon anschauen? Und zu allem Überfluß sind wir Mitte dreißig, das Leben ist fast halb vorbei und wir sind immer noch nicht erwachsen. Niemand außer uns selbst kann uns aus dieser Klemme helfen.

37 – 42 Jahre

Erstes Jupiter/Jupiter-Quarat (vierter Zyklus)
Jupiter/Jupiter-Opposition (vierter Zyklus)
Uranus/Uranus-Opposition (erster Zyklus)
Vielleicht Neptun/Neptun-Quadrat (erster Zyklus)
Vielleicht Pluto/Pluto-Quadrat (erster Zyklus)

Das ist wahrscheinlich die Periode mit der größten Belastung, die wir jemals im Rahmen von Lebenszyklen erfahren werden. Manche Leute fangen an, über die Midlife Crisis Witze zu machen, aber es ist wirklich kein Witz. Wie Sie wissen, haben wir die Neigung, dem, was wir als schwierig empfinden, mit Humor zu begegnen, denn wenn wir nicht lachen, dann würden wir vielleicht weinen.

Eine der besten Beschreibungen der Midlife Crisis ist von Gail Sheehy in ihren jetzt berühmten »Passages« niedergeschrieben worden.[12] Sie hat mir gewiß einige Einichten in meine eigene Lebensmitte vermittelt. Sie hat wirklich den Nagel auf den Kopf getroffen. Als ich noch viel jünger war, führte ich Beratungen über die Midlife Crisis durch, die auf dem basierten, was ich von meinen Lehrern oder von Astrologen, die Vorträge auf astrologischen Konferenzen hielten, gehört hatte. Die Beratung schien den Klienten über diese schwierige Zeit hinwegzuhelfen. Sie kamen wieder, um sich weiter beraten zu lassen, was für einen Astrologen ein sicheres Zeichen dafür ist, daß das Kompliment, das nach der Sitzung ausgesprochen wird, nicht nur eine Höflichkeitsfloskel war. Aber als ich selbst die Midlife Crisis durchlebte, konnte ich mir nicht vorstellen, wie ich irgend jemandem hatte helfen können! Es ist gleichgültig, wie gründlich man sich auf dieses Ereignis vorbereitet hat,

[12] Siehe: »In der Mitte des Lebens«, Gail Sheehy, Kindler Verlag, München, 1976.

es kommt immer anders als man erwartet. Erst als ich »Passages« las und immer wieder las, fing ich an, mich besser zu fühlen, und ich empfehle jedem, der Zyklusberatungen durchführen will, ernsthaft, dieses Buch zu erforschen.

Während der Midlife Crisis haben wir das Gefühl, daß wir den Höhepunkt des Lebens erreicht haben. Wir müssen unsere Lebensweise neu überdenken, um zu verstehen, wo wir gestanden haben und wohin wir gehen. Wir müssen die Ziele, die wir uns selbst aufgestellt haben, neu überprüfen, vielleicht das erstemal, seit wir sie vor vielen Jahen gesetzt haben. Sheehy spricht über die Entdeckung, daß wir nur begrenzte Zeit zur Verfügung haben, um unsere *Wahrheit* zu finden. Die meisten Leute haben das Gefühl, daß ihnen die Zeit davonläuft. Wir fangen an, uns zu fragen, ob wir das alles noch schaffen können, bevor es zu spät ist – warum zu spät? Zu spät, weil wir eines Tages sterben werden, deshalb. Der Alterungsprozeß hat angefangen. Wie schrecklich! Schauen Sie sich Ihr Kinn an, oder Ihre Knie. Männer und Frauen fangen beide an, an den Rändern ein bißchen nachzulassen. Karrieremenschen fragen sich, ob sie es jemals schaffen werden, und Frauen, die ihr Leben damit verbracht haben, für ihre Kinder zu schwärmen, fragen sich, ob sie in der Lage sind, mit ihrer Zeit etwas anzufangen, wenn die Kinder für immer aus dem Haus sind.

Ich erwähnte, daß ich Schwierigkeiten mit dem Zyklus hatte. Ich dachte wirklich, ich wäre darauf vorbereitet, denn ich kannte alle Daten und die Zeitperioden und hatte so eine Art allgemeines Verständnis von dem, was geschehen würde. Ich wußte, daß ich mich darauf einlassen und mich verändern mußte, und ich war bereit, mich zu verändern. Aber ich war nicht bereit für die Veränderungen, die tatsächlich auftraten – ich war für andere bereit. Hoffentlich hilft diese Feststellung jemandem, der vorhat, ungeschoren davonzukommen, wenn dieser Zyklus seine Wirkung entfaltet. Sheehys Informationen stimmen wunderbar mit unserem astrologischen Symbolismus überein. Wenn nur ein Zyklus zu einer Zeit wirkt, dann können wir uns einfacher durch die Krise durcharbeiten, als wenn alle Zyklen zugleich aktiv sind. Es geht nicht darum, daß es schwierig ist, diesen Zyklus zu überstehen. Es geht darum, daß er schwer zu handhaben ist, weil wir vielleicht nicht auf die inneren Veränderungen, die stattfinden, vorbereitet sind.

Das Wichtigste, an das man denken muß, ist, daß uns Jupiter zwei Monate und Uranus zwei Jahre lang beeinflußt. Die Energie schafft eine Situation, die uns schwierige Zeiten bereiten kann, weil eine Neigung besteht, alles hinter sich lassen zu wollen, was man kennt, und ganz von vorne anzufangen. Das wird nicht funktionieren, denn man muß sich mit dem Todesaspekt dieses Zyklus, über den wir später sprechen werden, auseinandersetzen.

Schauen wir uns erst einmal Jupiter an. Das erste Jupiterquadrat im vierten Zyklus weist auf eine Korrektur hin, die in Bezug auf die letzte Jupiterkonjunktion vorgenommen werden muß. Wenn Sie niemanden an Ihrem Leben teilhaben lassen, wenn Sie sich nicht austauschen, dann wird Ihnen bewußt gemacht, daß Sie nicht auf dem neuesten Stand sind. Irgendwie müssen Sie sich mehr öffnen, und es ist wichtig, anderen Zugang zu Ihrem Leben zu geben. Sich in sich selbst zurückzuziehen ist nicht das, was der Zyklus beabsichtigt, obwohl es genau das sein mag, was Sie wegen der anderen Zyklen, die unter Umständen auch präsent sind, tun wollen. Je mehr Sie sich gegen eine Öffnung wehren, desto stärker werden Sie vielleicht dazu gezwungen, sich auf Grund äußerer Umstände mit äußeren Energien auseinanderzusetzen. So werden Sie vielleicht wirklich ganz miesepetrig und ungesellig, was für gewöhnlich darauf hinweist, daß sich irgend etwas nicht ändern will. Wie dem auch sei, um diese neue Phase (die zweite bedeutende Phase) Ihres Lebens zu beginnen, müssen Sie sich irgendwie öffnen.

Wenn die Jupiteropposition später in der Lebensmitte eintritt, dann werden Sie wissen, ob Ihre Entscheidung im Hinblick auf Beziehungen gut war oder nicht – entweder werden Ihre Beziehungen mit anderen Menschen enger oder nicht. Sie werden vielleicht feststellen, daß Sie mit Ihrem Partner mehr als vorher sprechen, und vielleicht unterhalten Sie sich über neue Themen. Sie stellen vielleicht fest, daß Sie sich mehr mit der Verantwortung für die Familie (d. h. Verwandte oder Kinder) beschäftigen als vorher. Sie stellen vielleicht fest, daß sich Ihre Beziehung entweder zu Ihrer Mutter oder Ihrem Vater verändert. Oder Sie entdecken vielleicht, daß Sie einige freundschaftliche Beziehungen, die Ihnen viel wichtiger geworden sind, untermauern – und Sie tun das auf eine Art, zu der Sie vorher nicht in der Lage waren.

Verlieren Sie während dieser Zeit einen Elternteil, dann fühlen Sie unter Umständen eine andere Art von Alleinsein als Leute, die ihre Eltern im Teenageralter oder in ihren zwanziger Jahren verloren haben. Wenn Ihre Eltern bis ins hohe Alter gelebt haben, dann gab es, egal welche Schritte Sie in Ihren Beziehungen oder in Ihrem Beruf unternommen haben, so etwas wie einen Anker in Ihrer Psyche – ob Sie Ihre Eltern mochten oder nicht –, der Sie an einer Art Nabelschnur irgendwie festgehalten hat. Verlieren Sie während dieses Zyklus Ihre Eltern, dann ist diese Verbindung durchbrochen, und Sie realisieren *endlich*, daß Sie ganz alleine auf der Welt sind. Dieses Bewußtwerden kann ein bißchen deprimierend sein. Hat man erst einmal seine Mutter verloren, »kann man nicht mehr nach Hause gehen«, wie es heißt, und wenn Ihr Vater gegangen ist, können Sie keine Pläne mehr mit ihm diskutieren, um zu sehen, ob er sie unterstützt. Der Verlust der Eltern kommt zu der Belastung hinzu – und bringt eine weitere Phase der Todeserfahrung mit sich.

Uranus in Opposition zu sich selbst sagt, daß man etwas aus seinem Leben machen muß. Vielleicht sollten Sie Ihren Beruf, Ihre Ehe und Ihre Nachbarschaft hinter sich lassen, und etwas Neues anfangen. Das ist keine schlechte Idee, wenn man sie zuerst sorgfältig durchdenkt. Uranus zeigt an, daß es Zeit ist, sich zu verändern. Der letzte große Anstoß kam von dieser Energie, als Sie weggingen von zu Hause nach Beendigung der Schule. Das ist ein Anstoß für eine neue Phase der Entwicklung. Das ist eine Zeit für Veränderung, aber das heißt nicht, daß man eine Beziehung abbrechen oder eine Arbeit aufgeben muß. Es bedeutet, daß man sein Leben aus einem anderen Blickwinkel betrachten muß.

Was Beziehungen angeht, kann es für diejenigen, die Familien haben, eine gute Idee sein, die Energie und die Bedürfnisse mit dem Partner zu diskutieren. Die Kinder werden bald von zu Hause weggehen. Das ist eine Gelegenheit für Paare, sich wieder kennenzulernen. Und man wird einiges verändern müssen, um diese Beziehung auf ihre nächstmögliche Ebene zu heben. Sie ist nicht mehr die »süße, kleine Anima-Frau« und er nicht mehr der »große Held auf dem weißen Roß«. Sie haben beide ein bißchen nachgelassen; sie haben beide eine völlig andere Persönlichkeit entwickelt als die, die sie zu Beginn ihrer Beziehung hatten. Es mag Zeit sein, sich über diese Unterschiede in einer aufregenden neuen Art auszutauschen.

In Beziehungen ohne Kinder muß sich die Beziehung verändern, um sie lebendig zu halten. Unterschiede in der Denkweise müssen bearbeitet werden, und die Ebene der Kommunikation ändert sich wahrscheinlich. Wenn Frauen und Männer älter werden, dann werden sie sich ähnlicher, und deshalb ist es schwieriger, »seine« oder »ihre« Rolle beizubehalten. Zwei Menschen, die gemeinsam alt werden, kommen in der Persönlichkeit ebenso wie in der Sexualität zum Ausgangspunkt zurück. Wenn eine Frau zum Beispiel jung ist, dann braucht sie viel Vorspiel, um sexuell erregt zu werden. Der Mann braucht das nicht. Ein Teil der sexuellen Probleme, die junge Paare erleben, basiert auf der Tatsache, daß der Mann ejakuliert, bevor die Frau befriedigt ist. Im

Verlauf des Alterungsprozesses wird die Frau leichter erregbar, und wenn sie die Wechseljahre hinter sich hat, hat sie immer noch ein starkes sexuelles Bedürfnis. Jetzt braucht der Mann jedoch ein Vorspiel. Die Paare können verschiedene Arten des Liebemachens lernen – wenn sie offen dafür sind – und die sexuellen Rollen verändern sich unter Umständen sehr. Wenn das Paar nicht offen dafür ist, und wenn es diesen körperlichen Veränderungen keinen Platz einräumen will, dann baut sich allmählich eine starke Spannung auf, weil es keinem von beiden angenehm ist, über die stattfindenden Veränderungen zu sprechen, aber beide *merken*, daß sich etwas verändert.

Zum Teil besteht die Angst älter zu werden darin, den eigenen sexuellen Antrieb zu verlieren. Es ist amüsant – wissen Sie, was wir tun? Als wir jünger waren, dachten wir, daß unsere Eltern nie miteinander schlafen. In all den Jahren meiner Beratungstätigkeit dachten die meisten jungen Leute, daß ihre Eltern »es« nie getan haben. Und sie glauben, daß die Eltern so gefühllos waren, daß die meisten Kinder sich selbst für eine unbefleckte Empfängnis halten. Die Wahrheit ist jedoch, daß die meisten Eltern ein recht bewegtes Sexleben haben, aber die Kinder wissen nichts davon – und das sollen sie auch nicht. Alle Kinder denken, daß alte Leute (jeder über 30) »es« nicht mehr tun. Ich habe all das gesagt, um zu meinem Punkt zu kommen. Wir (wenn wir selbst Erwachsene sind) denken, *noch immer*, wenn *wir* älter werden, haben *wir* kein Sexleben, weil unsere Eltern keins hatten! Na, ist das nicht eine komische Vorstellung? Die Hälfte unserer Midlife-Sorgen über unsere nachlassende Sexualität basiert wahrscheinich auf einer Erinnerung, die lautet: »Mama und Papa sind zu alt, um ›es‹ noch zu machen.« Lächerlich! Wir müssen uns keine Sorgen über den Sex machen, weil er mehr Spaß machen und befriedigender sein kann, wenn wir älter werden, weil wir »es« nicht mehr aus denselben Gründen betreiben wie mit 21.

Also – zurück zum Thema. Ihre Partnerschaft wird sich verändern. Sie wird sich verändern müssen, damit Sie beide wachsen und ein Gefühl für sich selbst entwickeln können, und Sie können beide das durchleben, was Sie durchleben müssen, um Ihre eigene besondere Individuationserfahrung voranzutreiben. Dieser Zyklus ist der Anfang von allem! Die Kinder sind alt genug, um den Eltern Freizeit zu geben. Wenn Sie keine Kinder haben, dann sind Sie alt genug, um über Ihr eigenes selbstsüchtiges Zeug hinauszugehen, damit Sie sehen können, was es mit dem Leben so alles auf sich hat. Oder auch, was das Leben so alles bietet.

Bei den meisten Leuten kommt eine Ehe oder eine andere feste

Beziehung im wesentlichen durch eine Anima/Animus-Verbindung zustande. Jung sagt in »*The Development of Personality*«, damit beide Partner wachsen können, müssen sie mit einer Art Schock zurechtkommen, da Erkenntnisse nicht so einfach zu uns kommen![13] Er diskutiert, wie ein Mann im Beruf sein eigenes Leben in Dinge hineinatmet und riskiert, daß die Dinge, die er kreiert hat, über ihn *hinauswachsen*, während seine Frau von ihren Kindern *überrannt* wird. Alles, was bis zu diesem Augenblick im Leben geschaffen wurde, hat im Grunde genommen schon ein Eigenleben bekommen, und jetzt weisen die mittleren Jahre auf die Notwendigkeit hin, all das loszulassen und etwas Neues zu beginnen. Was ist neu? Die Tatsache, daß genau in der Lebensphase, wenn alles so gut zu laufen scheint, die zweite Hälfte des Lebens anfängt. Es ist ein ungeheurer Wechsel – plötzlich fängt der Weg auf den Berg *hinauf* an, sich in den Weg nach unten umzudrehen. Jung sagt, daß das eine Zeit ist, in der wir unsere wirklichen Motivationen entdecken müssen. Er sagt auch, daß das nur auf die harte Art geschieht. Der Weg der Individuation – der Entwicklung der Persönlichkeit – ist nicht leicht. Und es ist ein Weg, der das Übernehmen von Eigenverantwortung mit sich bringt. Deshalb ist es für Partner wichtig, sich über die Veränderungen während der Midlife Crisis auszutauschen, weil jeder ein Individuum werden muß – man kann nicht länger die Anima-/Animusrolle für den anderen spielen, denn tut man das, kann sich die Persönlichkeit nicht entwickeln.

Die meisten Leute, die über die Midlife Crisis schreiben, sagen, wenn man mit 40 erfolgreich ist, fühlt man sich nicht glücklich, und wenn man die 40 erreicht hat, ohne erfolgreich zu sein, ist man auch nicht glücklich! Leute, die hart arbeiten, werden oft am stärksten durch die Midlife Crisis zu Fall gebracht; dann taucht etwas auf und zieht ihnen den Boden unter den Füßen weg – entweder eine schwere Krankheit, oder es passiert etwas, das mit dem Beruf zusammenhängt. Was auch immer passiert, diese Menschen müssen abrupt innehalten und sich anschauen, was mit ihrem Leben los ist. Menschen, die nicht so stark karriereorientiert sind, denen bewußt wird, daß das Alter gar nicht so bedrohlich ist, scheinen sich in Menschen zu verwandeln, die mehr entspannen können. Sie bewältigen Krisen mühelos und können eine andere Beschäftigung für sich finden. Beide Persönlichkeitstypen brauchen jedoch Beratung, denn das Ziel jeder Beratung in dieser Phase ist es, ein Abrutschen in

[13] Siehe: »Über die Entwicklung der Persönlichkeit«, C. G. Jung, Walter Verlag, GW 17, Olten, 1972.

das »Mit fünfzig habe ich's geschafft«-Syndrom zu verhindern. Mit dem ersten Neptunquadrat, das sich am Horizont abzeichnet, werden viele Hoffnungen während dieser Peruode zunichte gemacht. Welchen Traum oder welches Ziel das Individuum auch haben mag, welche Quelle seiner Inspiration auch zugrunde liegt, etwas zerfällt jetzt, und über irgendeinen Lebensabschnitt wird man sich jetzt Klarheit verschaffen müssen. Durch den Druck von Jupiter und Uranus und mit den durch das Neptunquadrat zutage gebrachten Enttäuschungen kann der Mensch in der Midlife Crisis niedergeschlagen und deprimiert werden. Die Selbstmordrate (bis vor einigen Jahren lag ihr Höhepunkt beim Alter von 41 Jahren) spiegelt etwas von dieser Hoffnungslosigkeit wider. Ein Mensch, der mit niemandem über persönliche Schwierigkeiten sprechen kann, wird möglicherweise durch Desillusionierung zu diesem letzten Schritt gezwungen. Diese Selbstmorde mögen mit persönlichen Depressionen, dem Mißerfolg einer Karriere, dem Bruch einer Ehe oder allen Faktoren gemeinsam zusammenhängen.

Pluto kann während dieser Zeit ebenfalls ein Quadrat zum Geburtspluto bilden, aber das hängt vom Geburtsjahr ab. Plutos Energie wird zusätzliche Krisen mit sich bringen. Man sagt, daß er die unbewußten Motivationen einer Generation symbolisiert, und wenn der Geburtspluto mit den persönlichen Planeten im Geburtshoroskop aspektiert ist, wird das zu einem wichtigen Faktor – die Motivation für Veränderung ist dann persönlicher Natur und kommt aus den unbewußten Tiefen der Persönlichkeit. Plutos Energie bewirkt Gefühle von »aus der Fassung geraten«, und wer diese Aspekte hat, kann sich sehr alleine fühlen. Stellen Sie sich vor, wie es Ihnen gehen würde, wenn sich all die Energien zur selben Zeit manifestierten. Und Sie sind sich gerade Ihrer Sterblichkeit bewußt geworden – oder Ihrer Unsterblichkeit.

Nur zum Spaß: Treiben wir die Sache auf die Spitze und fügen Plutos Energie hinzu. Denken Sie an die Krise, die eintreten könnte, wenn Sie Ihrer Uranusenergie folgen würden, und den Beruf wechselten, und dann kommt das Pluto/Pluto-Quadrat in Sicht. Zwischen dem Plutoquadrat und dem Neptunquadrat können Sie sich selbst in folgendes Dilemma manövrieren: Sie haben Ihre alte Arbeitstelle aufgegeben. Sie sind mit etwas Neuem und Unerprobtem beschäftigt. Ihr Wertgefühl und noch wichtiger, Ihr Gefühl, von anderen geschätzt zu werden, entsteht durch das Lob und die Position, die Sie in Ihrer vorherigen Arbeit hatten. Niemand kennt Sie in Ihrem neuen Arbeitsprojekt. Neptun löst ein paar nette Glaubenssysteme auf, die Sie einmal vertreten haben, und Pluto bringt die Angst vor Verlust und die Angst, die Kontrolle zu verlieren mit hinein. Dieser Verlust der Kontrolle könnte in der Arbeit unter Umständen wirklich passieren, da Sie gerade etwas Neues anfangen und erst noch damit vertraut werden müssen. All Ihre Gefühle bezüglich Selbstvertrauen und persönlicher Wertschätzung werden geprüft. Sie mögen sich selbst positiv bewerten, aber unter diesen neuen Umständen gibt Ihnen von außen niemand irgendein Feedback. Wenn Sie eine stabile Ehe haben und einen Partner, der Sie während dieser Zeit unterstützt, können Sie ohne allzuviele Probleme durchkommen, besonders, wenn Sie bewußt genug sind, um in der Lage zu sein, all das mit Ihrem/Ihrer Partner/in zu besprechen. Aber was ist, wenn Ihr/e Partner/in beschäftigt ist, oder was ist, wenn Sie gerade eine alte Beziehung hinter sich gelassen haben? Wo kommt dann der Beistand her? Wie lange können Sie durchhalten, ohne einem Gefühl von Mißerfolg zu unterliegen?

Sheehy spricht über die Angst vor dem Tod und das neue Bewußtsein über den Tod, das während der Midlife Crisis entsteht. Es ist nicht so, daß wir uns des Todes vorher nicht bewußt gewesen wären, aber es ist etwas, das jetzt gerade sehr real für uns wird. Wir sind jetzt in der zweiten Hälfte des Lebens, und wir sind auf dem Weg den Berg hinunter. Wir könnten jede Minute sterben; einige unserer Freunde sterben gerade jetzt. Wir erleben vielleicht eine lebensbedrohliche Krankheit, die uns unserer Vorstellung vom eigenen Tod sehr nahe bringt. Egal wie diese Todesvorstellung aktiviert wird, sie läßt eine Angst vor dem Sterben lebendig werden, eine Sorge um den Tod, sogar eine Beschäftigung mit dem Tod. Sobald der Zyklus vorüber ist und wir uns mit dem Gedanken »ja, wir werden nicht lebendig aus diesem Leben gehen« mehr angefreundet haben, dann gewöhnen wir uns daran und gehen viel entspannter damit um.

In der Mitte des Lebens mag die Todesangst oder ein abruptes Bewußtwerden des Todes dadurch ausgelöst werden, daß wir plötzlich realisieren, daß das Leben an uns vorbeigeht. Auf einmal merken wir, daß das Leben seine Halbzeit erreicht hat. Leute in den Zwanzigern und Dreißigern versuchen so sehr, etwas in der Zukunft zu erreichen, daß sie ihren eigenen Tod nicht in Betracht ziehen – sie sind zu sehr mit dem *Sein* beschäftigt. Das Bewußtsein, das in der Midlife Crisis auftritt, mag auf irgendeine Art mit dem Jupiterzyklus in Verbindung stehen, der uns veranlaßt, unseren Horizont zu erweitern, unsere Vision zu vergrößern, an etwas anderes zu denken als nur an uns selbst. Bis zu diesem Punkt ist ein Großteil des »wir« in unseren Gesprächen eine Art Lippenbekenntnis. Jetzt müssen wir eine andere Rolle spielen. ja, wir sind alleine.

Ja, wir können nie wirklich unser inneres Selbst mit jemandem teilen. Aber wir sind Teil einer kollektiven Gruppe und eines kollektiven Bewußtseins, dessen Möglichkeiten unsere Vorstellungen bei weitem übertreffen.

Wenn die Midlife Crisis so fürchterlich ist, warum nicht einfach schlafen, bis sie vorbei ist? So funktioniert das Leben nicht. Wenn die zweite Hälfte des Lebens voll ausgeschöpft werden soll, dann müssen wir im Reifeprozeß mit den anstehenden Veränderungen zurechtkommen. Die Midlife Crisis ist im Grunde genommen eine Wiedergeburt. Das Trauma einer jeden Geburt ist nicht angenehm, aber Veränderungen sind auch nicht einfach. Was muß sich verändern? Einstellungen zu und Vorstellungen über Beziehungen, die Bewertung der eigenen Persönlichkeit, Ziele und Visionen der Zukunft, und die Verbindung mit der Generation, in die man hineingeboren wird. Langsam, im Verlauf der nächsten Jahre, nachdem die Krise vorbei ist, wird die heranreifende Person einen Rollenwechsel bemerken. Wie die Hindus sagen würden, das Familienoberhaupt fängt an, loszulassen, und der freie Mensch beginnt, sich aus dem Kokon zu schälen.

43 – 45 Jahre

Letztes Jupiter/Jupiter-Quadrat (vierter Zyklus)
Saturn/Saturn-Opposition (zweiter Zyklus)
Vielleicht Pluto/Pluto-Quadrat (erster Zyklus)

Der Anstoß zur Veränderung ist noch nicht vorüber. Mehrere Monate lang unter dem Jupiter/Jupiter-Quadrat müssen wir wieder analysieren, wie es uns in der vierten Jupiter-Beziehungsphase geht. Unterstützen wir unsere Kinder? Fangen wir an, sie oder jemand anderen zu unterweisen? Teilen wir das, was wir wissen, mit jemandem? Wenn sich in unseren persönlichen Beziehungen nichts verändert hat, dann wird irgendein Ereignis auftreten, das uns bewußt macht, wie wir unser Ziel verfehlt haben. Dieser Zyklus sollte nicht die Angst, sondern eher eine Offenheit für Veränderung fördern. Wenn wir das Ziel verfehlt haben, dann werden uns auftretende Ereignisse wieder auf den richtigen Weg bringen, wenn wir aufmerksam sind. Es ist jetzt besser zu wachsen, denn wenn wir es nicht tun, dann nehmen wir unsere Mängel mit in den nächsten Jupiterzyklus.

Die Saturnopposition zeigt an, daß die erste Hälfte im zweiten Zyklus zu Ende geht. Wenn unsere Entscheidungen während der Konjunktion (etwa 28 Jahre) gut für uns waren, dann wird die Opposition die Kulmination einer Wachstumsperiode zeigen, die auf irgendeine Weise zur Anerkennung unseres Wertes führen sollte. Wenn wir keine gute Entscheidung während der Konjunktion getroffen haben, wird die Opposition das auch zeigen. Wir fangen jetzt an, mit der letzten Hälfte des Zyklus zu arbeiten, und manche Leute richten sich im mittleren Management und dem Status quo ein, was den Beruf angeht. Andere fangen an, neue Interessen zu entwickeln. Der stark motivierte Karrieremensch wird auf irgendeine Art Berufsziele korrigieren. Entweder erntet er Früchte, oder er realisiert, daß ein Richtungswechsel notwendig ist. Frauen erleben vielleicht neuen Schwung im Beruf, weil es das erstemal ist, daß Saturnenergie in diese Richtung gelenkt werden kann; früher ist sie vielleicht in die Kindererziehung gelenkt worden.

Wir sind nicht mehr auf dem Weg nach oben; wir sind jetzt in einer Phase, in der wir ausdrücken, wer wir sind, und in der wir das teilen, was wir gelernt haben. Bis zu dieser Phase des Saturnzyklus sollten wir etwas zu geben haben. Viele Menschen treten berufsbezogenen Gruppierungen bei und stellen Zeit zur Verfügung, geben ihr Fachwissen weiter, das sie sich im Laufe der Jahre angeeignet haben. Andere Leute, die nicht so stark karriereorientiert waren, gehen vielleicht in eine Gemeindeorganisation oder versuchen, in der Nachbarschaft, in der Stadt oder auf Staatsebene zu helfen. Manche engagieren sich in politischen Aktivitäten, wenn der größere Zusammenhang des Wohlergehens im Lande ein wichtiges Thema für sie wird.

Das ist die Zeit, in der man daran denkt, das zurückzugeben, was man geworden ist. Für manche ist es eine schwierige Zeit, wenn sie nicht wissen, wer sie geworden sind. Wenn das Selbstbild verzerrt ist, deutet es nicht auf einen gestörten Menschen hin, sondern eher auf jemanden, der so damit beschäftigt war, etwas zu werden, daß er oder sie sich nicht viel Zeit genommen hat, den Menschen zu sehen, der sich entwickelt hat. In diesem Zyklus halten Sie möglicherweise abrupt inne, weil man Sie in einer Art behandelt, die Sie nicht erwartet haben, oder man gibt Ihnen vielleicht eine wichtige Position in der Gemeinde, auf Ihrem Arbeitsgebiet oder in einer neuen sozialen Gruppe. Sie fühlen sich vielleicht unwohl damit, bis Sie merken, daß andere Menschen Sie anders behandeln, als Sie sich selbst sehen. Saturntransite lassen immer einen Wechsel in der Sichtweite zu, und die Kristallisation – oder die Bewußtwerdung – dessen, wohin Sie sich entwickelt haben, ist notwendig. Ich führe hier nicht dem Kleinmachen des Ego das Wort. Das hat mit dem Ego nichts zu tun. Es hat etwas mit dem Erkennen des eigenen

Wertes und des Bildes, das man im sozialen Umfeld kreiert, zu tun, ob Sie sich darum bemühen oder nicht. Fängt zum Beispiel jemand an, ernsthaft Jura zu studieren, dann ist da zuerst eine Phase als Student, dann bekommt man seine Zulassung, dann fängt man an zu arbeiten, aber man weiß, daß man immer noch naß hinter den Ohren ist. Man schaut zu Leuten auf, die auf diesem Gebiet älter und erfahrener sind, die Respekt fordern. Man strebt vielleicht sogar danach, ein so guter Anwalt wie der andere zu sein. Ein paar Jahre arbeiten Sie schwer, und Sie kommen zu dieser Saturnopposition und fangen an zu merken, daß es neue Leute in Ihrem Beruf gibt, die kommen und sagen, daß sie *Ihre* Arbeit bewundern, Ihre Fachkenntnisse, die Art, wie *Sie* mit einem Fall umgehen. Plötzlich wird das, was *Sie* sagen und was *Sie* tun, wichtig, und Sie realisieren, daß Sie anderen ein Beispiel geben. Und das ist etwas, was Sie vielleicht überhaupt nicht im Sinn hatten. Sie mögen bei sich wissen, daß Sie immer noch eine Menge zu lernen haben. Sie haben gerade Ihre Vision erweitert, und in Ihrem Bewußtsein entstehen ganz neue Möglichkeiten, was Sie mit Ihrer Zukunft anfangen wollen, und wie Sie in Zukunft denken werden. Sie lernen also noch. Aber Sie sind auch in der Position, ein Lehrer zu sein, und Sie können sehr gut das lehren, was Sie hinter sich gelassen haben, während Sie immer noch weiter vorwärts gehen, um das dazu zu lernen, womit Sie sich selbst erweitern wollen.

Wir werden nicht alle große Anwälte. Aber in jedem Beruf, jedem sozialen Umfeld, jeder Familie müssen wir dieselben Rollen auf irgendeiner Ebene spielen. In der Familie wird uns vielleicht bewußt, daß wir für die Position des »Stammesführers« trainieren, auch wenn wir diese Position vielleicht nicht einnehmen wollen. Jede Lebensphase bringt eine neue Rolle hervor, die wir spielen müssen.

Wenn Pluto während dieser Periode im Quadrat zu sich selbst steht, dann werden die beunruhigenden Umstände, die von Pluto verkörpert werden, uns noch in eine andere Richtung treiben. Hier steht ein umfangreicherer Prozeß auf dem Spiel, denn Ihre Lebensziele, und wie Sie in Ihr soziales Umfeld passen – das kommt auf die Tagesordnung. Wenn Pluto die unbewußte Motivation einer Generation verkörpert, dann stehen die Werte Ihrer Generation im Zusammenhang mit Ihnen persönlich, weil Sie entweder Teil dieses Wertesystems sind, oder nicht mit ihm übereinstimmen. In jedem Fall spielen Sie eine Rolle, die mit der Generation, in der Sie geboren wurden, in Verbindung steht. Wenn Pluto mit den persönlichen Planeten in Ihrem Geburtshoroskop eine Verbindung hat, dann wird das Quadrat sogar noch bedeutender, da die sich verändernden Werte Ihrer Generation Sie dann auf einer persönlichen Ebene beeinflussen werden. Eine der Wirkungen der plutonischen Veränderung mag sich als subtiler Verlust der Zielorientierung ausdrükken. Sie finden sich vielleicht in einer spannungsgeladenen Situation wieder, in der Sie das Gefühl haben, auf irgendeiner inneren Ebene die Kontrolle zu verlieren. Das mag sich darin ausdrücken, daß man sich nicht sicher ist, wohin man geht, und man lernt vielleicht am besten »Wasser zu treten«, bis das sich verändernde Selbst aus den Tiefen der Plutoenergie wieder auftaucht. Ein neues Ziel manifestiert sich gerade, und Sie haben vielleicht noch keine Vorstellung, wie dieses Ziel oder diese Absicht aussieht. Es wird mit Sicherheit die innnere Neuformung irgendeines charakteristischen Merkmals oder eines Ziels mit sich bringen, das auf der Asche des alten aufgebaut wird – ein neues Entstehen der Persönlichkeit, ein neues Entstehen von Energie. Es ist interessant zu überlegen, daß die Midlife Crisis im wesentlichen eine Wiedergeburt ist – wiedergeboren zu werden in den zweiten Lebensabschnitt. Wenn wir Mitte vierzig sind, dann reagieren wir nicht mehr mit derselben Offenheit des Dreijährigen, der hinaus in die neue Welt strebt, nicht wahr? Etwas von unserer Unschuld und unserer Naivität ist weg, aber wir haben mehr anzubieten, weil wir unseren Geist stärker entwickelt haben.

46 – 50 Jahre

Jupiter/Jupiter-Konjunktion (fünfter Zyklus)
Letztes Saturn/Saturn-Quadrat (zweiter Zyklus)

Die meisten Leute erleben die Midlife Crisis zusammen mit der Saturn- und Uranusopposition. Bei anderen dauert sie länger an. Was Sie auch davon halten mögen, wir fangen jetzt mit dem fünften Jupiterzyklus an, der uns in den Abschnitt des Großelterndaseins schubsen sollte, ob als physische oder geistige Großeltern. Für Eltern ist es wichtig, ihre Kinder langsam loszulassen, sie auf ihren eigenen Füßen stehen zu lassen, damit sie selbst frei werden können. Das ist für manche Eltern unangenehm, weil sie die Konfrontation als schwierig empfinden. Die Kinder werfen den Eltern vielleicht vor, daß sie sich nicht mehr um sie kümmern, weil die Eltern nicht mehr völlig verfügbar sind – nach Belieben des Kindes natürlich. Die Eltern sagen: »Natürlich bin ich noch da, hier ist Geld.« Wenn wir nicht wissen, was wir machen sollen, um unsere Kinder loszuwerden, mag es hilfreich sein, von den Tieren etwas zu lernen, die noch wissen, daß sie Tiere sind. Wenn der heranreifende kleine Hund oder das Kätzchen zur Mutter zurückkommt, um gefüttert zu werden, wobei er im Grunde genommen in der Lage ist, für sich selbst zu sorgen, dann ist die Mutter einen Moment lang nett und gibt ihm dann einen Klaps. Nicht zu fest. Wenn das Junge dennoch zurückkommt, schlägt sie ein bißchen fester, bis der Groschen fällt. Vielleicht sollten wir das auch versuchen. Die Probleme, die wir mit dem Freigeben unserer Kinder haben, haben zwei Seiten. Entweder haben wir Schuldgefühle, weil wir es tun, weil wir wirklich genug haben von der Kindererziehung und es nicht zugeben können, oder wir können die Kinder nicht loslassen, weil wir noch nichts anderes entdeckt haben, womit wir sie ersetzen können. Wenn wir unsere Zyklen ganz strikt eingehalten haben, und wenn wir eine Familie entsprechend der natürlichen zyklischen Energie aufgebaut haben, dann werden die Kinder etwa 24 Jahre alt sein, wenn wir diesen Zyklus erleben. Das heißt, daß das Kind jetzt bereit ist, selbst Kinder in die Welt zu setzen. Daher die Großelternrolle. Es steht uns frei, Platz zu machen, auch wenn unsere eigenen Kinder beschlossen haben, selbst nicht Eltern zu werden.

Der Großelternzyklus bedeutet, daß wir unseren Kindern Zeit in begrenztem Umfang zur Verfügung stellen können. Wir geben die Elternrolle auf; der frischgebackene junge Vater oder die junge Mutter führen einen Haushalt, und der junge Vater oder die junge Mutter sorgen für ihre Kinder, und kümmern sich auch um die Bedürfnisse ihrer Eltern. Um diese Zeit sollten wir den nächsten Jupiterzyklus ins Auge fassen – und zulassen, daß unsere Kinder oder andere junge Leute uns helfen. An diesem Punkt in unserem Leben müssen wir alle lernen, Hilfe und Fürsorge anzunehmen. Wenn wir uns selbst erlauben können, von anderen etwas anzunehmen, dann setzen wir in uns selbst wirklich etwas frei und können dann in unseren nächsten Wachstumsprozeß hineingehen – die spirituelle Öffnung.

Wie wirkt dieser Zyklus, wenn wir nie verheiratet waren oder wenn wir keine Kinder hatten? Ob man Vater oder Mutter ist oder nicht, das Großelternstadium kommt auf jeden Fall mit ins Spiel. Die Rolle, die Sie im Leben spielen, verändert sich. Und da man seine Familie jetzt nicht loslassen muß, ist für andere äußere Bedingungen gesorgt, mit denen man arbeiten muß. Sie müssen etwas hinter sich lassen – ich habe keine Ahnung, was dieses Etwas ist, aber Sie werden es hinter sich lassen, wenn es an der Zeit ist. Rigidität ist ein Schlüsselwort, denn an Ihrem Lebensplan muß etwas verändert werden, um Sie davor zu bewahren, zu einer total rigiden Persönlichkeit zu werden.

Ihre philosophische Seite ist bereit, sich zu entwickeln, und Sie fangen gerade mit dem Zyklus an. Sie müssen bereit sein zu teilen, anderen zu erlauben, Ihnen dabei zu helfen, das Gefühl zu entwickeln, daß Ihre körperliche Unabhängigkeit keine Frage des Stolzes ist. Ihr Körper verändert sich, und Sie müssen lernen, wie Sie anders von ihm Gebrauch machen können. Die Fähigkeit, sich von emotionalen Situationen zu distanzieren, zu lernen, das Leben aus der Vogelperspektive zu betrachten, eine andere Sichtweise zu entwickeln – all das steht auf unserer Tagesordnung.[14]

Wenn Sie arbeiten, werden Ihre neuen Erkenntnisse dort ebenfalls mit eingehen. Während Sie nachdenken, fällt Ihnen auf, daß sich Ihre Wahrnehmung verändert.

Alleinstehende Menschen haben oft eine bessere Gelegenheit, ihr Bewußtsein zu entfalten, da sie buchstäblich die Zeit dazu haben. Niemand hat mehr Kontrolle über sein Leben, als jemand, der alleine lebt oder der beschlossen hat, keine Kinder zu bekommen. Die Ansprüche sind ebenfalls normalerweise höher, da der alleinstehende Mensch mehr Zeit hat, nach innen zu schauen – um die Entwicklung im Leben zu verstehen – physisch wie spirituell. Und der alleinstehende Mensch kann ein Kind nie als Hinderungsgrund benutzen und sagen »na, wenigstens hat mein Kind eine gute Ausbildung bekommen« – weil es kein Kind gibt.

Das letzte Quadrat Saturns mit sich selbst läßt für manche Menschen den Berufszyklus zu einem Ende kommen. Zu Beginn des zweiten Saturnzyklus hatten wir gelobt, uns selbst ernst zu nehmen, uns einen Beruf und ein Leben aufzubauen. Wir beschlossen, Realisten zu werden. Wir gründeten eine Familie oder fingen einen Beruf an, was die nächsten 28 Jahre unseres Lebens strukturierte. 21 Jahre später überzeugen wir uns davon, ob uns das gelungen ist, und wir schauen nach, wieviel Zeit wir mit dem von uns gewählten Lebensstil noch haben.

Bei Männern markiert diese Periode einige Veränderungen in der Berufsmotivation. Manche Leute haben Angst vor dem Wort 50, weil

[14] Hier ist ein Beispiel einer unterschiedlichen Sichtweise. Als ich in einer Firma arbeitete, die in eine Fusion verwickelt war, wurde ich unfreiwillig in einen Machtkampf unter einigen unserer Firmenleiter hineingezogen. Ich war sehr verletzt, als ich unnötig angegriffen wurde, und ich war soweit, mit wütenden Gefühlen von der Firma wegzugehen. Eine dieser reifen Damen hielt mich zurück und sagte: »Betty, warte, du bekommst ein gutes Gehalt und du hast eine gute Position, weil irgend jemand hier findet, daß du diese Position innehaben solltest. Warte.« Und natürlich hatte sie recht, da das Problem sich in kürzester Zeit aufklärte. Ein Unterschied in der Sichtweise zwischen einer älteren, reiferen Abteilungsleiterin und einem jungen Hitzkopf.

es ganz definitiv das mittlere Alter anzeigt. Karriereorientierte Menschen sind nicht glücklich dabei zuzugeben, daß der Rest der Welt sie vielleicht als mittleren Alters ansieht. In der Tat, an manchen Orten in diesem Land wird jeder über 50 als Rentner angesehen.

Wir wissen, daß die Firma anfängt, uns mit 50 Jahren abzuschieben, wenn wir für ein durchschnittliches Unternehmen arbeiten. Das heißt, wir sollten uns etwas ausdenken – Alternativen – im Fall, daß die Firma beschließt, uns in den vorzeitigen Ruhestand zu zwingen. Für die, die selbständig sind, ist ein Tempowechsel oder ein Wechsel in der Verantwortlichkeit im Gange, da die meisten Selbständigen gerade dabei sind, Geltung zu erlangen. Selbständige erleben jetzt, daß sie sich als Lehrer für die jüngeren, aufstrebenden Leute zur Verfügung stellen. Wenn wir unser Wissen und unsere Erfahrung nicht achten, dann fühlen wir uns unter Umständen unsicher.

Das scheint für Frauen eine wirklich interessante Zeit zu sein. Sheehy berichtet in »Pathfinders«. daß das ein »Comeback-Jahrzehnt« für sie ist. Die ersten Anzeichen der Wechseljahre können Gefühle von Unsicherheit mit sich bringen. Die Tatsache, daß viele Frauen genau jetzt wieder in die Arbeitswelt gehen, kann auch zu Unsicherheitsgefühlen mit beitragen. Dennoch fangen Frauen in ihren späten vierziger Jahren an, sich mehr zu behaupten. Wie Sheehy betont, lassen Frauen die »Maske des glücklichen Gesichts fallen... brechen das Siegel über der unterdrückten Wut... überwinden den gewohnheitsmäßigen Versuch, perfekt zu sein... und das Bedürfnis, daß jeder sie lieben soll«. Sie sagt damit, daß es Zeit ist, das zu entwickeln, was manche Menschen Überspanntheit nennen – oder aber Persönlichkeit. Endlich können sie das sagen, was sie sagen wollen.

Das gilt auch für Männer. Männer, die das Gefühl haben, daß sie jahrelang für die Bedürfnisse der Kinder gearbeitet haben, können sich endlich freimachen. Das kann auch auf den Bruch einer Ehe hinweisen, die »wegen der Kinder« bestanden hatte, da die neue Jupiterwiederkehr den bereits aufgezogenen Kindern die Verantwortung für das Aufziehen der neuen Kinder übergibt. Wie lange muß ein Elternteil für ein Kind verantwortlich sein? Auch wenn das Kind sagt, daß es unabhängig ist, dann mag sich das als nicht ganz wahr herausstellen, denn wenn sich die Eltern entfernen, dann sind es vielleicht nicht die Eltern, für die das problematisch ist! Diese Probleme kommen natürlich ans Licht, wenn eine Ehe beendet wird und die Eltern getrennte Wege gehen.

Für die, die verheiratet bleiben und sich immer noch von ihren Kindern lösen, ist das eine Zeit, in der sie aus den Vororten wieder in die Stadt zurückziehen, sich eine kleine Wohnung nehmen und noch einmal von vorne anfangen zu leben. Viele Eltern haben die Vergnügungen und Freunde des Stadtlebens aufgegeben, um für die Kinder einen Garten zu haben. Das bedeutet nicht, daß es den Eltern *Spaß* gemacht hat, im Vorort zu leben und jeden Tag hin und her zu fahren – es ist vielleicht als Teil des »Elterntrips« geschehen. Jetzt steht es Mutter und Vater frei, in die Stadt zu ziehen und etwas Neues zu entwickeln. Wenn die Ehefrau wieder anfängt zu arbeiten, dann wird ihr zusätzliches Einkommen dem Ehemann dabei helfen, ein besseres Gefühl zu dem Gedanken an eine Veränderung seiner Arbeitssituation zu entwickeln. Wenn er seine Arbeit in den letzten Jahren wirklich nicht gemocht hat, dann zeigen die späten vierziger und die frühen fünfziger Jahre unter Umständen eine Periode des Wechsels an. Er fängt an, andere Arbeitsinteressen zu entwickeln.

Sheehy erwähnt auch die Themen Gesundheit und Sexualität. Das sind die Jahre, wenn die Achtung vor dem Leben von neuem ins Blickfeld kommt, da Gesundheit und Wohlergehen wichtig werden. Viele Leute fangen an, sich mehr um ihr körperliches Wohlergehen zu kümmern. Viele erleben die Wechseljahre – Männer wie Frauen. Es ist viel über die weiblichen Wechseljahre geschrieben worden, und sie waren jahrelang ein Anlaß für Spott – Frauen wurde oft vorgeworfen zu »menstruieren«, wenn sie wütend wurden (besonders Männern gegenüber), und älteren Frauen wird oft vorgeworfen, in den »Wechseljahren« zu sein. Manche Frauen erleben während dieser Zeit wirklich ernsthafte Veränderungen in der Chemie ihres Körpers. Aber Veränderungen, die den Wechseljahren zugeschrieben werden, können sich auch auf die Persönlichkeit der älteren Frau beziehen. Wenn Frauen älter werden, nehmen sie weniger Bestätigung von anderen Menschen an. Das ist ein Zeichen von Reife und kein Zeichen der Wechseljahre. Wenn jedoch eine Frau nicht mit viel Wärme und Aufmerksamkeit auf die Gefühle eines Mannes reagiert, dann wird das im Büro vielleicht den Wechseljahren zugeschrieben. Frauen mögen unterbewußt auf die Tatsache reagieren, daß sich Menschen beiderlei Geschlechts, wenn sie älter werden, mehr angleichen. Die Körper werden ähnlicher. Junge Menschen realisieren das nicht. Aber die meisten Männer entwickeln einen Brustansatz, wenn sie älter werden. Bis sie achtzig sind, sind Mann und Frau beide recht rundlich geworden! Die Wechseljahre des Mannes lösen andere Reaktionen aus. Das Unverständnis darüber ist größer, weil in unserer Gesellschaft erst seit kurzem darüber gesprochen wird. Männer werden deprimiert; sie sind morgens müde; sie haben vielleicht Schmerzen und Beschwerden und machen sich über Herzkrankheiten und ähnliches Sorgen. Sie fühlen eine Veränderung in den sexuellen Bedürfnissen. Der Schlüssel hier liegt darin, daß sich die sexuellen Bedürfnisse *verändern*, aber nicht *verschwinden*. Das sexuelle Bedürfnis verläßt uns nie; das einzige, was die Menschen davon abhält, Sexualität zu genießen, ist ihre eigene Einstellung dazu.

51 – 55 Jahre

Erstes Jupiter/Jupiter-Quadrat (fünfter Zyklus)
Jupiter/Jupiter-Opposition (fünfter Zyklus)

Das ist eigentlich keine schwierige Zeit. Da der fünfte Jupiterzyklus schon begonnen hat, reagieren wir jetzt auf unsere anfänglichen Beziehungsentscheidungen für diesen Zyklus. Die meisten Frauen fühlen sich recht wohl. Diejenigen, die wieder in die Arbeitswelt zurückgekehrt sind, genießen es, und ernten vielleicht die Früchte davon, daß sie sich in ihren vierziger Jahren noch weitergebildet haben. Frauen, die sich gerade das erstemal in die Arbeitswelt einfügen, sind auch glücklich darüber. Jetzt, da man sich dem Wort 50 gestellt hat, fangen Frauen an, diese Lebensphase zu genießen.

Das erste Quadrat wird zwei Monate des Neuüberdenkens mit sich bringen. Entscheidungen, die während der Jupiterkonjunktion getroffen wurden, müssen ausgewertet werden, und vielleicht kommt als ein Ergebnis heraus, daß es doch nicht so traumatisch war, die Kinder wegzuschicken, wie die Mutter anfangs befürchtete. Männer merken, daß andere Menschen sie immer noch mögen, obwohl sie schon über Fünfzig sind, und diese Periode des Lebens kann genossen werden, wie das Leben vorher noch nie genossen wurde.

Wenn Ihre Eltern bis ins hohe Alter gelebt haben, dann ist das die Zeit, in der sie anfangen, krank zu werden und zu sterben. Eine Veränderung im Familienstatus findet statt, und der Prozeß des Loslassens der Kinder wird immer plausibler.

Viele Frauen werden jetzt Großmutter und freuen sich über die Aussicht, daß die Familie weiterwächst. Aus irgendeinem Grund fühlen sich Frauen für gewöhnlich wohl bei dem Gedanken, Großmutter zu werden und haben Spaß daran, ihren Töchtern und Schwiegertöchtern mit den neuen Kindern zu helfen. Männer sind immer noch mit dem Beruf beschäftigt, und es erschreckt sie vielleicht, Großvater zu werden, weil sie nicht wollen, daß das Stigma des Alters ihre Arbeit beeinflußt.

Das Hinzukommen der Enkelkinder dient als Anstoß, um die Fünfzigjährigen in der Erkenntnis zu unterstützen, daß das Älterwerden eigentlich ein ganz natürlicher Prozeß ist. Der Zyklus, der mit etwa 48 Jahren begonnen hat, ist jetzt vollendet.

Die Rolle als Großeltern drängt den Erwachsenen in den nächsten Lebensabschnitt. Die »Jugendjahre« des Alters sind eine Vorbereitungszeit. Den alleinstehenden Menschen dient die nächste Generation nicht als Initiator des zukünftigen Lebens, deshalb müssen sie diese Anpassung für sich selbst vornehmen. Der Weg des Alterns ist einer, den wir alleine beschreiten, und jeder Mensch muß ihn selbst finden.

Die Jupiteropposition läßt uns wissen, wie unsere Entscheidung mit 48 Jahren war; wenn Sie den richtigen Weg für sich selbst beschritten haben, dann kennzeichnet die letzte Hälfte des Zyklus eine Periode des Wachstums und der Freude. Während der Opposition kauft der Mensch, der vor dem Alter Angst hat, neue Haare, neue Zähne, neue Augen, vielleicht neue Ohren und neue Kleidung, alles darauf ausgerichtet, jünger auszusehen, als man ist. Berät man jemanden, der wie ein Teenager angezogen ist, dann weiß man, daß das Alter wahrscheinlich eine sehr beängstigende Aussicht ist. Die folgenden Jahre mögen sehr unangenehm sein, wenn das Individuum nicht gut beraten ist.

55 – 60 Jahre

Letztes Jupiter/Jupiter-Quadrat (fünfter Zyklus)
Jupiter/Jupiter-Konjunktion (sechster Zyklus)
Saturn/Saturn-Konjunktion (dritter Zyklus)
Letztes Uranus/Uranus-Quadrat (erster Zyklus)

Sie wissen, daß Spannung wieder auf der Tagesordnung steht, sobald Sie sehen, wie Uranus um die Ecke schaut. Verschiedene Probleme müssen jetzt in Angriff genommen werden. Wenn die Großelternphase mit 48 Jahren nicht akzeptiert wurde, dann wird zuerst etwas geschehen, was Sie zwingt, Ihre erwachsenen Kinder loszulassen. Es ist Zeit, sie loszulassen – Ihre Kinder das Essenkochen am Erntedankfest übernehmen zu lassen. Es ist o. k., erst dann zu kommen, wenn das Essen auf dem Tisch steht. Es ist nicht notwendig, daß die »alte Mutter« für jeden kocht – lassen Sie das junge Volk die Arbeit machen. Ein Teil des Loslassens der Elternrolle besteht darin, den eigenen Kindern zu erlauben, erwachsen zu werden; wenn Sie sie nicht loslassen, betrügen Sie sie vielleicht um das Erwachsenwerden. Eine Matriarchin ist keine Köchin, sie ist eine Beraterin. Ein Patriarch unterstützt seine Kinder nicht mehr mit Taschengeld, er ist ein Philosoph. Ihre neue Rolle kann sich nicht entwickeln, wenn Sie immer noch auf die vergangenen Zeiten zurückschauen und versuchen, eine Familienszene zurückzuholen, die nicht mehr existiert.

Zu Beginn des dritten Saturnzyklus steht eine neue Geburt an. Eine neue Ebene der Verantwortung muß in Erwägung gezogen werden. Der zweite Saturnzyklus (28 Jahre) brachte eine Periode der Verantwortung mit sich, wie Sie sie vorher nie erlebt hatten. Es war die Art von Verantwortung, auf die wir uns entsprechend der Erziehung durch unsere Eltern freuten. Es war Zeit zu heiraten, eine Familie zu gründen, einen Hausstand aufzubauen, einen Beruf zu entwickeln und die Familie, die man sich geschaffen hatte, zu ernähren. Es war eine aktive Zeit, im wesentlichen darauf ausgerichtert, Teil der Masse zu sein. Für die, die wenig Herdeninstinkt hatten, war es Zeit, entweder der Anführer der Herde oder ein Jäger zu werden. All unsere Aktivitäten während unserer dreißiger, vierziger und frühen fünfziger Jahre stehen in Verbindung damit, die Gesellschaft oder den Stamm oder die Gruppe zu stärken.

Der dritte Saturnzyklus bringt eine andere Art von Verantwortlichkeit mit sich. In früheren Generationen war es das Symbol für den Aufstieg des Staatsmannes, des älteren Beraters, starker Leute in Politik und Kirche. Männer wurden zu Ratgebern. Nun, wir sind zur Selbstverantwortung erzogen worden, aber nur wenige von uns sind dazu erzogen worden, die Welt im größeren Zusammenhang zu betrachten. Wenn wir mit diesem Thema keine Übung haben, dann müssen wir uns selbst trainieren. Der Mann, der in diesen Saturnzyklus eintritt, muß für sich selbst einen anderen Platz finden. Er muß langsam daran denken, seine Position aufzugeben und ein Ratgeber zu werden, da sein Wissen und seine Fähigkeit für andere sehr von Nutzen sein können.

Man sieht jedoch eher, wie Männer sich an Strohhalmen festklammern, sich Angst machen wegen ihrer Jobs, wie sie versuchen, das Alte festzuhalten und überhaupt nichts Neues in ihr Bewußtsein dringen lassen. In manchen Fällen sind Männer so unsicher, daß man mit ihnen nicht mal darüber sprechen kann. Das mag der Anfang von einem sehr reizlosen Geisteszustand sein, denn ein Mann, der Angst davor hat, in den nächsten Zyklus hineinzugehen, will in der alten Position bleiben. Wenn man mit ihm über Veränderungen spricht, dann wird er stur und will nichts mehr hören. Diese Haltung mag viele Firmen dazu bewogen haben, einen Pflichtruhestand mit 55 oder 60 Jahren einzuführen, weil es schwierig sein kann, mit ängstlichen älteren Menschen zusammenzuarbeiten. Will die Firma den Mitarbeiterstab vergrößern, dann fühlen sich ältere Männer als unzulänglich. Es spielt keine Rolle, daß die Stellenbeschreibung verändert wurde, oder daß die Firma jetzt ihre Geschäfte von Computern erledigen läßt, oder daß die Firma gewachsen ist. Manche älteren Männer brauchen Hilfe bei den Veränderungen im Geschäftsleben des Unternehmens, aber sie haben das Gefühl, wenn sie um Hilfe bitten, dann sind sie zwangsweise Versager. Deshalb arbeiten sie länger und härter und bleiben letztendlich doch zurück. Weitere Unsicherheit wird dadurch erzeugt, daß die Arbeitslast nicht verringert wird. Das ist ein Zeichen für stagnierende Menschen, diejenigen, die unfähig sind, über sich selbst hinauszuschauen, um zu sehen, wo sie einen Platz in der Struktur des Unternehmens finden können.

In anderen Fällen haben Männer, die mit dem dritten Saturnzyklus angefangen haben, andere Jobs innerhalb des Unternehmens übernommen, oder sind zu ähnlichen Firmen gegangen, die Dienstleistungen anbieten, in denen unsere saturnischen Individuen Experten sind. Jüngere Männer können unmöglich ältere Mitarbeiter, die in der Lage sind, ihre Erfahrungen zu teilen, übertreffen. Diese Männer sind in der Lage, jeder Firma, für die sie arbeiten, eine ganz andere Art Arbeitsleistung anzubieten. Welcher Art? Nun, es ist unwahrscheinlich, daß sie mit einem Kater von der Party gestern abend ins Büro kommen, und sie sind nicht bis drei Uhr morgens mit einer neuen Bekanntschaft aus gewesen. Sie fangen frisch und bereit an zu arbeiten. Sie haben Vorstellungen anzubieten, die sich auf solide Geschäftserfahrung gründen und keine unpraktischen, unerprobten Ideen. Während sich junge Männer vielleicht mehr darauf verlegen, die Bilanzen zu machen oder sich auf einfache Art aus der Affäre zu ziehen, haben die reiferen Mitarbeiter mehr Interesse daran, Ideen vorzuschlagen, die dem Unternehmen oder dem Ruf des Unternehmens langfristig Nutzen bringen.

Wie kommen Frauen mit dem Saturnzyklus zurecht? Sie verhaspeln sich vielleicht ein bißchen, aber die Belastung des bevorstehenden Alters ist für sie unter Umständen nicht so schwer. Mit dem dritten Saturnzyklus sind die Wechseljahre vorüber, die Rolle als Hausfrau und Mutter ist im wesentlichen ausgespielt, der Haushalt wird völlig anders geregelt, und eine Frau kann sich entweder darauf freuen, mit ihrem Beruf bis zum Ruhestand weiterzumachen, oder sich nach einer Arbeit umsehen, die ihr das gibt, was sie sich von einer Anstellung zu diesem Zeitpunkt in ihrem Leben erwartet. Wenn Frauen in diesem Alter wieder ins Stadtleben zurückgekehrt sind, dann fangen sie an, persönliche Interessen zu entwickeln, in einer Organisation mitzumachen oder politische Ziele zu verfolgen, wie immer das im einzelnen aussehen mag. Das Wichtige für alle Menschen, die in diesem dritten Saturnzyklus eintreten, ist die Grundlage des Zyklus selbst. Drei Saturnumrundungen – und die meisten Menschen sind nicht mehr auf diesem Planeten. Manche Menschen leben bis in ihre neunziger Jahre, aber nicht viele. Das ist die Zeit, mit der Erforschung des spirituellen Lebensprozesses zu beginnen – was immer das für Sie heißen mag. Manche engagieren sich in ihrem sozialen Umfeld in religiösen Aktivitäten irgendeiner Art. Für andere hat die organisierte Religion bis zu diesem Punkt nicht zu ihrem Leben gehört und wird es auch jetzt nicht tun. Diesen Leuten empfehle ich, sich die Gruppe *»Religious Science«* näher anzusehen, die einen metaphysischen oder spirituellen Ansatz hat, oder Gruppen wie SFF oder ARE.[15]

Für andere öffnen die verschiedenen Aspekte der Esoterik Türen zu einer anderen Art von religiösen/spirituellen Erfahrungen, und manche fangen an, Astrologie zu studieren. Andere fühlen sich zum Tarot hingezogen und gehen vielleicht über zu etwas Philosophischem wie Alchimie oder Kabbala. Die Bücher von Jung waren für Menschen, die nach einem anderen Weg gesucht haben, von großem Wert, und die Bücher von Joseph Campbell (besonders »Hero with the Thousand Faces«) hat für viele Menschen neue Türen zur Bewußtwerdung geöffnet.

Wenn die sechste Jupiter/Jupiter-Konjunktion stattfindet, während auch der Saturnzyklus wirkt, werden tiefgreifende Veränderungen vorgenommen. Zu Beginn dieses neuen Zyklus werden Männer wie Frauen dazu gedrängt, sich selbst in einem anderen Licht zu betrachten. Der sechste Zyklus konzentriert sich auf spirituelle oder philosophische Entwicklung, und jedes Individuum wird sich entsprechend der Vorstellung, die sich während des zweimonatigen Zeitraumes, in dem Jupiter wirkt, gebildet hat, öffnen. Wenn die philosophische Entwicklung umgangen wird, dann kann das der Anfang von einer sehr unangenehmen Phase des Lebens sein. Wird dieser Zyklus mit Begeisterung erforscht, dann wird das Älterwerden eine große Bedeutung erlangen.

[15] Religious Science oder Science of Mind hat in den meisten größeren Städten Büros. Viele esoterische Buchhandlungen haben die Bücher von Raymund Charles Baker, Ernest Holmes, Alice Staedman und anderen auf diesem Gebiet. Die meisten Religious-Science-Kirchen haben auch eine Buchhandlung. Wenn es in Ihrer Nähe keine Organisation gibt, dann schreiben Sie an das New York Office, 14 E. 48th St., New York, N.Y. 10017 und fragen Sie nach einer Bücherliste, damit Sie über den Versand kaufen können. Vielleicht fragen Sie auch, ob es in Ihrer Nähe eine Zweigstelle gibt.

Das mag die Zeit sein, um den Weg des »Hero« zu erforschen, besonders wenn man vorher ein paar gute Bücher gelesen hat. Jung'sche Analytiker sind darin ausgebildet mit dem Konzept der Reise des Hero zu arbeiten, und man muß Menschen nicht als neurotisch ansehen, wenn sie diesen Weg erforschen.

Jungs eigene persönliche Selbstentdeckung war für mich faszinierend und ich empfehle, sein Buch »Erinnerungen, Träume und Reflektionen« zu lesen.[16] Die Sichtweise, mit der er durch sein Leben ging, war wunderbar und einige seiner Beobachtungen können in diesem Abschnitt der Reise hilfreich sein.

> »Unser Leben ist wie der Lauf der Sonne, Morgens gewinnt die Sonne kontinuierlich an Kraft, bis sie in der Mittagshitze glühend am Zenit steht; dann kommt die Enantiodromie: ihr ständiges Weitergehen bedeutet kein Zunehmen, sondern ein Nachlassen der Kraft. Deshalb stellt sich unsere Aufgabe bei der Behandlung junger Menschen anders, als sie uns von Menschen reiferen Alters präsentiert wird.
>
> ... Aber es ist ein großer Irrtum anzunehmen, daß sich der Sinn des Lebens in der Phase der sexuellen Jugend und des Wachstums erschöpft; daß zum Beispiel eine Frau, die die Wechseljahre hinter sich hat, ›am Ende‹ ist. Der Nachmittag des Lebens ist ebenso bedeutungsvoll wie der Morgen, nur daß seine Bedeutung und sein Zweck völlig anders aussehen. Der Mensch hat zwei Ziele: das erste ist das Ziel der Natur, das Zeugen von Kindern, und alles, was mit dem Schutz der Brut zu tun hat; in diese Periode gehören das Geldverdienen und das Erreichen einer gesellschaftlichen Position. Wenn dieses Ziel zufriedenstellend erfüllt ist, fängt eine andere Phase an, nämlich die der Kultur.
>
> Für das Errreichen des ersten Zieles haben wir die Hilfe der Natur und darüberhinaus die der Erziehung; aber wenig oder nichts steht uns beim Erreichen des zweiten Zieles zur Seite. Tatsächlich bleibt oft insofern ein falscher Ehrgeiz bestehen, als daß ein alter Mann wieder jung sein will, oder zumindest das Gefühl hat, er müsse sich wie ein junger Mann benehmen, obwohl er sich selbst nicht mehr täuschen kann. Auf diese Art wird der Übergang von der natürlichen in die kulturelle Phase für viele Menschen schwer und bitter... Sie halten sich an der Illusion der Jugend oder wenigstens an ihren Kindern fest, um auf diese Weise ein Fragment der Illusion zu bewahren. Man kann das bei Müttern beobachten, die ihre einzige Lebensberechtigung in ihren Kindern sehen und die glauben, daß sie in die Leere des Nichts abgleiten, wenn sie sie aufgeben. Es ist also kein Wunder, daß sich viele schlimme Neurosen zu Beginn des Lebensnachmittags entwickeln... die Probleme, die in diesem Alter auftauchen, können jedoch

[16] Siehe: »Erinnerungen, Träume, Gedanken«, C. G. Jung, Walter Verlag, Olten, 1971.

> nicht mehr nach den alten Regeln gelöst werden; der Uhrzeiger kann nicht mehr zurückgedreht werden; was die Jugend außen fand und finden mußte, das muß der Mann in der Mitte des Lebens in sich selbst finden.«[17]

Der Saturnzyklus in diesem Stadium entspricht dem vierten Zyklus im Lebenssystem der Hindus. Nicht, daß die Hindus heute noch danach leben. Aber um der Sichtweise willen diskutieren wir dieses antike System einen Augenblick.

Der erste Zyklus ist das Dasein als Kind, der zweite zeigt die Lehrjahre an, der dritte ist der Haushälter (ein Heim haben, eine Familie gründen und sich um die Eltern kümmern). Und der vierte Zyklus ist der spirituellen Entwicklung gewidmet. Im vierten Zyklus wird von keinem älteren Menschen verlangt, irgend etwas für irgend jemand anderen zu tun. Besitztümer wurden weggegeben, die Familie zurückgelassen und der alternde Mensch ging in die Berge, um die Erleuchtung zu finden.

Ob Hindu oder Buddhist, der orientalische Charakter ist offen für die Vorstellung der Reinkarnation. Man muß sich vorbereiten, sonst ist man nicht bereit zu sterben. Das klingt nach einer wirklich guten Idee. Denn dieses Konzept unterstützt den älteren Menschen und die Bedürfnisse der gesamten Lebenszeit. Wir können das auch in dieser Kultur tun. Wir müssen nicht weggehen in die Wälder oder eine Bettelschale nehmen, aber wir können der Erfahrung einer spirituellen Öffnung im späteren Leben gegenüber offen bleiben. Wir können das Älterwerden als ein Privileg und eine Ehre betrachten.

Der orientalische Weg hat nach Erwin Rouselle ein eingebautes System, das die älteren Menschen respektiert. Er sagt, daß man ein bestimmtes Alter erreicht haben muß, um die Tradition des zeitgenössischen Taoismus zu erforschen. Die Chinesen haben ein

> »... starkes Gefühl für die Stadien des inneren Wachstums des Menschen. Das spiegelt sich in ihren Sitten wider. Der vierzigjährige Mann, für gewöhnlich schon Großvater, hat das Recht, sich einen Bart wachsen zu lassen; dem sechzigjährigen Mann, der oft schon Urgroßvater ist, ist ein Vollbart erlaubt. Die spirituelle Klarheit völliger innerer Freiheit ist auf ähnliche Weise mit dem Alter gekoppelt. Ein Mann muß fast vierzig sein, bevor er in die Meditation der rückwärtsfließenden Bewegung unterwiesen wird; erst wenn er auf die Sechzig zugeht, widmet sich ein Mann völlig dem ›Tao des Himmels‹ (t'ien tao).«[18]

[17] Siehe: »Zwei Schriften über analytische Psychologie«, C. G. Jung, Walter Verlag, GW 7, Olten, 1964.

Während dieser Zeit wirkt auch das Uranusquadrat. Der Planet ist als Symbol des Individuationsprozesses sehr bedeutend. Im ersten Quadrat wurden wir aus unserem Kindheitszuhause geschubst, um uns der Gemeinschaft der Erwachsenen anzuschließen. Während der Opposition wollten wir das Leben auf den Kopf stellen und ganz von vorne anfangen. Jetzt brauchen wir einen weiteren Anstoß, um anzufangen, uns die nächste Phase des Lebens und wie wir sie leben wollen, anzusehen. Wir sind in das Leben eines jungen Erwachsenen mit sehr wenig Wissen und Erfahrung hineinspaziert. Wir können auf dieselbe ignorante Art ins Alter gehen, oder wir können versuchen, uns auf das, was auf uns zukommt, vorzubereiten.

Es kann Menschen unter Umständen helfen zu leben, wenn sie sich den Vorgang des Todes genauer anschauen, denn wenn wir hinschauen und uns darauf vorbereiten, dann müssen wir nicht unbedingt sterben. Das Leben kann viel Freude bereiten, da hinter uns kein Schatten lauert, der darauf wartet, uns mitzunehmen, ohne daß wir es merken.

Elisabeth Kübler-Ross[19] hat viel über die Todeserfahrung und wie sie mit den Heil- und Pflegeberufen in Verbindung steht, geschrieben. Sie hat auch die Reaktionen diskutiert, die sich in einem Individuum abspielen, das sich dem Tod nähert. Das andere Konzept, das es wert ist, erforscht zu werden: wie beabsichtigen Sie, diese Welt zu verlassen? Ein sehr liebevolles und spirituelles klares Buch für Leute, die neugierig sind auf ihre letzten Augenblicke, ist Debbie Dudas »Guide of Dying at Home«.[20] Als ich dieses Buch las und es Leuten in sozialen Berufen empfahl, wurde ich gefragt, ob ich vorhätte zu sterben! Meine Erwiderung auf diese Angst war »es ist in Ordnung, Bücher über natürliche Geburt zu lesen, aber es soll nicht *natürlich* sein, Bücher über den Todesprozeß zu lesen?« Wir leben ein ganzes Leben lang in dem Wissen, daß wir eines Tages sterben werden, aber niemand will sich diesem Ereignis stellen. Je weiter wir davon weglaufen, desto größer wird der Todesschatten unserer Psyche.

[18] Siehe: »Spiritual Disciplines, Papers from the Eranos Yearbooks, 4«, herausgegeben von Joseph Campbell, Bollingen Series XXX, Pantheon Books, New York, 1960. Erwin Rousselles Beitrag ist ein Artikel mit dem Titel »Spirituelle Führung im zeitgenössischen Taoismus« (1933), S. 95.

[19] Siehe: »Was können wir noch tun?«, Elisabeth Kübler-Ross, und »Reif werden zum Tode«, Gütersloher Verlagshaus Mohn, Gütersloh, 1987 und 1986.

[20] Siehe: »Für Dich da sein wenn Du stirbst«, Debbie Duda, Papyrus Verlag, Hamburg, 1983.

Das Uranusquadrat bringt auch die Entwicklung der Exzentrik mit sich. Älteren Leuten steht es fei, mehr zu sagen, mehr zu tun und weniger hinzunehmen. Erkenntnisse und Kommentare von älteren Leuten sind erfrischend, oder langweilig und verbittert. Die Wahl liegt bei Ihnen. Wie es ein Autor ausgedrückt hat: »Wenn Sie jung bleiben wollen, müssen Sie als erstes die ganzen Babybilder Ihrer Enkelkinder wegwerfen.«[21]

Er sagte, daß das Herumzeigen von Babyfotos, das Vergöttern der Enkelkinder und das Dasein als verehrende Großeltern das Langweiligste ist, was man machen könnte, wenn man Interesse daran hat, offen und geistig lebendig zu bleiben. Es interessiert niemanden, wie Ihre Enkelkinder aussehen; den Leuten ist es wichtig, wie Sie aussehen, was Sie tun und wie Sie Ihre Zeit verbringen.

61 – 64 Jahre

Erstes Jupiter/Jupiter-Quadrat (sechster Zyklus)
Jupiter/Jupiter-Opposition (sechster Zyklus)
Vielleicht Uranus/Uranus-Quadrat (erster Zyklus)

Während dieser Entwicklungsperiode werden sich die vorrangigen Entwicklungsbedürfnisse um Jupiter drehen, und das sind kurzzeitige Zyklen, die nur ein paar Monate dauern. Die Veränderungen, die jetzt zutage treten, stehen in Verbindung damit, wie man den sechsten Jupiterzyklus begonnen hat. Es ist das Stadium des Loslassens. Wenn man noch nicht angefangen hat loszulassen, dann werden Umstände entstehen, die einen zum Loslassen drängen, oder man fängt langsam an, sich immer unwohler zu fühlen.

Während der Jupiteropposition weiß man, wie das funktioniert, denn man hat während dieser Zeit entweder Schwierigkeiten (was bedeutet, daß man nicht losgelassen hat) oder man wird belohnt und merkt, daß die Entscheidungen, die man getroffen hatte, das innere Selbstwertgefühl verstärken.

[21] Ich habe nicht die geringste Ahnung, wer das geschrieben hat. Ich glaube, es war die erste Zeile in einem Buch über Jungbleiben. Das mag sogar der Titel gewesen sein. Die Zeile ist in meinem Gedächtnis hängengeblieben, und ich konnte nicht widerstehen, sie hier zu verwenden, aber es ist nicht meine Idee. Was sagt man zu dem Bild eines Babys außer »Das ist reizend! Was für ein süßes Baby!« und man muß das sagen, auch wenn das Kind, wie es manchmal vorkommt, häßlich ist.

Das ist mit Sicherheit das Ruhestandsalter. Viele Leute befinden sich durch den Ruhestand mitten in einem völlig neuen Lebensstil. Sie ziehen um. Andere werden dazu gezwungen, neue, entsprechende Veränderungen vorzunehmen, da sie von der täglichen Arbeitslast in den Tagesablauf eines Pensionärs überwechseln. Es ist wichtig, einen Tagesablauf zu haben, denn wenn der Ruhestand Langeweile und keine nach außen gerichteten Interessen signalisiert, dann dauert es unter Umständen nicht lange, bis der Tod ein ständiger Begleiter wird. Wenn das Jupiterquadrat und die -opposition den Bewußtseinswechsel nicht erreicht haben, dann gelingt es vielleicht dem Uranusquadrat. Die Menschen brauchen jetzt Beratung, denn diese Entwicklungsphase des dritten Saturnzyklus zu verpassen, wird viel unnötige Angst und Ärger verursachen. Nach M. Esther Harding müssen wir den Schritt zu Bewußtsein und Alter selbst machen:

»Die meisten Leute, falls sie sich überhaupt erlauben, über das Thema nachzudenken, schauen dieser Periode mit Angst und Sorge entgegen... Kein Wunder, daß die Mehrheit der Menschen ihre ganze Energie aufbringt, um das Alter so lange wie möglich abzuwehren. Indem sie ›jung bleiben‹, sich an ihre Kinder und ihr Arbeitsleben binden, hoffen sie, das Leben so festzuhalten, wie sie es aus der Zeit ihrer Stärke kennen... aber indem sie versuchen, mit der Zeit und der jüngeren Generation zu gehen, blieben sie in Wirklichkeit hinter ihrer eigenen Generation zurück. Sie versäumen es, mit ihrer eigenen Zeit Schritt zu halten... Bis zu Beginn des zwanzigsten Jahrhunderts hatten alte Menschen einen anerkannten Platz im Familienkreis. Heute ist das nicht mehr so. Jeder einzelne Mann und jede einzelne Frau muß sich jetzt dem Alter mit seinen Schwierigkeiten und notwendigen Anpassungen alleine stellen.

In der gotischen Zeit war das spätere Leben der religiösen Entwicklung vorbehalten; nachdem die Hitze des Kampfes um das tägliche Leben vorüber war, richteten Männer und Frauen ihre Aufmerksamkeit darauf, mit Gott durch Gebet und Meditation ihren Frieden zu schließen. Die Kultivierung des inneren Lebens wurde als besondere Aufgabe der Älteren anerkannt, ganz besonders, wenn sie ihre aktiven Jahre ausschließlich mit weltlichen Beschäftigungen verbracht hatten.

Das Alter kann nicht mehr als Problem des Stammes oder der Familie oder als religiöses Problem angesehen werden, dem von der Gesellschaft durch die Unterhaltung von Klöstern und Heimen Rechnung getragen wird. Heutzutage ist das Problem des Alters im Prinzip ein persönliches Problem, das jeder einzelne für sich selbst lösen muß, und man kann auf eine Lösung nicht hoffen, wenn die Vorbereitung zu lange hinausgezögert wird.«[22]

[22] »Der Weg der Frau«, M. Esther Harding, Rhein Verlag, Zürich, 1939.

Im wesentlichen sagt Esther Harding, daß wir für die letzten Jahre unseres Lebens selbst die Verantwortung übernehmen müssen, da die soziale Struktur sie uns nicht abnimmt. In diesem neuen Zeitalter des Bewußtseins werden die Schranken des Kasten- (oder sozialen) Systems entfernt.

Aber statt daß man sich um uns kümmert, wie das in einer engen Kastengesellschaft der Fall war, steht es uns jetzt frei, unsere eigenen Entscheidungen zu treffen – und diese Freiheit bringt die Verantwortung mit sich, für uns selbst denken zu müssen.

65 – 70 Jahre

Letztes Jupiter/Jupiter-Quadrat (sechster Zyklus)
Jupiter/Jupiter-Konjunktion (siebter Zyklus)
Erstes Saturn/Saturn-Quadrat (dritter Zyklus)

Es steht jetzt wirklich auf der Tagesordnung, sich freizumachen. Der siebte Jupiterzyklus zeigt den Beginn eines zwölfjährigen Zeitraums intensiver spiritueller Entwicklung oder wenigstens das Potential dazu an. Viele der Vorstellungen, die jetzt verstanden werden, können mit anderen geteilt werden, und die gewonnenen Erkenntnisse sind auf einer beratenden Ebene wertvoll. Das Lernen über dieses spirituelle Stadium des Lebens kann mit vielen Menschen geteilt werden, wenn man in Gruppen mitmacht, die einem Unterstützung und Feedback geben.[23]

Saturn im Quadrat zu sich selbst gibt Jupiter jetzt vielleicht einen Schubs, denn die beiden Energien müssen ein Gleichgewicht finden. Der Wechsel in der Lebensweise bedeutet nicht, daß Sie sich von allen Leuten abschneiden sollten, aber er zeigt ein Bedürfnis an, sich selbst in einer anderen Perspektive einzuordnen. Diese Perspektive ist eine, die von innen heraus kommen muß. Der Ruhestand ist vielleicht immer noch ein Problem, da viele Leute im Alter von 65 Jahren aufhören zu arbeiten. Manche setzen sich mit dem Prozeß

[23] Jede Gruppe in Ihrer Gegend, die spirituelle Freizeiten organisiert, ist hilfreich. Sollten Sie keine örtliche Gruppe haben, dann können Sie Kontakt mit der SFF (Spiritual Frontiers Fellowship) in 10819 Winner Rd., Independence, MO 64054, oder ARE (The Association for Research and Enlightenment), Box 595, Virginia Beach, VA 23451, aufnehmen. Beide Gruppen haben örtliche Büros; wenn Sie einer der Gruppen beitreten, werden Sie über bevorstehende Konferenzen, Seminare und besondere Freizeitgruppen (manche finden vielleicht ganz in Ihrer Nähe statt) informiert.

bereits auseinander, da viele die Arbeitswelt mit 60 oder 62 Jahren hinter sich lassen.

In diesem Jahr fängt man vielleicht wieder an zu arbeiten, wenn man vorzeitig in den Ruhestand gegangen war. Das ist unter Umständen ein spannungsgeladenes Jahr, wenn Ihnen der Ruhestand von Ihrer Firma aufgezwungen wurde und Sie noch keine weiteren Pläne gemacht hatten. Auch wenn der dritte Saturnzyklus eine Veränderung empfiehlt, bedeutet diese Veränderung nicht, aufzugeben. Wir brauchen unsere älteren Staatsmänner und Staatsfrauen.

Denjenigen, die nicht recht wissen, was sie mit sich selbst anfangen sollen, mag ein bißchen lesen helfen, sich dem Alter zu öffnen. Ein erfreuliches Buch über den Alterungsprozeß und was wir als alte Menschen wert sind, heißt *»It Takes a Long Time to Become Young«*.[24]

70 – 80 Jahre

Jupiter/Jupiter-Konjunktion (siebter Zyklus)
Erstes Jupiter/Jupiter-Quadrat (siebter Zyklus)
Jupiter/Jupiter-Opposition (siebter Zyklus)
Saturn/Saturn-Opposition (dritter Zyklus)
Letztes Saturn/Saturn-Quadrat (dritter Zyklus)
Neptun/Neptun-Opposition (erster Zyklus)
Vielleicht Pluto/Pluto-Opposition (erster Zyklus)

Wie Sie sicher bemerkt haben, gehe ich jetzt zu Zehnjahresabschnitten über, weil es unmöglich ist, diese Jahre im einzelnen zu erfassen. Ich weiß nicht genug darüber, wie die Energie wirkt, weil sehr wenig darüber geschrieben wurde, wie die Menschen auf die Energie dieser Periode des Lebens reagieren, und ich habe sie selbst noch nicht erlebt. Die Beobachtung zeigt jedoch, daß der Mensch, der in relativ guter gesundheitlicher Verfassung bleibt und der ein aktives Interesse am Leben und an Projekten des Lebens beibehält, während dieser Jahre vital bleibt. Menschen, die die spirituelle Entwicklung vernachlässigt haben, die notwendig ist, um ihre Einsichten zu verdeutlichen,

[24] Siehe: »It Takes a Long Time to Become Young«, Garson Danin, Berkeley Books, New York, 1979, Paperback.

vergraben sich in Gedanken an Besuche von Kindern und Enkelkindern, sind oft alleine und deprimiert.

Hier hilft Jungs Einsicht, weil er das, was zu dieser Phase gesagt wurde, zusammenfaßt:

> »Wenn er leben will, dann muß er kämpfen und seine Sehnsucht nach der Vergangenheit opfern, um zu seinen eigenen Höhen aufzusteigen. Nachdem er die Mittagshöhen erreicht hat, muß er die Liebe zu seiner eigenen Leistung opfern, denn er darf nicht trödeln. Die Sonne opfert auch ihre größte Stärke, um weiter zu den Früchten des Herbstes zu hasten, die der Keim der Wiedergeburt sind... bald entdecken wir, daß dieser lobenswerte und offensichtlich unvermeidliche Kampf mit den Jahren zu Stagnation und Austrocknung der Seele führt. Unsere Überzeugungen werden zu Platitüden, die im Leierkasten durchgeorgelt werden, unsere Ideale werden zu steifen Gewohnheiten, Enthusiasmus erstarrt in automatischen Gesten. Die Quelle des Lebenswassers versickert. Uns selbst fällt es vielleicht nicht auf, aber jedem anderen, und das ist sogar noch schmerzhafter. Sollten wir einen kurzen Blick nach innen riskieren, vielleicht in Verbindung mit einem energischen Versuch, einmal ehrlich mit uns selbst zu sein, dann bekommen wir möglicherweise eine schwache Vorstellung all der Bedürfnisse und Sehnsüchte und Ängste, die sich dort unten angesammelt haben – ein abstoßender und finsterer Anblick. Der Verstand stiehlt sich weg, aber das Leben will hinunterfließen in die Tiefen...
>
> Alles Junge wird alt, und jede Wahrheit wird abgedroschen und platt. Weil all diese Dinge Form angenommen haben, und sich alle Formen im Laufe der Zeit abnutzen; sie altern, werden krank, zerfallen zu Staub – es sei denn, sie verändern sich. Und sie können sich verändern, weil der unsichtbare Funke, der sie ins Leben gerufen hat, potent genug ist für unzählige Generationen.«[25]

Wenn während des dritten Saturnzyklus in den späten fünfziger Jahren nichts unternommen wurde, dann wird die Opposition in den Siebzigern ihren Tribut fordern.

Wenn Jung von Veränderungen im Laufe der Zeit spricht, dann spricht er auch von Regression. Er sagt: ».. denn das Leben geht weiter trotz Verlust der Jugend; es kann sogar mit der größten Intensität gelebt werden, wenn der Rückblick auf das, was bereits dem Tode geweiht ist, das Vorwärtsgehen nicht behindert.«[26] Er sagt,

[25/26] Siehe: »Gesammelte Werke von C. G. Jung«, GW 5 »Symbole der Wandlung«, Walter Verlag, Olten, 1973.

daß Menschen die Neigung haben, in ihre Kindheitserinnerungen zurückzukehren, in die Erinnerungen der Vergangenheit zu regredieren. Aufgrund seiner Aussage frage ich mich, ob frühe Senilität oder überhaupt Senilität in einer Beziehung zu der psychologischen Regression steht, von der Jung spricht, insbesondere zu der Angst, vorwärts zu gehen.

Jung sagt, daß Kindheitserinnerungen auch mit magischen Bildern vermischt werden, die man intuitiv aus dem kollektiven Unbewußten aufnimmt. Und sich selbst in diesen Bildern zu verlieren, bedeutet, sich völlig von der Welt zurückzuziehen. Wenn die Libido eingesperrt wird, und keine Gelgenheit bekommt, in diesem Abschnitt des Lebens reifer und bewußter zu werden, dann muß sie irgendwo hingehen, und sie zieht das Individuum in das Labyrinth der unbewußten *prima materia*. Und natürlich geht das Ziel in die falsche Richtung, weil das Bewußtsein verlorengeht.

Eine weitere Konfrontation, die von der Saturnopposition verkörpert werden könnte, wurde in dem Film *On Golden Pond* gezeigt. Wir haben selten die Gelegenheit, solch eine intime Nähe zwischen zwei älteren Leuten zu erleben. Natürlich erleben wir das nicht mit unseren Eltern, und die meisten älteren Leute haben keine Gelegenehit, das miteinander zu diskutieren. Es war ein Privileg, die Ehefrau in ihrem rituellen Tanz den Frühling feiern zu sehen und ihren Mann zu beobachten, wie er sich in seine Faszination über den Tod zurückzog. An einem Punkt fragt Katherine Hepburn »warum denkst du die ganze Zeit über das Sterben nach?« und Henry Fonda erwidert »es ist das Interessanteste, worüber ich nachdenken kann«. Nachdem er einmal einen Zusammenstoß mit dem Tod erlebt hat, wird eine bestimmte Art von Energie freigesetzt, und am Ende des Films weiß man, daß es keine Rolle spielt, warum er stirbt, denn jetzt wird er solange leben, bis es passiert.

80 – 90 Jahre

Jupiter/Jupiter-Konjunktion (achter Zyklus)
Saturn/Saturn-Konjunktion (vierter Zyklus)
Uranus/Uranus-Konjunktion (zweiter Zyklus)
Neptun/Neptun-Opposition (zweiter Zyklus)
Pluto/Pluto-Opposition (erster Zyklus)

Das wurde als das Ende des Lebens betrachtet. Die Zyklen variieren alle, basierend auf dem persönlichen Geburtsjahr, und die Kombination der Zyklen kennzeichnet das Ende des Lebens oder einen neuen Erfahrungsanfang. Es mag angebracht sein, das Ende des Lebens mit dem kabbalistischen Lebensbaum in Verbindung zu bringen. Wie Halevi sagt, hat uns dieser Baum 2000 Jahre lang begleitet und jedes Alter sieht ihn durch seine Augen. Er diskutiert den Baum in all seinen symbolischen Phasen und sagt über den Alterungsprozeß:

> »Binah (Mutter) ist das Alter. Entgegen dem verbreiteten Glauben, daß diese Periode den Endpunkt der abgelaufenen Zeit darstellt, ist es eine Vorbereitung für die Dynamik der Geburt des Todes. Natürlich verfällt der Körper und alle vitalen Prozesse sind schwerfällig, aber der unsichtbare Teil des Menschen, der diese physische Hülle bewohnt, ist oder sollte mit der Erfahrung eines ganzen Lebens angefüllt sein. Während der Körper keine Meile mehr laufen kann, normalerweise eine unnötige Leistung im Alter, kann die Seele über den Stoff, der sich im Laufe der Jahre angesammelt hat, nachdenken. Schweigen und Stille sind alles, was gebraucht wird. Ein klarer Kopf und ein gutes Herz, unterstützt von einer langsam verschwindenen Erinnerung an frühere Zeiten, die so charakteristisch für das Alter ist, können das Leben auf einmal überschauen und zu einem Verständnis kommen, das in einer geschäftigen äußeren Existenz nicht möglich ist. Zeit ist Binahs Qualität, deren traditioneller Planet Saturn ist.«[27]

Und damit beende ich diesen Teil. Wenn das Material über das Alter irgend jemandem, der es liest, hilft, dann würde ich gerne darüber hören. In unserem Zeitalter fängt man gerade an, über die Möglichkeiten und den Glanz des Alterungsprozesses zu schreiben. Wir können uns auf eine phantastische Zukunft freuen, wenn wir anfangen, mit dem Konzept von Bewußtsein und Altern zu arbeiten, in dem Wissen, daß unser Altern in den kommenden Jahren ein persönliches Bewußtsein und eine Wachheit mit sich bringen kann, die einst nur heiligen Männern vorbehalten war.

[27] Siehe: »An Introduction to the Cabala«, Z'ev ben Shimon Halevi, Samuel Weiser, Inc., York Beach, ME 03910, 1972, S. 159.

Da jeder Mensch, der lebt, zum Sterben geboren wird,
Und niemand echtes Glück besitzen kann
Laßt uns mit Gelassenheit das, was geschieht, auf
uns nehmen,
Uns nicht zuviel freuen oder grämen über Dinge,
die uns nichts mehr angehen.
Wie Pilger wenden wir uns dem verabredeten Platz zu,
Die Welt ist ein Gasthaus, und der Tod ist das
Ende der Reise.

John Dryden
Palamon und Arcite, 3. Buch

Teil 3
Krisenberatung

Zwei Straßen verzweigen sich in einem Wald
und ich –
ich nahm die weniger befahrene,
und das hat alles völlig verändert:
Robert Frost
The Road Not Taken

Jede Sitzung mit einem Klienten ist anders. Der Astrologe mag sehr gut darüber Bescheid wissen, wie man die Zyklen des Lebens und die Transite (oder Progressionen), die das Geburtshoroskop aktivieren, interpretiert. Aber kein Astrologe kann im voraus genau wissen, was eine Begegnung mit einem Klienten zutage bringt. Das Horoskop eines jeden Menschen ist eine Vorlage für mögliche Lebenserfahrung. Wie der einzelne auf vorangegangene Zyklen und Transite reagiert hat, kann man nicht wissen, und die Sitzung, die man heute hat, ist auf Entscheidungen begründet, die der Klient vor Jahren getroffen hat.

Die folgende Beispielsitzung zeigt, wie man Zyklen in die Deutung des Geburtshoroskops integrieren kann, und was der Astrologe im Prozeß der Synthese der Informationen, die über den Klienten zur Verfügung stehen, beachten muß. Dieses Kapitel wurde aufgenommen, weil sich viele Studenten wegen der Deutung Sorgen machen. Nachdem sie die Grundlagen der Interpretation gelernt haben und auch alle Rezepte, um mit Progressionen oder Transiten zu arbeiten, bleibt doch das große Problem, wie man sich einem echten, lebendigen Menschen gegenüber verhält.

Was bespricht man alles? Wer leitet die Sitzung? Was ist, wenn man in eine Sitzung gerät, die einem über den Kopf wächst? Gute Vorbereitung und ein Gefühl dafür, wann man besser den Mund hält, hilft einem für gewöhnlich, unangenehme Situationen zu vermeiden.

Ich werde in diesem Kapitel nicht viele Begriffe erklären, weil sich das wiederholen würde. Die Grundzüge meiner Ansichten über das Geburtshoroskop werden in meinem ersten Buch »Insights into Personality« besprochen, und meine Meinung über Transite und wie ich sie benutze, werden in »Transite: Die Gezeiten des Lebens« dargestellt. Es gibt eine Reihe anderer Bücher auf dem Markt, die beim Erlernen der Interpretationsgrundlage hilfreich sein können, und vielleicht haben Sie bereits Ihre eigenen Vorstellungen formuliert.

Wenn ich mich auf eine Sitzung vorbereite, dann nehme ich mir zuerst das Geburtshoroskop vor und dann die Transite und Zyklen. Bevor der Klient kommt, habe ich mir das Geburtshoroskop angesehen, um festzustellen, was eventuell in diesem Menschen vor sich geht. Um mich selbst angemessen vorzubereiten, muß ich im Kopf eine Menge Möglichkeiten durchspielen, damit ich in der Lage bin, jedes möglicherweise auftretende Problem zu diskutieren. Indem ich eine große Auswahl von Möglichkeiten in Bezug auf das Verhalten, das von den Geburtsaspekten symbolisiert wird, in Betracht ziehe, bin ich besser darauf vorbereitet, die richtigen Fragen zu stellen; manchmal kann der Astrologe ein Thema zur Sprache bringen, das besprochen werden muß, besonder wenn sich der Klient nicht klar darüber ist, ob er es verbalisieren möchte.

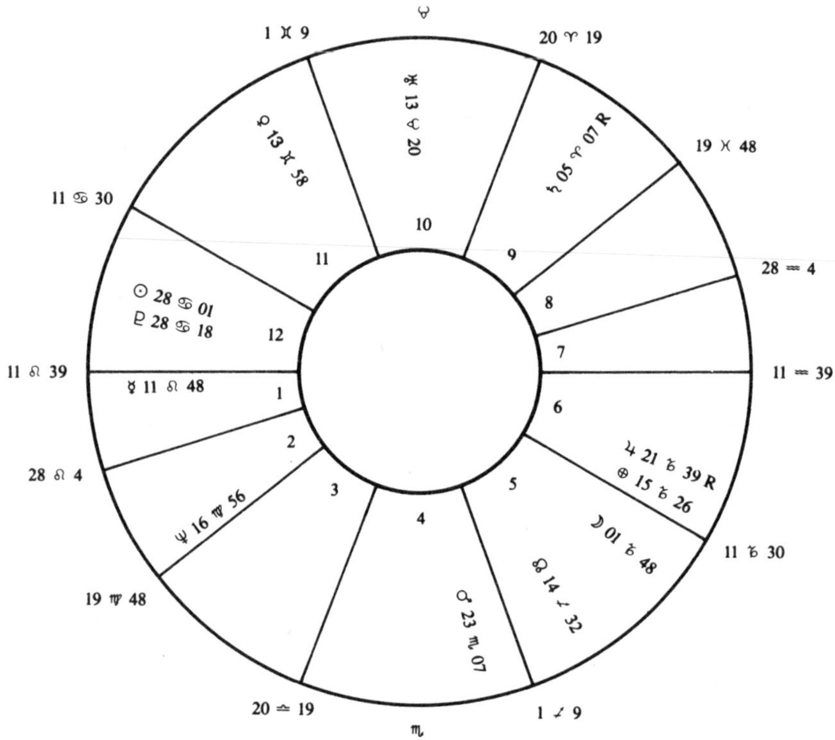

Janes Geburtshoroskop. Jane wurde am 21. Juli 1937 in England geboren. Das Horoskop ist von Astro-Computing-Service in San Diego, Kalifornien, erstellt worden unter Benutzung des Placidus-Häusersystems. Die Geburtsdaten wurden von einem amerikanischen Astrologen korrigiert und später von einem Stammbuch bestätigt. Die Einzelheiten der Geburtsdaten wurden nicht abgedruckt, um die Identität der Klientin zu schützen. Die Erlaubnis für die Benutzung des Horoskops liegt vor.

Wir fangen damit an, uns das Geburtshoroskop anzusehen. Dieses Horoskop gehört einer Klientin, die mir die Erlaubnis gegeben hat, es zu benutzen. Ihr Name wurde verändert, um ihre Identität zu schützen; die Informationen, die hier präsentiert werden, entsprechen der Wahrheit. An das Geburtshoroskop schließt sich ein Kapitel an, in dem über die tatsächliche Vorgeschichte der Klientin berichtet wird, so daß man den Unterschied zwischen der Betrachtung des Horoskops eines unbekannten Menschen, und wie sich dessen Energie dann tatsächlich in einer echten Person ausdrückt, sehen kann. Dann besprechen wir ihre Transite und Zyklen und schließen das Kapitel mit einem Bericht darüber ab, was während der ersten Sitzung mit dieser Klientin thematisiert wurde.

Janes Geburtshoroskop

Janes Geburtshoroskop erscheint auf Seite 178. Eine umfassende Darstellung ihres Horoskops überschreitet den Rahmen dieses Buches; wir werden jedoch einen kurzen Blick darauf werfen, wie die Planeten und Aspekte eventuell wirken, damit man verstehen kann, was die Transite (oder Progressionen) in ihrer Persönlichkeitsstruktur aktivieren. Bitte denken Sie daran, daß jeder Astrologe ein Horoskop anders interpretiert, und Sie sehen vielleicht Dinge in diesem Horoskop, die ich nicht erwähne (was Sie sehen, mag auch für die Klienten ein wichtiges Thema sein, lassen Sie also Ihre eigenen Eindrücke nicht unter den Tisch fallen). Vergessen Sie auch nicht, daß es einfach unmöglich ist, ein Horoskop in einer Sitzung umfassen zu »deuten«. Die Symbolik, die in einem Geburtshoroskop enthalten ist, kann wochenlang diskutiert werden, und der Klient kann mit soviel Information in einer Sitzung nicht umgehen.

Bevor ich irgendetwas anderes tue, sehe ich nach, wo Saturn steht.

Janes Sonne ist im zwölften Haus. Das weist auf eine Persönlichkeit hin, die für einen Beobachter nicht ganz sichtbar ist. Die Stellung im zwölften Haus sagt mir, daß sie wahrscheinlich in die Sorgen und Bedürfnisse anderer Menschen verwickelt wird, und daß sie sich um ihre eigenen Bedürfnisse nicht adäquat kümmert. Unter Umständen lebt sie auch zurückgezogen, ist ein sehr in sich gekehrter Mensch oder teilt wichtige Überlegungen nicht so einfach mit anderen. Wir könnten versuchen, diese Problematik während der Sitzung zu erforschen.

Es ist wichtig, festzustellen, wieviele Planeten über und wieviele unter dem Horizont liegen. Im Laufe meiner Erfahrungen habe ich herausgefunden, daß ich mit der Wahl meiner Worte und wieviele Informationen ich gebe, vorsichtig sein muß, wenn die meisten Planeten über der Horizontachse liegen. Bevor ich also spreche, will ich sehen, was ich bei diesem Klienten berücksichtigen muß. In Janes Geburtshoroskop ist das Verhältnis der Energien zueinander ausgeglichen: Sie hat fünf Planeten oberhalb und fünf Planeten unterhalb der Horizontlinie. Das weist auf eine gewisse Stabilität und Empfänglichkeit hin, und daß ich auf die Wahl meiner Worte nicht so sehr achten muß, wie wenn sie zum Beispiel acht Planeten oberhalb der Horizontlinie hätte. Ich möchte hervorheben, daß *Worte* ungeheuer wichtig sind, wenn ein Astrologe versucht, mit einem menschlichen Wesen zu kommunizieren. Wir wissen überhaupt nicht, wie unsere Wortwahl einen Klienten beeinflussen wird, oder welche »Knöpfe« unsere Worte drücken werden. Wir haben unsere eigene Sammlung von Schlüsselwörtern, die uns selbst ein kompliziertes Bild vermitteln können. Erwähnt man einem Astrologen gegenüber eine Saturn/Mond-Konstellation, dann ist die Notwendigkeit, die ganze Metapher zu diskutieren, nicht mehr gegeben. Aber diese symbolischen Bilder sind in der Erfahrung des Klienten nicht enthalten, und wie müssen vielleicht etwas ganz anderes erklären, um mit einem Klienten zu kommunizieren. Ich war manchmal nach einer Sitzung ganz erschöpft, nicht weil Astrologie schwierig ist, sondern weil die richtige Wortwahl so wichtig war. Und ehrlich gesagt, ist es mir nicht immer so gut gelungen, wie es hätte gelingen können.

Das nächste, wonach wir schauen wollen, ist das Gleichgewicht der Planeten auf der östlichen und westlichen Seite des Horoskops, damit wir sehen können, welche Art von Energie Jane zu ihrer Verfügung hat, und damit wir bis zu einem gewissen Grad bestimmten, ob sie ihre Erfahrung als »Tatmensch« oder als »Empfänger« macht. Diese Entscheidung wird noch von anderen Faktoren beeinflußt, aber hier wollen wir betrachten, wieviele Planeten in den Häusern 10 bis 3 (entsprechend dem Uhrzeigersinn) erscheinen, gegenüber wievielen in den Häusern 4 bis 9 inklusive. Ich habe das Gefühl, daß ein Individuum, das die meisten Planeten im zehnten bis dritten Haus hat, sein Leben in die Hand nimmt, und wenn man ihm die Tür einen Spalt öffnet, wird es in der Lage sein, die notwendigen Veränderungen vorzunehmen, sobald es entdeckt hat, daß das möglich ist. Wenn die meisten Planeten im vierten bis neunten Haus stehen, ist das Individuum eher ein Gruppenmensch, jemand, der unter Umständen im Rahmen einer Gruppe arbeiten muß. Jane hat sechs Planeten im zehnten bis dritten Haus, was darauf hinweist, daß sie in der Lage ist, sich selbst zu verändern, und daß sie die Veränderungen selbst initiieren kann.

Die Elemente und die Verhaltensmodalitäten werden mehr über ihre Interessen aussagen[1] und helfen mir herauszufinden, auf was sie reagieren wird, wenn ich mit ihr spreche. Janes Verhaltensmodalitäten stellen sich folgendermaßen dar:

kardinal : 5
feststehend : 3
beweglich : 2

Kardinalzeichen symbolisieren Handlungen. Mit fünf Planeten in den kardinalen Zeichen wird sie also ihre Probleme durch Handlungen lösen, und sie hat sehr viel Energie dafür. Wenn etwas sie daran hindert, in Aktion zu treten, dann wird man einen sehr heftigen Menschen sehen können. Sie ist vielleicht nicht auf die Art aktiv wie andere, da ihr Aktivitätsplanet (Mars) sich in einem Wasserzeichen befindet und sie zusätzlich die Sonne in Krebs hat. Sie wird auf ihre Art aktiv, und es sieht vielleicht so aus, als würde sie sich seitwärts bewegen. Sie handelt vielleicht auch, bevor sie die Konsequenzen überdacht hat (aufgrund von Geburtsaspekten, die wir später betrachten werden). Ich würde also, wenn wir darüber sprechen, nach entsprechenden Ausdrucksformen schauen.

Die drei Planeten in den feststehenden Zeichen zeigen eine gewisse Stabilität an und sie ist »fest« genug, um in der Lage zu sein, Dinge, die sie vorhat, in die Tat umzusetzen, wenn sie das will. Sie hat nur zwei Planeten in den beweglichen Zeichen, deshalb ist sie vielleicht für den Gedanken von Veränderung nicht sehr offen. Bewegliche Zeichen weisen auf unsere Fähigkeit zur Veränderung hin, ob wir offen sein können für neue Ideen, ob wir Vorschläge, die von anderen gemacht werden,

[1] Eine interessante Diskusion von Dreier- und Viererkonstellationen ist zu finden in: »*The Neptune Effect*«, Patricia Morimando, Samuel Weiser Inc., York Beach, ME, 1979.

aufnehmen oder nicht – und das ist ihr schwächster Punkt. Wir müssen uns die Verhaltensmodalitäten ansehen, um zu sehen, welche über- und welche unterrepräsentiert sind, da uns das einen Hinweis darauf gibt, wo die Balance nicht stimmt. Das Problem in diesem Horoskop liegt zwischen der kardinalen und der beweglichen Struktur: ihre kardinalen Planeten handeln zu schnell, während die beweglichen ein bißchen unterrepräsentiert sind, und deshalb hört sie vielleicht nicht soviel zu, wie sie es tun könnte.

Die Elemente sind das nächst Thema und ihr Gleichgewicht muß im Zusammenhang mit ihren persönlichen Planeten betrachtet werden, um zu sehen, wie sie auf sich selbst und auch auf andere reagiert. Für gewönlich werden wir uns dessen bewußt, was wir zuviel haben, und wir wollen unbedingt das, was uns fehlt, verstärken, was immer es sein mag. Das zu wissen, kann uns helfen zu verstehen, was Jane sucht, und was ihr etwas bedeutet und ebenso, in welche Richtung sie versuchen wird, sich zu entwickeln.

Feuer : 2	Erde : 4
Luft : 1	Wasser : 3

Jane hat zwei Planeten in den Feuerzeichen, und mit einem Mangel an Feuer neigt man dazu, ungeheuer viel Aufmerksamkeit von anderen zu brauchen. Ein Mensch ohne Feuer kann sehr fordernd sein, während ein Mensch mit zwei »Feuerplaneten« ein wenig Aufmerksamkeit braucht, aber es ist kein überwältigendes Bedürfnis. Sie ist jedoch ein »Krebsmensch« und braucht liebevolle Zuwendung, aber das ist bei ihr nicht zwanghaft. Sie hat vier Planeten in den Erdzeichen und fühlt sich also innerlich recht stabil. Es ist wichtig zu beachten, daß sie sich von Geld, Kleidern oder materiellen Anschaffungen nicht beeinflussen lassen wird, obwohl sie in der Lage ist, diese Dinge zu genießen. Menschen, die stark erdbetont sind, können das Leben genießen, aber sie würden sich nicht dafür verkaufen, wie es jemand tun kann, der keine Erde hat. Das Übergewicht an Erde könnte vielleicht ein Gesprächsthema sein, weil ihr unter Umständen vorgeworfen wird, Geschenke nicht zu schätzen; und wenn sie Ehe- oder Beziehungsprobleme hat, dann versuchen andere Leute vielleicht, ihre Liebe dadurch zu zeigen, daß sie ihr etwas kaufen, was sie aber gar nicht haben will.

Der eine Planet in einem Luftzeichen weist darauf hin, daß sie sich nicht für klug genug hält. Diese Verteilung drückt sich oft in einem recht fähigen Geist aus, denn wenn wir danach streben, das, was uns fehlt, zu entwickeln, dann machen wir es stärker. Leute mit wenigen Planeten in

Luftzeichen sind für gewöhnlich intellektueller und eifriger dabei, neue Dinge zu lernen als Leute mit »viel Luft«. Das andere Problem hier ist, daß sie vielleicht ihrem Intellekt nicht vertraut, und sie hält sich möglicherweise für dumm oder zu emotional oder was auch immer. Die drei Planeten in den Wasserzeichen weisen auf ein durchaus normales Gleichgewicht hin. Sie geht mit ihren eigenen wie den Gefühlen anderer recht sensibel um. Es verunsichert sie vielleicht ein bißchen, ihre Gefühle auszudrücken, weil sie Angst davor hat, verletzt zu werden. Beachten Sie, daß die Planeten in den Wasserzeichen Sonne, Mars und Pluto sind, und da Pluto mit der Sonne in Konjunktion steht (darüber sprechen wir später) möchte sie vielleicht über die Angst, sich emotional auszudrükken, sprechen.

Das nächste, worüber ich nachdenken möchte, bevor ich mir ihre Aspekte anschaue, ist die Dreiergruppe der Persönlichkeit: Sonne, Mond und Aszendent. Die Art und Weise, wie diese Planeten durch Zeichen und Häuserstellungen miteinander in Verbindung stehen, gibt der Persönlichkeit, über die wir etwas erfahren wollen, zusätzlich Gestalt. Die Sonne steht in einem Wasserzeichen im zwölften Haus. Die Sonne verkörpert den »Ich bin«-Aspekt der Persönlichkeit und sie wird irgendeine Variante der charakteristischen Züge, die man normalerweise Krebs zuordnet, deutlich zeigen. Zum Beispiel sind Krebsmenschen manchmal als sehr häuslich bekannt, und Krebsfrauen werden oft als gute Köchinnen angesehen. Mit dieser Art Diagnose stimme ich überhaupt nicht überein, weil das *Möglichkeiten* des Krebses sind, und keine *Tatsachen*. Manche Krebse bauen sich ein Nest und verlassen es nie; andere schaffen sich ein gemütliches Zuhause und sind nie dort; andere wollen wiederum gar kein Zuhause. Manche Krebsfrauen kochen gerne und können es auch gut; manche können nicht kochen oder hassen es sogar. Das, was die Krebse gemeinsam haben, beinhaltet eine Reaktion auf Essen und Wohnen, die über das normale Interesse an diesen Themen hinausgeht. Krebsmenschen beschäftigen sich auch mit Fragen der Elternschaft; manche sind gerne Eltern und manche hassen es; manche sind gute Eltern und manche nicht. Ich würde also den Schluß ziehen, daß sie einen starken Krebshintergrund hat, und ich weiß nicht, wie sie diese Energie benutzt.

Indem wir nachsehen, wie sie ihre Gefühlsnatur ausdrückt, erweitern wir die Symbolik der Sonne. Der Mond steht im Zeichen des Steinbock, ein Zeichen, das bekannt ist für seine traditionellen Werte. Steinbock steht in Verbindung mit Management, Kontrolle und Organisation. Es ist auch ein Erdzeichen, und dadurch bekommt der Mond eine »erdige«

Qualität. Der Mond zeigt das »Ich fühle«, und wir vergleichen es mit dem »Ich bin« der Sonne; diese beiden Facetten der Persönlichkeit müssen sich in einem Menschen gemeinsam ausdrücken. Obwohl es keine Opposition (als Aspekt) zwischen Sonne und Mond gibt, werden die Krebs-/Steinbock-Elemente ein wichtiger Punkt in ihrer Persönlichkeit sein. Wie »handhabt« sie ihre Gefühle? Wie kann man ein emotional orientierter Krebstypus sein, wenn der Mond sagt, daß das keine besonders gute Idee ist?

Die Sonne steht im Element Wasser, der Mond steht im Element Erde. Erde und Wasser sind Qualitäten, die sich gegenseitig fördern, da die Erde das Wasser braucht, um fruchtbar zu sein. Regen kann einerseits auf der Erde Wunder bewirken, aber er kann auch den Boden abtragen und ihn auswaschen. Die Sonne steht in einem Wasserzeichen, und die Sonne verkörpert den ideologischen Rahmen der Persönlichkeit. Der Mond in einem Erdzeichen symbolisiert den physischen Körper ebenso wie die Art, in der Jane auf das Leben reagiert. In ihrem Fall schwappt das Wasser der Sonne über die Ufer des Mondes. Sie hat vielleicht Angst davor, daß ihr Sonnen-Selbst in der Lage ist, ihre gefühlsmäßigen Reaktionen auszuhöhlen. Hat der Mond Angst vor der Sonne? (die Erde Angst vor dem Wasser) – dann ist sie vielleicht empfindlich, wenn es um persönliche Gefühle und Reaktionen geht. Die emotionale Natur ihrer Krebssonne bereitet ihrem Steinbockmond vielleicht viele Schmerzen und umgekehrt auch.

Sonne und Mond werden beide von dem Löwe-Aszendenten überdeckt. Der Aszendent repräsentiert die Person oder das »Gesicht«, das wir der Welt zeigen. Janes Dreiergruppe der Persönlichkeit ist Wasser und Erde mit einem Feuerzeichen, das sie in der Öffentlichkeit präsentiert. Die Emotionalität und Sensibilität von Krebs wird vom idealistischen Löwen ganz besonders nach außen getragen. Ein Zeichen, das gebührend respektiert werden will, ein stolzes Zeichen, das jeder Art von Kritik sensibel gegenübersteht. Der Löwe hat mit einer Menge »sollte und sollte nicht« zu tun, und diese Eigenschaften werden mit denen des Mondes leichter zurechtkommen, was darauf schließen läßt, daß die Sonne im zwölften Haus ziemlich entwickelt (im Alter) sein muß, bevor sie in der Lage ist, sich selbst und ihre Bedürfnisse auszudrücken. Bevor ich Jane kennenlerne, würde ich mir überlegen, ob sie eine Frau ist, die in einer unbefriedigenden Ehe oder Arbeitssituation steckt, aufgrund der Wahrscheinlichkeit, daß sie bereits Ende Zwanzig war, als sie anfing, das Wesen ihrer Sonne auszudrücken. Familiäre Verantwortung oder Verpflichtungen könnten auch ihre Entwicklung eingeschränkt haben, indem sie sie davon abhielten zu lernen, sich selbst zu verwirklichen. Ich würde mir auch überlegen, was sie tut, wenn die Krebseigenschaften die Eigenschaften des Aszendenten überrennen.

Bringt sie sich in eine peinliche Lage? Und wenn, wie tut sie das? Und welche Wirkung hätte ihr Verhalten letztendlich auf ihren Lebensstil? Oder gehen die Krebseigenschaften in der Kombination mit den Löwe- und Steinbockenergien unter? Gibt es da ein »kleines, ungeliebtes Kind« in ihr, das Unterstützung braucht, um sich zu entwickeln? Bevor ich sie nicht kennengelernt und mit ihr gesprochen habe, weiß ich das alles nicht. Ich würde mich darauf einstellen, alles wahrzunehmen, was mir einen Hinweis darauf gibt, wie sie auf ihr Potential reagiert.

Schauen wir uns jetzt ihre Sonne genauer an. Sie steht in Krebs und das weist auf ein ganzes Sortiment von Persönlichkeitsmerkmalen hin.[2] Sie ist möglicherweise eine Frau, die von ihrer Mutter stark beeinflußt wurde, als sie klein war, und sie hat unter Umständen eine starke Anlage zu Mütterlichkeit (oder nicht) oder zur Überweiblichkeit (oder auch nicht).[3]

Die Sonne ist aspektiert, und jetzt müssen wir uns anschauen, was dort vor sich geht. Der stärkste Geburtsaspekt der Sonne ist ihre Konjunktion mit Pluto. Diese Konjunktion weist auf eine Reihe möglicher Ausdrucksformen der Personlichkeit hin. Sie weiß vielleicht nicht, was sie motiviert, das zu tun, was sie tut, oder warum sie der Mensch ist, der sie ist. Sie ist möglicherweise auch ein sehr kontrollierter

[2] In meinem Buch »Astrological Insights Into Personality«, Astro-Computing Services, San Diego, CA 1980, findet man eine umfassende Diskussion der Sonnenzeichen. Oder nehmen Sie hier Ihre eigene Interpretation des Krebstypus.

[3] Es fällt mir sehr schwer, Weiblichkeit im krebsischen Sinne in Worte zu fassen, deshalb bitte ich den Leser um Nachsicht, wenn ich versuche, eine gefühlsmäßige Antwort zu vermitteln. »Überweiblichkeit« ist ein Wort, das ich benutze, um eine Frau zu beschreiben, die ihre Sexualität nach außen zeigen muß, um die Tatsache zu bestätigen, daß sie eine Frau ist – eine Frau, die sich *immer* in Schale wirft, die *immer* geschminkt ist, *immer* gut frisiert, die sich ihrer weiblichen Erscheinung *immer* bewußt ist. (Es ist für eine Frau nicht ungewöhnlich, daß ihr ihr Aussehen wichtig ist. Ich spreche hier von der Frau, die das offensichtlich übertreibt). Es kann auf eine Frau hinweisen, die einen nie vergessen läßt, daß sie Brüste oder Hüften oder Beine hat, und ihr Körper ist ebenso Teil des Gesprächs wie ihre Stimme, ob sie mit Männern oder mit Frauen spricht. Es kann auch bedeuten, daß eine Frau sich ihrer Weiblichkeit so bewußt ist, daß sie sie unter Lagen von Fett vergräbt, um den Rest der Welt davon abzuhalten, sie zu sehen. Und zu dieser Vorstellung gehört noch eine Energie, die manchmal mit dem Mutter-Erde-Typ in Verbindung gebracht wird. Die Frau, die in ihrem Eifer, sich um die Bedürfnisse zu kümmern, überwältigend wird. Diese Frau versucht unter Umständen, all unsere Probleme zu lösen, uns mehr Essen zu geben als wir wollen, und sie überrennt jede aufkeimende Idee die man hat, so daß man sich selbst nicht erlaubt, irgendein Gefühl von Selbstvertrauen zu entwickeln. Übertriebenes Bemuttern kann mit einem starken Plutoaspekt in Verbindung stehen, oder es kann auffällig sein, wenn Planeten in Krebs oder Skorpion eine vorrangige Rolle im Horoskop spielen.

(oder kontrollierender) Mensch, was auf gut deutsch heißen kann, daß sie ein äußerst manipulierender Typus ist. Sie mag auch stark talentiert sein, da Pluto eine natürliche Verbindung zum kollektiven Unbewußten der Menschheit verkörpert. Und sie ist vielleicht in der Lage, diese Energie auf konstruktive und kreative Weise auszudrükken. Falls es ihr möglich ist, diese Energie ins Bewußtsein zu leiten, dann wissen wir nicht, was für ein Mensch sie ist. Drückt sie die Energie nicht aus, dann wird sie vielleicht von ihr benutzt, indem ihr Wachstum und ihre Wahrnehmung blockiert werden, so daß sie lediglich versucht, das, was ihr etwas bedeutet, festzuhalten, was immer das sein mag. Sie ist vielleicht in dem Prozeß verwickelt, den Jung Individuation nannte, und versucht herauszufinden, was sie ist und wie sie sich am besten entwickeln kann. Wir wissen von keiner dieser Energien, wie sie wirkt, bevor wir Jane sehen.

Sie hat auch eine Opposition zwischen Sonne und Jupiter. Dieser Aspekt ist nicht weniger wichtig als die Pluto/Sonne-Konjunktion, aber Pluto ist ein überwältigender Einfluß und mit Jupiter kann man auf einer bewußten Ebene einfacher umgehen; besonders wenn man den Aspekt versteht. Der Aspekt fördert die Möglichkeit, daß Jane nicht weiß, wer sie ist.

Für mich zeigt Jupiter an, wie wir danach streben, uns selbst auszudrücken; im wesentlichen zeigt Jupiter, wie wir uns auf das Universum oder die Welt um uns herum beziehen, wie wir uns für neue Menschen öffnen, neue Ideen, neue Vorstellungen über das Selbst. Jupiter weist daraufhin, wie wir uns auf andere beziehen, aber was noch wichtiger ist, wie wir uns auf die verschiedenen Aspekte unserer eigenen Persönlichkeit beziehen. Jupiter ist, wie der Mond, in Steinbock, während die Sonne eine Konjunktion mit Pluto im zwölften Haus hat. Der Komplex, mit dem man arbeiten muß, ist also sehr umfangreich. Jane hatte dieses Horoskop ihr ganzes Leben lang, also ist sie mit diesem Komplex vertraut.

Astrologiestudenten sollten daran denken, daß das die Art von Komplex ist, mit der sich Therapeuten beschäftigen würden, denn er weist auf viel Spannung hin. Ein Therapeut würde warten müssen, bis der Klient etwas von diesem Komplex enthüllt, während der Astrologe sich das Geburtshoroskop anschauen und das entsprechende Potential erkennen kann. Die Konstellation sieht recht einfach aus, aber sie könnte über verschiedene Sitzungen hinweg diskutiert werden, weil ihre Besprechung etwas Zeit erfordert: der Klient wird Zeit brauchen, um das, was besprochen wird, zu verdauen.

Der Komplex, auf den diese Krebs/Steinbock-Stellung hinweist, bedeutet unter Umständen, daß in Bezug auf den Ausdruck des »Ich-bin«-Teils des Selbst auf etwas verzichtet wird. Die Ideologie des Krebses wird vielleicht in der Persönlichkeit zurückgehalten, während der äußere Ausdruck der Persönlichkeit von den Steinbockcharakteristiken geprägt wird. Alle herausfordernden Aspekte mit der Sonne weisen darauf hin, daß sich etwas energetisch auflädt, wenn der Mensch im wesentlichen innerhalb des Horoskops zurückgehalten wird. Jane weiß unter Umständen nicht, wer sie ist, oder sie gibt sich vielleicht aus irgendeinem Grund selbst keine Gelegenheit, sie selbst zu sein. Die Gründe, weshalb sie sich selbst nicht verwirklicht, werden zutage treten, wenn wir uns unterhalten, aber das Horoskop sagt mir, daß sie über Schwierigkeiten auf diesem Gebiet sprechen sollte. Wenn sie das nicht während einer Sitzung diskutieren möchte, oder wenn sie das nicht für wichtig hält, dann würde ich im Hinterkopf behalten, daß sie unter Umständen den Kontakt mit sich selbst völlig verloren hat (in Wirklichkeit mit ihren inneren Konflikten). Ein Mensch, der nicht weiß, wie er sich selbst ausdrücken kann, braucht Beratung, aber wenn der Mangel an Ausdrucksfähigkeit als Frustration erlebt wird, dann hat man es mit einem einigermaßen verständigen Individuum zu tun – mit jemandem, der schließlich die Probleme in Angriff nehmen kann, wenn ihm etwas Verständnis darüber vermittelt wird. Sieht der Klient keine Schwierigkeiten, dann hat man es möglicherweise mit einer äußerst unterdrückten Persönlichkeit zu tun, die soviel verdrängt hat, daß er oder sie nicht weiß, daß etwas nicht stimmt. Diese beiden Aspekte (Pluto in Konjunktion mit Sonne und Jupiter in Opposition dazu) sind stark genug, daß eine vierzigjährige Frau eine ihrer Ausdrucksformen erkennen sollte. (Wenn man merkt, daß sie das nicht tut, dann ist es vielleicht besser, dem Klienten eine traditionelle Therapie zu empfehlen, denn Verdrängung macht eine Beratung sehr schwierig, da man eine solche Art von Beratung nicht gelernt hat).

Die Sonne hat ein Trigon mit Saturn, was gut und schlecht zugleich ist. Alle Astrologen mögen Trigone. Aber Trigone weisen unter Umständen auf die Tendenz hin, mit dem Status quo der Persönlichkeit mitzufließen, was in diesem Fall nicht unbedingt gut ist. Das Trigon gibt Jane die Fähigkeit, mit Autoritätsfiguren zu arbeiten, im allgemeinen mit Männern, in Arbeitssituationen. Das bedeutet, daß sie durchaus ein Karrieremensch sein könnte, wenn sie sich in diese Richtung entwickelt. Es sind jedoch noch andere Probleme zu beachten: Wenn Saturn den psychologischen Einfluß des Vaters verkörpert (während der Jahre des

Heranwachsens), dann hat sie sich mit ihrem Vater gut verstanden. Ich frage mich jedoch, ob sie die beiden »Verlierer« waren, die sich gegen die Mutter zusammengeschlossen hatten, weil diese zu Hause die Machtfigur war. Diese Struktur steht mit der Entwicklung allgemeiner Krebscharakteristiken in Verbindung, und ich frage mich, ob sie mit Autorität zurechtkäme, wenn sie von einer Frau kommt. Würde sie sich darauf einlassen, ihre »Weiblichkeit« einzusetzen, um große-Mutter- oder kleine-Mädchen-Rollen zu spielen, und hilft ihr das Saturntrigon dabei, weil sie sich so gut mit Männern versteht? Hilft das Trigon ihr, das unreife Verhalten, das mit dem Krebstypus verbunden ist, beizubehalten? Oder wird der Saturneinfluß von der Jupiter/Sonne-Opposition beeinträchtigt, oder ist die Pluto/Sonne -Konjunktion stärker als das Sonne/Saturn-Trigon? Ist das der Fall, dann ist das Trigon unter Umständen eine Energiequelle, die bewußt entwickelt werden muß.

Janes Mond steht im Zeichen Steinbock im Quadrat zum Geburtssaturn. Mond in Steinbock weist daraufhin, daß sie emotional ein erdiger Typ ist mit einem gesunden, emotionalen Wesen und wahrscheinlich »erdigen« sexuellen Reaktionen. Ihre Reaktion auf das Leben, ihre Gefühle und andere Facetten der Persönlichkeit, die dem Mond zugeordnet werden, drücken sich durch die Mittel des Steinbocks aus. Das weist auf einen Menschen hin, der sehr traditionell auf das Leben reagiert und wahrscheinlich versucht, mit emotionalen Reaktionen so umzugehen, daß sie gesellschaftlich akzeptabel sind. Betrachten wir dieses Horoskop, so stellen wir bereits eine interessante Sonne/Mond-Kombination zusammen, denn der Krebstypus ist stark emotional, verglichen mit anderen Typen, und der Steinbockmond will dieses Gefühl nicht frei ausdrücken.

Beachten Sie, daß der Mond im Quadrat zu Saturn steht, was darauf hinweist, daß Jane ihre Gefühle stark beschützen wird. Durch die Stellung des Mondes im Quadrat zum Sonne/Saturn-Trigon tritt ein weiterer Kampf innerhalb der Persönlichkeit zutage. Die Sonne kommt mit dem Management gut zurecht, während sich der Mond dazu vielleicht nicht in der Lage fühlt. Die Sonne arbeitet reibungslos mit Menschen in Autoritätspositionen zusammen, während der Mond ängstlich sein mag und sich unter Wert verkauft.

Wenn der Geburtssaturn den psychologischen Einfluß des Vaters während der Jahre des Heranwachsens verkörpert, dann beginnt sich eine Dualität zu zeigen, denn ihr »Ich-bin«-Wesen versteht sich gut mit dem Vater, aber er tut überhaupt nichts, um ihr bei der Entwicklung ihres Gefühlswesens zu helfen, weil Saturn zu Mond im Quadrat steht.

Der Mond verkörpert unter anderem die physische Mutter des Kindes, und das Quadrat deutet daraufhin, daß Janes Mutter und Vater nicht das tollste Paar waren, das als Rollenmodell zur Erlangung einer befriedigenden Beziehung dienen konnte. Dieser Aspekt zeigt für gewöhnlich an, daß der Vater die emotionalen Bedürfnisse der Mutter nicht befriedigt hat, und das Kind nimmt das wahr und nimmt die Information für gewöhnlich auf einer unbewußten Ebene auf. Ist das der Fall, dann wird ein junges Mädchen zu einer Frau heranwachsen, die sehr wenig von einer Beziehung zu einem Mann erwartet, weil sie glaubt, daß alle Männer wie ihr Vater sind, und Männer befriedigen die Bedürfnisse der Frauen nicht.

Das kann auf eine Frau hinweisen, die dazu neigt, unter ihrem gesellschaftlichen Niveau zu heiraten, und die sich in einer Beziehung mehr gefallen läßt als eine Frau, die diesen Aspekt nicht hat; und es weist daraufhin, daß sie sich unwohl damit fühlt, sich um ihre eigenen emotionalen Bedürfnisse zu kümmern, wenn ihr Partner auf ihre Bedürfnisse nicht eingeht. Das ist für gewöhnlich ein unbewußtes Verhaltensmuster, weil die Energie während der frühen Kindheitsjahre durch Osmose absorbiert wurde.

Das Muster kann durch Beratung verändert werden, aber Beratung ist notwendig. Ob sie sich damit beschäftigt hat, wissen wir erst, wenn wir ihr begegnen.

Wenn bei der Betrachtung dieses Horoskops ein großer Orbit angewendet wird, dann hat Jane auch ein Mond/Uranus-Trigon (Mond 1° Steinbock – Uranus 13° Stier).[4]

Wenn dieser Aspekt in ihrem Horoskop wirkt, dann weist das darauf hin, daß sie mehr Energie hat als andere Menschen mit Mond in Steinbock. Uranus gibt ihr einen kreativen Funken, der den erdigen Mond belebt, auch wenn Uranus selbst in einem Erdzeichen steht. Sie reagiert unter Umständen sehr kreativ auf das Leben und mag intuitiv interessante Vorstellungen und Ideen hervorbringen. Diese Ideen machen sie vielleicht gesellschaftlich interessanter, da ihre Reaktion auf das Leben schnell und geistreich ist. Das kann sich auch in einer beruflichen

[4] Viele Leser wissen, daß ich einen großen Orbit nehme, wenn ich Horoskope auslege. Das ist schon in Teil 1 besprochen worden. Noch einmal kurz, ich nehme einen 10°-Orbit für herausfordernde Aspekte, wenn Sonne und Mond daran beteiligt sind, und ich ziehe unter Umständen auch einen 15°-Orbit in Betracht. Die Church of Light in Kalifornien nimmt 12° für die Leuchtkörper (Sonne und Mond), wenn sie bedeutende Aspekte mit anderen Planeten haben, und dieses Mond/Uranus-Trigon hat einen 12°-Orbit. Bedenken Sie, daß bei der Verwendung des großen Orbis Mittellinien-Strukturen und wirklich kleine Aspekte nicht angewendet werden können, weil dann die Symbolik des Horoskops durcheinander kommt.

beruflichen Situation ausdrücken, wo sie während der Arbeit intuitiv Antworten auf Probleme entdeckt, die gelöst werden müssen.

Wir haben schon darüber gesprochen, daß Jane einen Löwe-Aszendenten hat; wir müssen jetzt unser Augenmerk darauf richten, daß sie Merkur in Löwe in Konjunktion mit dem Aszendenten hat. Dieser Aspekt kann darauf hinweisen, daß sie über das spricht, was sie tut, und daß sie recht verbal sein kann. Obwohl die Sonne im zwölften Haus steht, was darauf hindeutet, daß sie mit bestimmten Aspekten ihres Lebens und ihrer Persönlichkeit ziemlich geheimnistuerisch umgehen kann, weist Merkur am Aszendenten darauf hin, daß sie über alles spricht, womit sie keine Schwierigkeiten hat, was immer das sein mag. Sie möchte vielleicht Probleme diskutieren, deren sie sich bewußt ist, weil sie das Problem, das sie offenlegt, bereits gelöst hat. Das kann eine trickreiche Sitzung werden, wenn man ihr zuhört, denn es sieht vielleicht so aus, als wüßte sie schon alles. Es wird wichtig sein, darauf zu achten, wenn sie über Probleme sprechen will, die sie noch nicht gelöst hat. Es ist schwierig, die Planeten im zwölften Haus ins Bewußtsein zu bringen. Wenn man sein Problem nicht »benennen« kann, dann kann man es auch nicht lösen. Deshalb werde ich beim Zuhören darauf achten, ob sie etwas vermeidet oder nicht.

Wir dürfen nicht vergessen, daß Jane Merkur in 12° Löwe und Uranus in 13° Stier hat. Unter bestimmten Bedingungen kann sie zu einer Plaudertasche werden – dann spricht sie zuviel und betrügt sich im Grunde genommen um ihr eigenes Bedürfnis, respektiert zu werden (Löwe). Warum Plaudertasche? Einerseits beschleunigt Uranus den Geist und die Kommunikationsfähigkeit, und andererseits (besonders bei herausfordernden Aspekten) läßt er einen sprechen, wenn Diskretion eher angebracht wäre. Ich weiß nicht, warum das geschieht, aber Merkur/Uranus-Verbindungen haben manchmal die Tendenz, aus dem unbedarften Horoskopinhaber zeitweise einen ehrenamtlichen Schützen zu machen, der ins Fettnäpfchen tritt, weil er zur falschen Zeit zuviel sagt. Mit ist auch aufgefallen, daß diese »Fettnäpfchen-Krankheit« schwer zu heilen ist, dann wenn jemand versucht, sich aus der verkorksten Situation, die er angezettelt hat, zu befreien, gerät er nur noch tiefer hinein (Gerald Ford hat die Opposition).

Der Aszendent Löwe mag Jane recht feurig erscheinen lassen. Ich denke auch, daß Löwe ein Zeichen ist, das eine ziemlich »anständige« Gruppe von Menschen symbolisiert, ebenso wie der Steinbockmond. Sie mag daher vielleicht mehr mit Tradition und »anständigem« Verhalten zu tun haben, als mit den mehr nach außen gerichteten Zügen, die

Löwe zugeordnet werden. Unter ihrer Persona (der Fassade, die sie der allgemeinen Öffentlichkeit präsentiert) mag ein Mensch stecken, der mehr als alles andere wirklich respektiert werden will. In manchen Fällen, wenn die Planeten in Löwe beeinträchtigt werden, glaubt das Individuum so sehr, daß ihm kein Respekt entgegenkommt, daß es sich vielleicht selbst erniedrigt, bevor es jemand anderer tut, was man als eine Art selbstzerstörerisches Verhalten betrachten kann. Das mag in Janes Leben ein Problem sein, und das sollte während der Sitzung berücksichtigt werden. Wie berücksichtigt man das? Fragen Sie Ihren Klienten. Fühlt der Klient sich wohl, dann gibt er vielleicht freiwillig die Information. Wenn Sie einen guten Kontakt hergestellt haben, könnte man erwähnen, daß das manchmal bei Leuten auftritt, wenn sie sich ihrer selbst sehr unsicher sind, und »ist das jemals geschehen, als Sie jünger waren«? Oft reagiert jemand so »mir ging es nicht nur so, als ich jünger war, sondern es geht mir immer noch so«, und dann kann die Lage tiefergehend beraten werden.

Janes Sonne in Krebs ist symbolisch für jemanden, der sich emotional leicht entflammen läßt. Sie hat vielleicht eine schnelle emotionale Zündung. Der traditionelle Steinbockmond steht im Quadrat zu Saturn, und die Löwe-Persona (Aszendent) hat ein Quadrat zu Uranus. Der Uranus-Aspekt mit dem Aszendenten kann in folgenden Schlüsselwörtern gelesen werden: »Ich agiere (Uranus) wie ein Stier (Stiercharakteristik) gegen die Bedürfnisse und besten Interessen meiner ersten Anfänge (der Aszendent).« Jane kann einerseits sehr dynamisch sein und andererseits sehr hart zu sich selbst. Wenn sie nicht darüber nachdenkt, was sie tut, dann können sich die Stierzüge, stur, selbstbezogen, übertrieben sinnlich oder klammernd manifestieren anstatt der besseren Stierenergie, die praktisch sein, realistisch, solide und stabil sein beinhaltet. Die Züge des Stiers kommen mit denen des Löwen nicht gut aus (praktisch gegen idealistisch), und in ihrem Leben werden unzweifelhaft innere Konflikte daraus entstehen. Sie mag einiges tun, was für ihr Image (Persona) tatsächlich recht peinlich ist. Um das Bild abzurunden, hat Mars in Skorpion ein Trigon zur Sonne. Sie kann viel Interesse an Forschung haben, aber vielleicht benutzt sie die Energie nicht in dieser Richtung. Mars zeigt an, wie sie ihre Sonne ausagiert. Sonne und Mars stehen beide in Wasserzeichen, und Wasser hat die Tendenz, durch Osmose zu wirken. Deshalb sehen die Schritte, die Jane unternimmt, unter Umständen nicht so aus, wie die Schritte, die zum Beispiel jemand mit Mars in Widder unternehmen würde. Sie mag sich auch darin verfangen, jemandem »eins auswischen« zu wollen, denn Skorpion kann ein nachtragendes Zeichen sein. Sie kommt vielleicht nur dann in Schwung, wenn sie wütend wird, oder sie verbringt vielleicht viel Zeit damit, es wichtigen Leuten in ihrem Leben »heimzuzahlen«. Wenn sie jemandem, den sie liebt, etwas heimzahlt, dann mag das mit einem Löwe-Aszendenten auch bedeuten, daß sie sich selbst verletzt. Das muß man mit ihr besprechen.

Da Mars ein Trigon zur Sonne hat, kann sie ihre »Ich-bin«-Energie leicht ausdrücken. Mars in Skorpion ist nicht besonders ungestüm, aber er kann gut für einen organisatorischen Zweck benutzt werden. Sie kann unter Umständen sehr gut organisieren und in einer Organisation arbeiten, um Dingen auf den Grund zu gehen, oder in einer Organisation, die humanitäre Zwecke verfolgt. Mars verkörpert auch den sexuellen Antrieb, und sie fühlt sich möglicherweise sexuell unsicher und braucht mehr sexuelle Aufmerksamkeit als die meisten anderen Menschen, oder vielleicht hat sie eine Reihe Liebhaber während der Zeit, in der sie sich unsicher fühlte.

Für diejenigen, die einen 10°-Orbit zulassen: beachten Sie die Opposition zwischen Mars in 23° Skorpion und Uranus in 13° Stier. Das ist ein großer Orbit, aber es würde mich interessieren, ob die Energie im Horoskop wirkt. Irgendein Kompromiß müßte geschlossen werden zwischen ihrer Art zu handeln (Mars) und ihrem Benehmen (Uranus). Hat sie etwas von einem Rabauken an sich? Ist sie hyperaktiv? Verhält sie sich »so« und handelt in Wirklichkeit ganz anders? Geht sie in die Luft und handelt unüberlegt, wenn sie wütend wird? Wenn sie wütend ist (wenn dieser Aspekt im Horoskop wirkt), ist sie dann selbstzerstörerisch? Richtet sie ihre Handlungen nach außen, oder tut sie sich etwas an, das sie selbst letztendlich mehr verletzt, als sie irgend jemand anderen verletzen kann? Wenn dieser Aspekt in Bezug zur Sonne/Pluto-Konjunktion gesehen wird, wie drückt sie diese Energie dann aus?

Die Planeten in Skorpion und Krebs (eigentlich alle Wasserzeichen) weisen beide auf irgendeine Art emotionaler Zurückweisung auf irgendeiner Ebene hin. Ich müßte mit ihr über Gefühle von Ungewolltsein sprechen, oder ob sie sich als Kind zurückgewiesen fühlte. Ich überlege, ob solche Gefühle auf ihre erwachsenen Beziehungen abfärben und ob Beratung etwas von dieser Problematik in ihrem Leben wieder ins Gleichgewicht bringen kann.

Venus in Zwilling symbolisiert, wie Jane zu allen Formen der Liebe steht. Es ist ihre intellektuelle Vorstellung davon, was Liebe für sie bedeutet und wie sie Schönheit zu schätzen weiß; und in dem geistigen Zeichen des Zwilling wird sie versuchen, ihre Gefühle zu intellektualisieren. Das ist irgendwie eine interessante Zusammenstellung (es kommt recht oft in Horoskopen vor), und das schafft ein interessantes Dilemma. Ein Krebsmensch möchte persönlich geliebt werden, und Krebs ist eines der sensibelsten und emotionalsten Zeichen. Venus in Zwilling hat eine unpersönliche Einstellung zur Liebe und will mehr darüber sprechen als handeln. Um sich als Individuum ganzheitlich zu entwickeln, müssen die Eigenschaften der Zwillingvenus in die Persönlichkeit integriert werden, aber die Integration wird nicht leicht sein. Wenn wir einen anderen Menschen lieben, und dieser Mensch kann uns das nicht geben, was wir brauchen, können wir immer weggehen; aber was machen wir, wenn dieses Dilemma in uns selbst entsteht?

Jane hat zwei wichtige Aspekte, die ihre Venus beeinflussen. Sie hat ein Quadrat zu Neptun und eine Konjunktion mit dem südlichen Mondknoten. Hat Neptun zu einem persönlichen Planeten einen Aspekt, dann verschleiert er Probleme, indem er über den Aspekt der Persönlichkeit, der von dem aspektierten Planeten verkörpert wird, Selbsttäuschung oder Illusion verbreitet. Deshalb wird alles, was sie als schön (Venus) ansieht, von Neptun beeinflußt, wozu auch ihre Vorstellung von Liebe gehört. Das wird einen ausgeprägten Effekt auf ihre Beziehungen haben, weil sie vielleicht ein zu idealistisches Verhältnis zur Liebe hat und nach einer unglaublich perfekten Beziehung sucht. Das bedeutet, daß sie vielleicht von ihrem Liebesleben oder von den Leuten, die sie liebt, ziemlich enttäuscht ist.

Für manche Astrologen ist die Mondknotenachse sehr wichtig. Der nördliche Mondknoten symbolisiert für gewöhnlich unsere Möglichkeiten im Leben und der südliche Mondknoten symbolisiert das, was geschehen wird, wenn wir unsere Möglichkeiten nicht richtig nutzen. Hat ein persönlicher Planet mit dem südlichen Mondknoten eine Konjunktion, dann steht dieser Planet in einem neuen Licht, da man den Mondknoten als Symbol für etwas Karmisches betrachten kann. Für diejenigen, die sich mit dem Konzept des Karma im Horoskop befassen, würde dieser Aspekt darauf hinweisen, daß Liebesbeziehungen und Janes Einstellung zur Liebe Hauptthemen für sie sind. Das könnte man in der Sitzung diskutieren. Nicht mit Angst und Schrecken, sondern mit Verständnis. Neptun macht uns blind, wo immer er steht, und wenn er einen Aspekt zur Venus hat, dann wissen wir, daß er alles, was mit Liebe zu tun hat, vernebelt. Damit kann bewußt umgegangen werden, wenn man dem Klienten erzählt, wie diese Energie wirkt. Es kann Jane helfen, mit ihren Beziehungen besser zurechtzukommen, wenn sie lernt, so realistisch zu werden, wie es dieser Aspekt zuläßt. So kann sie mit ihrem Leben glücklicher werden. Beachten Sie das Sextil zwischen Venus und Merkur; wenn sie daran arbeitet, ihre Venuseigenschaften besser zu verstehen, dann wird sie in der Lage sein, besser zu kommunizieren.

Janes Vorgeschichte

Nachdem man das Geburtshoroskop auf Seite 178 angeschaut hat, ist es sicher interessant, etwas über den Menschen zu hören, der dann wirklich zu mir kam. Jane war eine recht kraftvolle Frau, groß und mit schweren Knochen. Sie hatte kein Übergewicht, aber die schweren Knochen und die Größe ließen sie plump erscheinen. Sie fühlte sich offensichtlich mit ihrer Größe nicht wohl, weil sie sich krumm machte. Als Astrologe konnte man den Einfluß der Plutokonjunktion auf die Sonne sehen; sie hatte eine bestimmte intensive plutonische Ausstrahlung, aber sie benutzte diese Energie nicht in dem Maß, wie sie von ihr benutzt wurde. Es war fast, als würde sie von dieser Energie vorwärtsgetrieben und würde vergeblich versuchen, damit Schritt zu halten. Sie war ziemlich scheu und erwartete von niemandem viel, und ich konnte sehen, daß sie auch von mir nicht viel erwartete. Es war so eine Art letzter Versuch von ihr, zu einer Astrologin zu gehen.

Jane hatte mich von ihrem Krankenhausbett aus angerufen, um einen Termin mit mir zu vereinbaren, kurz nachdem sie eine schwierige Operation durchgemacht hatte. Ein Freund hatte sie aufgefordert anzurufen, und sie tat es sofort. Die Daten ihres Geburtshoroskops waren nicht ganz genau, da sie sich nur auf die Erinnerung ihrer Mutter verlassen konnte. Sie war nicht in diesem Land geboren und durch die folgende Nachforschung stellte sich heraus, daß auf ihrer Geburtsurkunde keine Geburtszeit eingetragen war. Sie ging zu einem Korrekturspezialisten und ließ sich ihr Horoskop korrigieren; das Horoskop, das Sie hier sehen, ist das korrigierte. Nachdem die Korrektur jedoch vorgenommen worden war, entdeckte Jane ein Stammbuch, und ihre Geburtszeit war dort tatsächlich aufgeschrieben. Sie lag ein paar Minuten hinter der in diesem Hosokop verwendeten Geburtszeit.

Jane wurde in eine Familie der oberen Zehntausend hineingeboren und wuchs von Dienern umsorgt auf. Ihre Eltern unternahmen ausgedehnte Reisen, und sie reiste als Kind mit ihnen. Sie sprach fließend verschiedene Sprachen, die sie auf den Reisen gelernt hatte: sie hatte in verschiedenen großen Städten gelebt, wie London, Paris, Rom und New York, während ihr Vater seinen Geschäftsinteressen nachging. Sie sagte, daß sie ein sehr einsames Kind war und erinnerte sich an schlimme Zeiten mit Dienern, die nicht besonders nett zu ihr waren. Sie fühlte sich von ihren Eltern verlassen, besonders, wenn sie von den Dienern schlecht behandelt wurde. Ihre behütetsten Jahre verbrachte sie in einer Privatschule und im College, weil die Lebensweise und das Gruppenbewußtsein der Mitstudenten die Illusion vermittelten, zu einer Familie zu gehören. Sie heiratete kurz nach ihrem Abschluß und blieb der Familientradition verhaftet durch die Ehe mit einem Mann, der mit bedeutenden finanziellen Projekten zu tun hatte und viel reiste.

Sie versuchte mit ihrer Ehe eine Familie zu schaffen, wie sie sie selbst nicht gehabt hatte. Sie wollte Kinder, Sicherheit, und sie wollte geliebt werden. Ihr Ehemann war gebürtiger Engländer; sie beschrieb ihn als traditionell kalt und unemotional. Sie war sich nicht sicher, ob er *sie* wirklich liebte, da ihre Eltern für eine sehr gut bemessene Mitgift gesorgt hatten, als sie ihn heiratete; sie war sich nicht sicher, ob er sie oder das Geld lieber mochte.

Kurz nach der Heirat starb ihr Vater, und die Freundschaft, die angefangen hatte, sich zu entwickeln, war plötzlich vorbei. Ihrer Mutter stand sie nicht nahe, machte sich überhaupt nichts aus ihr, fand ihre Mutter kalt und zurückgezogen, gefühllos und unemotional. Jane wollte eine eng miteinander verbundene Familie; und da sie nur wenige Verwandte hatte und das einzige Kind gewesen war, wollte sie ein große Familie. Die bekam sie auch; zwei Jungen und zwei Mädchen. Sie überschüttete ihre Kinder mit ihrer ganzen aufgestauten Liebe und gab zu, daß ihre Liebe erdrückend war, was ihre Kinder schließlich entfremdete. Ein Kind ging früh von zu Hause weg, und ein anderes wurde zu einem jugendlichen Straftäter, was dem Ehemann äußerst peinlich war. Sie verbrachte sehr viel Zeit damit, der Illusion einer glücklichen Familie nachzujagen, mit Weihnachten bei Oma und solchen Dingen. Es klappte nicht. Das war ein wichtiges Thema für sie.

Janes Ehemann reiste sehr viel und überließ es ihr, die Kinder zu erziehen. Sie wollte nicht mit ihm reisen, da ihr ihre eigenen frühen Kindheitsreisen keine Freude gemacht hatten. (Studenten sollten auf Janes rückläufigen Saturn im neunten Haus achten, der für gewöhnlich auf einen Menschen hinweist, der sich auf Reisen in fremden Orten nicht wohlfühlt.) Jane wollte nicht viele Diener haben, wegen ihrer eigenen frühen Kindheitserfahrungen, deshalb versuchte sie, selbst ein großes Haus aufrechtzuerhalten. Sie war Hausfrau, Haushälterin, Hausmutter, Chauffeur für die Kinder und wenn notwendig, Gastgeberin für die Geschäftsessen ihres Ehemanns. So geschäftig sie war, so gelangweilt und einsam war sie. Sie sagte, daß ihre sozialen Kontakte aus den Freunden und Geschäftskontakten ihres Mannes bestanden. Alles, was sie taten, war unecht – die reizenden Feinschmeckeressen, der Country Club – und sie konnte mitten in dieser Lebensweise keinen Ort für ihre eigene Persönlichkeit oder die Entwicklung ihrer Interessen finden.

Ihr Mann wollte nicht, daß sie arbeitete, aber sie schaffte es, sich in ein paar großen Gemeindeprojekten zu engagieren, wo sie freiwillige Arbeit leistete. Das verhalf ihr dazu, etwas über ihr Organisationtalent zu erfahren, und sie entdeckte, daß sie gerne dachte. Sie fühlte sich an diesem Punkt noch frustrierter, da sie mit dieser Energie gar nichts anfangen konnte, und die Kinder noch zu klein waren, um alleingelassen zu werden. Sie gab auch zu, daß sie die Kinder nicht alleinlassen wollte aus Angst, sie würden sich ungeliebt fühlen, so wie es ihr als Kind ergangen war.

Sie hatte keine engen Freunde und ganz besonders keine Freundinnen, denen sie vertrauen konnte. Sie versuchte es mit Psychotherapie, aber das gefiel ihr nicht. Sie beschäftigte sich nebenbei mit ein paar Aktivitäten in ihrer Nachbarschaft, aber sie fand nicht das, wonach sie suchte. Es könnte sein, daß sie das, wonach sie suchte, nicht in Worte fassen konnte, und so konnte ihr niemand helfen.

Auf der Suche nach sich selbst entschied sie sich für die schlechteste aller Möglichkeiten, wenn man Ende Dreißig ist – sie fing an, zu trinken. Sie fühlte sich zu der Zeit sehr unsicher; ihr Ehemann schenkte ihr keine Aufmerksamkeit, deshalb suchte sie Sicherheit und Aufmerksamkeit bei anderen Männern. Sie hatte eine Affäre, aber das gefiel ihr nicht wirklich. Das schlimmste an der Affäre war, daß ihr Mann sie nicht ertappte; es wurde ihr zu leicht gemacht. Deshalb beschloß sie, seine Aufmerksamkeit auf sich zu lenken, indem sie eine Affäre mit dem Gärtner hatte, der ein ehemaliger Alkoholiker und Drogenkonsument war, ein Vorstrafenregister hatte und auf Bewährung frei war. Sie protzte bei den Nachbarn mit dieser Beziehung, und schließlich kam ihr Mann dahinter. Anstatt die Aufmerksamkeit zu bekommen, nach der sie suchte – ein emotionaler Ausbruch, Wut oder vielleicht verletzte Gefühle – war ihr Mann völlig sprachlos. Was ihn betraf, so konnte er nicht verstehen, wie seine Frau so tief sinken konnte, und bat um die Scheidung. Ein verbitterter Kampf um das Sorgerecht folgte, und schließlich wurden sie geschieden.

Sie wickelte die Scheidung nicht sehr geschickt ab. Jane war wirklich auf Aufmerksamkeit aus. Der Gärtner schien sie als Frau zu schätzen, und sie hatte sich lange nicht als Frau gefühlt. Sie dachte, ihr Mann wäre verärgert, aber sie hätte nicht gedacht, daß er eine Scheidung wollen würde: sie wollte das sicherlich nicht. Er wollte ihr die Kinder wegnehmen. Sie war so schockiert über die Reaktion ihres Mannes, daß sie sich einen zweitklassigen Anwalt nahm, der sie nicht sehr gut vertrat. Sie erzielte weder eine gute Sorgerechtsvereinbarung für die Kinder, noch angemessene Alimentezahlungen, noch angemessene Unterhaltszahlungen. Die Mitgift, die sie mit in die Ehe gebracht hatte, wurde vor Gericht erwähnt, und der gemeinsame Besitz wurde nicht sehr vorteilhaft aufgeteilt. Sie bekam das Haus, aber es lag eine große Hypothek darauf. Das Haus war im Grunde genommen ein lästiger Besitz, und obwohl es auf dem Papier sehr viel wert war, war es nicht einfach, es zu verkaufen. Deshalb stand ihr das Geld, das sie eines Tages bekommen würde, nicht zur Verfügung. Die Zahlungen für den Unterhalt der Kinder waren unzulänglich, ebenso wie ihre Unterhaltszahlungen, wenn man ihr Familieneinkommen und ihr früheres Leben in Betracht zog.

Jane fing an zu fragen, ob ihre ganze Ehe ein Schwindel gewesen war, da ihr Mann sehr kurz nach der Abwicklung der Scheidung wieder heiratete. Deshalb dachte sie, daß er sie wegen des Geldes ihrer Familie geheiratet haben mußte, und dieser Gedanke deprimerte sie noch mehr. Sie war mitten in der Midlife Crisis, sie wußte nicht, wer sie war, oder wohin sie ging; sie traf sich nicht mehr mit dem Gärtner, denn diese Beziehung war während der Scheidung verblaßt. Sie hatte selbst keine Heiratsabsichten und hatte nicht gerne mit der neuen Frau ihres Mannes zu tun, was aufgrund des Besuchsrechtes der Kinder notwendig war.

Als sie zu mir kam wegen der Horoskopinterpretation, war sie zusammengebrochen und sehr krank. Sie war gerade dabei zu versuchen, ihr Haus zu verkaufen, weil sie es sich nicht mehr leisten konnte, dort zu leben. Sie mußte bald umziehen, ihre Kinder von den Privatschulen nehmen und ein völlig neues Leben anfangen. Und um dem ganzen die Krone aufzusetzen, war ihr Sohn wegen Autodiebstahl verhaftet worden. Ihre Mutter bot Hilfe an: Jane hätte nach New York City zurückgehen können, und die Mutter hätte die Rechnungen bezahlt, aber Jane hätte ihre ganze Freiheit verloren. Die Kinder hätten unter dem Pantoffel der Großmutter gestanden, und das war keine realisierbare Lösung für Jane.

Janes Transite

Das erste Deutungsgespräch fand im April 1978 statt, und die Transite, die wir jetzt besprechen, sind auf diese Zeit berechnet. Wenn ich mit Transiten arbeite, dann fange ich mit Pluto an und gehe zurück zu Mars, weil ich gerne verstehen möchte, was die sich langsamer bewegenden Planeten tun. Die Generationsplaneten (Pluto, Neptun und Uranus) reflektieren für mich die Stimmung des Horoskops, während die Reifeplaneten (Saturn, Jupiter und Mars) Aktivitäten zeigen, die mit dem bewußten Reifeprozeß im Moment zu tun haben.[5]

Pluto im Transit steht in 14°56' Waage R und ist noch nicht so weit, um in die zyklische Plutoquadratphase einzutreten, da der Geburtspluto in 21°18' Krebs steht. Aber Plutos Transit fängt an, den Geburtsjupiter in 21°29' R Steinbock im sechsten Haus zu beeinflussen. Da Jupiter zur Sonne/Pluto-Konjunktion im Geburtshoroskop in Opposition steht, findet langsam ein Untergraben des Selbstvertrauens statt.

Neptun im Transit steht in 18°5' R Schütze, während der Geburtsneptun in 16°56' Jungfrau steht. Neptun hat sein erstes Quadrat im ersten Zyklus bereits hinter sich gebracht und vielleicht einen Verlust an Idealen bewirkt – ein paar Träume haben sich aufgelöst, oder einige Phantasien über die Wirklichkeit sind auf unangenehme Art ans Tageslicht gekommen. Der Geburtsneptun steht im zweiten Haus und weist auf Selbsttäuschungen in Bezug auf das Einkommen hin, oder sogar auf einen Irrglauben über den persönlichen Wert oder die persönliche Sicherheit. Zip Dobyns sagte vor vielen Jahren, daß das zweite Haus die Besitztümer anzeigt – Geld und die Dinge, die man besitzt, aber auch die Talente, denn Talente sind in einem gewissen Sinne auch Besitztümer. Das Neptunquadrat kommt vom fünften Haus und weist auf die Möglichkeit einer falschen Vorstellung bezüglich des Liebeslebens und der Kinder hin, und das Quadrat löst irgendeine Veränderung aus. Das untergeordnete Thema könnte hier mit Dingen zu tun haben, die mit den Vorstellungen oder Idealen im Hinblick auf Angelegenheiten des zweiten oder fünften Hauses in Verbindung stehen. Das Hauptthema ist, daß irgendein idealistisches Ziel im Leben verändert werden muß.

Uranus im Transit steht in 15°2' Skorpion und hat die Opposition

[5] Eine detaillierte Beschreibung der Transite finden Sie in meinem Buch »Transite. Die Gezeiten des Lebens«. Urania Verlag und Versand GmbH, 8029 Sauerlach, 1987.

mit sich selbst schon hinter sich gelassen; Janes Geburtsuranus steht in 23°20' Stier. Geht man in den Ephemeriden zurück, dann wird man feststellen, daß Uranus am vierten November 1975 in einen 10°-Annäherungsorbit zum Geburtsuranus gegangen ist und dort bis zum 14. Juli 1976 blieb. Er ging rückläufig aus dem Orbit hinaus, kehrte am 7. August 1976 wieder und blieb bis zum 24. November 1977. Wenn man in den Ephemeriden nach vorne geht, dann endeckt man, daß der Zyklus zu der Zeit, als die Interpretation durchgeführt wurde, noch nicht beendet war, da Uranus am 31. Mai 1978 rückläufig zurück auf 13°20' Stier kommt und in dem Orbit bis zum 8. September 1978 bleibt. Dann hat sie diesen Aspekt hinter sich gebracht.

Für die, die einen größeren Orbit nehmen: Bitte achten Sie auf die 10°-Opposition im Geburtshoroskop zwischen Mars und Uranus. Läßt man solch einen großen Orbit zu, dann würde der Uranusaspekt bis 1. Oktober 1980 aktiv bleiben. Bitte beachten Sie auch, daß Janes Aszendent, ebenso wie ihr Merkur, in 11° Löwe steht, und daß dieser Aspekt durch das Geburtsquadrat zwischen Uranus und Merkur/Aszendent noch früher aktiviert wird, da er Energie in das Horoskop bringt, wenn Uranus im Transit in den Orbit mit Aszendenten und Merkur kommt.

Saturn im Transit steht in 23° Löwe und ihr Aszendent ist in 11° Löwe. Das bedeutet, daß sie schon einige größere Veränderungen in ihrer Lebensweise durchgemacht hat. Ich weiß nicht, welche Art Veränderung stattgefunden hat, aber ich werde darüber sprechen, wenn wir uns treffen. Sie ist zur Zeit nicht im Wirkungsfeld eines Saturnaspekts und hat auch mit keinem Saturnzyklus zu tun. Jupiter im Transit steht in 1°07' Krebs und ihr Geburtsjupiter in 21°39' R Steinbock. Sie hat ihren letzten Jupiterzyklus zwischen dem 2. Dezember 1972 und dem 17. Januar 1973 mit 36 Jahren begonnen. Jupiter wird in die Opposition im vierten Zyklus zwischen dem 10. Juni und dem 28. Juli 1978 kommen. Weil der Geburtsjupiter zur Sonne/Pluto-Konjunktion in 28° Krebs in Opposition steht, wird diese Opposition bis zum 30. August 1978 wirken.

Wenn ich mich darauf vorbereite, mich mit einem Klienten zu treffen, dann habe ich für gewöhnlich eine Liste der Marstransite und -zyklen zur Hand. Wenn ich anfange, mit Marszyklen zu arbeiten, stelle ich ein paar kurze Zeitsequenzen bereit, die es in manchen Fällen ermöglichen, im Prozeß des zeitlichen Vorausgehens Pläne zu fassen. Der Marszyklus kann den Menschen, denen es vorher nicht gelungen war, ihrem Leben eine Richtung zu geben, einen Sinn für Zielorientierung vermitteln. Für gewöhnlich gehe ich zurück zum letzten Zyklus, um zu sehen, wann er anfing, denn manchmal erinnert sich der Klient daran, was dort geschehen war. Wir arbeiten dann in etwa ein Jahr im voraus und benutzen Transite und Zyklen. Da Mars einen zweieinhalbjähigen Zyklus hat, gehe ich für gewöhnlich wenigstens durch einen vollständigen Zyklus und stelle die Daten für das Treffen von Entscheidungen zur Verfügung, falls der Klient nicht wiederkommt. Der Geburtsmars steht in 23° Skorpion und ist direktläufig. Im April 1978 stand Mars im Transit in 3° Löwe. Ihr letzter Marszyklus hatte zwischen dem 28. Oktover und dem 11. November 1976 begonnen. Das erst Quadrat war zwischen 24. Juni und 8. Juli 1974, und das letzte Quadrat dieses Zyklus wird zwischen 12. Mai und 1. Juli 1978 in Aktion treten. Während des letzten Quadrates wird sie etwas bereinigen müssen, das mit der Entscheidung, die sie im November 1976 getroffen hat, in Verbindung steht. Sie wird zwischen 9. Oktober und 23. Oktober 1978 einen neuen Marszyklus beginnen. Deshalb werde ich sie bitten, auf das zu achten, was sie in Bezug auf eine Liebessituation (Beziehung) oder eine berufliche Möglichkeit denkt. Die Entscheidung, die im Oktober 1978 getroffen wird, muß zwischen 6. Februar und 19. Februar 1979 korrigiert werden, und wenn die Opposition im Gange ist (zwischen 4. Juni und 17. Juni 1979) wird sie wissen, ob ihr Vorhaben gelingt oder nicht.

Janes Zyklen

Um uns einen Überblick über die Transite zu verschaffen, die uns eigentlich den Schlüssel zu den Zyklen eines Klienten geben, besprechen wir sie hier noch einmal kurz. Pluto hat auf irgendeine Art einen umstürzlerischen Einfluß, aber Jane ist nicht in einem Plutozyklus. Sie hat das erste Quadrat im Neptunzyklus bereits erlebt, und ich würde das in der Rückschau besprechen, um zu sehen, wie diese Energie ihre Lebensweise beeinflußt hat. Uranus ist im Augenblick nicht im Orbit, aber er wird zurückkehren, das heißt, daß die Midlife Crisis, die von der Uranusopposition verkörpert wird, im Grunde genommen noch sehr aktiv ist. Eine Sitzung wird ganz der Beratung der Midlife Crisis gewidmet sein. Saturn ist zyklisch nicht aktiv. Eine Jupiterphase (die Opposition im vierten Zyklus) steht an, und der vierte Zyklus muß erklärt werden. Wir werden ihre Marszyklen besprechen, ob sie aktiv sind oder nicht, um sie darauf vorzubereiten, die Marsenergie möglichst vorteilhaft zu nutzen.

Die Beratung

Die Vorgehensweise, die Sie wählen, wenn Sie mit einem Klienten arbeiten, mag von der jetzt folgenden abweichen. Ich versuche immer am Anfang anzufangen und dann zu einer Schlußfolgerung zu gelangen! Wie ich zu Beginn dieses Kapitels erwähnte, fange ich gerne mit einem Gespräch über das Geburtshoroskop an, gehe dann über zu den Transiten und schließe mit den Zyklen ab. Aber das klappt nicht immer und manche Sitzungen hören ganz anders auf, als ich es geplant hatte. Wenn sich der Klient während unseres Treffens einigermaßen wohlfühlt, dann versuche ich, die Sitzung mit einer Erläuterung des Nutzens, den man aus dem Verständnis der in der Astrologie vorkommenden Symbolik ziehen kann, zu eröffnen. Dann versuche ich, einige Teilbereiche des Geburtshoroskops zu besprechen in der Hoffnung, daß der Klient anfängt, ein paar bekannte Muster zu erkennen. Die Planeten und Aspekte können in Begriffen von verschiedenen zur Verfügung stehenden Stärken und Energien erklärt werden, die Aktivposten sind, wenn sie verstanden werden, oder die uns im Weg stehen, wenn das nicht der Fall ist. Wenn das Horoskop als »Landkarte« der persönlichen Bedürfnisse und Wertvorstellungen betrachtet wird, kann dieser Teil der Sitzung ganz einfach über die Bühne gehen. Abgesehen davon ist ein Klient, der sich schon ein bißchen mit seiner Selbsteinschätzung beschäftigt hat, für gewöhnlich offener als jemand, dem das Ganze fremd ist.

Manchmal beginne ich eine Sitzung mit den Transiten und Zyklen, und ich fange an, die Konstellationen im Geburtshoroskop danach zu erklären, welche gerade von den Transitenergien aktiviert werden. Das funktioniert manchmal, besonders wenn der Ratsuchende im Astrologen eine Art Hellseher sieht. Manche Klienten übernehmen eine Sitzung völlig, indem sie mit allem herausplatzen, was auch immer heraus muß, und man muß dann die Stücke aufsammeln, die sie über den ganzen Teppich verstreut haben. Jeder Mensch reagiert anders, und wir lernen es, uns auf die Bedürfnisse des Klienten einzustellen. Es spielt keine Rolle, welche Vorgehensweise man wählt; aber es ist wichtig, daß der Klient eine Möglichkeit hat, sich in die Sitzung einzubringen.

Wenn Sie gerade damit anfangen, mit Klienten zu arbeiten, werden Sie merken, daß Ihr Stil sich nach den ersten fünfzig Interpretationsgesprächen drastisch verändert. Sie sind dann weniger unsicher und eher bereit, den Klienten sprechen zu lassen. Als ich mit den Beratungen anfing, war anfangs mein größtes Problem, daß ich versuchte, dem

Klienten alles zu erzählen, was ich wußte. »Sehen Sie, wieviel ich weiß?« Der arme Mensch hatte keine Gelegenheit, auch mal ein Wort einzuwerfen, und wenn es jemandem gelang, mich mit Worten zu überfahren, hatte ich Schuldgefühle, weil ich dachte, ich hätte nicht genug gesagt, um mein Geld wert zu sein. Es dämmerte mir nie, daß der Klient vielleicht das Bedürfnis hatte, zu sprechen oder daß der Klient für einen Tag genügend Informationen aufgenommen hatte. Ich erschöpfte uns beide! Auch wenn andere Astrologen Ihnen vielleicht etwas Gegenteiliges sagen: Anfangs sind wir alle keine guten Berater.

Astrologen haben auch noch eine andere Funktion, die viele nicht verstehen. Wir sind so mit dem Versuch beschäftigt, als legitimer Berufsstand anerkannt zu werden, daß wir nicht verstehen, daß es durchaus seinen Vorteil hat, nicht gesetzlich anerkannt zu sein. Leute, die zu einem Astrologen gehen, haben oft das Gefühl, daß sie freier sprechen können, als wenn sie ein Gespräch mit einem »echten« Therapeuten oder einem Geistlichen führen würden. Die Leute sprechen mit mir, und wenn sie nicht wollen oder nicht können, dann sprechen sie mit jemand anderem. Ich habe gelernt zuzuhören; meine Klienten haben mich viel über die feinen Unterschiede der Aspekte gelehrt.

Hin und wieder hat man vielleicht einen Klienten, der glaubt, daß man ein Medium oder ein Hellseher ist. Diese Leute projizieren sehr viel Macht auf Astrologen – Macht, die wir nicht haben. Wenn das geschieht, versuche ich, diese Vorstellung sehr schnell abzubauen, und eine der besten Möglichkeiten, das zu tun, ist, Fragen über die Geburtsaspekte zu stellen.

Als Jane zu mir kam, suchte sie nach einem Hellseher und einem Beichtvater. Sie mußte über das, was mit ihr geschah, sprechen, und das war für mich in Ordnung. Sie betrachtete mich auch als jemanden, der ihr sagen konnte, ob sie sterben würde oder nicht, und ich mußte ihr sagen, daß ich diese Macht nicht habe. Nur sie und ihr Gott konnten in dieser Angelegenheit irgend etwas bewirken. Nachdem sie gemerkt hatte, daß ich keine Hellseherin war, konnten wir anfangen, uns zu unterhalten, und wir sprachen gleich zu Beginn der Sitzung über das Potential ihres Geburtshoroskops.

Da wir uns in der ersten Sitzung über Janes Geburtszeit nicht sicher waren, mußte ich sehr vorsichtig arbeiten. Ich sagte ungefähr folgendes: »Jeder Mensch hat ein Geburtshoroskop und wir wissen nicht, ob das Horoskop, mit dem wir heute arbeiten, genau stimmt, da Ihre Geburtszeit ein wenig unsicher ist. Aber ich werde mit Ihnen über Ihre Geburtsaspekte sprechen, da sie unabhängig von der Tageszeit, zu der Sie geboren wurden, wirken. Es gibt andere astrologische Faktoren [Häuser], die wir besser diskutieren können, wenn Ihre Zeiten bestätigt worden sind.« Einige Astrologen würden sagen, daß ich die Beratung nicht hätte durchführen sollen, weil ich ihre Geburtszeit nicht hatte. Dies war jedoch eine Frau, die unbedingt eine Beratung haben wollte; sie war krank, sie wußte nicht, ob sie überleben würde, und sie selbst hatte keine Zeit zu warten. Wir würden alle gerne auf den perfekten Zeitpunkt warten, um ein Horoskop zu interpretieren, aber das Leben gibt uns nicht immer soviel Spielraum.

Wir besprachen die individuellen Möglichkeiten, die auf Janes Krebssonne, Steinbockmond und Löwe- (vielleicht auch Jungfrau-) Aszendent beruhten. Ich ging an ihre Aspekte mit Fragen heran und fragte sie, ob sie zu irgend etwas von dem, was ich mit ihr besprochen hatte, ein Gefühl hatte oder eine Verbindung herstellen konnte. Jane hatte es schrecklich schwer damit zu wissen, wer sie war. Man könnte sagen, »na, das geht jedem so«, und ich würde zustimmen, aber wenn diese Frage in einer Beratung gestellt wird, muß sehr sorgfältig gefragt werden. Die Zuhilfenahme von Schlüsselwörtern, das Besprechen von Umständen, den Klienten nach Umständen fragen, die in der Vergangenheit Unannehmlichkeiten verursacht haben, all das wird helfen, das Problem irgendwie zum Ausdruck zu bringen. Jane paßte nie zu ihren Kameraden. Sie war größer als alle anderen, und sie dachte anders als die Kinder, die sie kannte. Astrologen wissen, daß andere Kinder, die im selben Jahr wie Jane geboren wurden, ebenfalls eine Pluto/Sonne-Konjunktion haben. Aber wenn Jane niemanden kennenlernte, der um diese Zeit geboren war, dann kannte sie vielleicht niemanden, der diese Konstellation auch hatte, oder sie war nicht in der Lage, darüber zu sprechen. Sie war ziemlich intuitiv, und einige ihrer hellseherischen Erfahrungen hatten ihr in jüngeren Jahren sehr viel Angst gemacht. Auch die durch Krebs/Steinbock – Sonne/Mond bestimmte Äußerung ihres Selbst verursachte ihr große Schmerzen, weil in ihrem Innenleben immer Krieg herrschte. Sie lebte auf, als wir über die Jupiter/Sonne-Opposition und das Mond/Saturn-Quadrat sprachen, weil sie eine sehr umfassende Beziehung dazu herstellen konnte. Es war eine aufregende Vorstellung für sie, die Verantwortung für sich selbst durch das Verständnis der verschiedenen Teile ihrer Persönlichkeit zu übernehmen, und wir beschlossen, damit in einer anderen Sitzung weiterzumachen.

Die Midlife Crisis bildete die Grundlage für die Zeit, die wir miteinander verbrachten. Ich sprach über den Plutotransit und die Möglichkeit, daß sich Gefühle von Unsicherheit allmählich entwickeln. Sie hatte diese Energie gefühlt, zusätzlich zu der Hilflosigkeit, die sie ja in der Midlife Crisis empfand. Wir sprachen über Neptuns Desillusionierung während des ersten Neptunquadrates, und da kamen die Eheprobleme, der Gärtner und die ungünstigen Scheidungsvereinbarungen zutage. Sie erzählte mir, daß sie so sprachlos war über die Scheidung, daß sie ihrem Anwalt nichts über die Mitgift und das Geld, das sie mit in die Ehe gebracht hatte, erzählte. Deshalb hatte es vor Gericht den Anschein, als wäre sie völlig vom Einkommen ihres Ehemannes versorgt worden. Mitten in dem Gespräch über die Scheidung mußten wir nachschauen, wenn die Scheidung stattgefunden hatte. Natürlich war sie im Gang, als Saturn über die Sonne/Pluto-Konjunktion ging, und die Scheidung war durchgekommen, als Saturn über den Aszendenten ging. (Wir bestätigten das, sobald das Horoskop korrigiert worden war). Die Veränderung in der Lebensweise war unvermeidlich, denn es muß sich etwas verändern, wenn Saturn über den Aszendenten geht, aber es muß nicht negativ sein. Im Rückblick auf ihre Ehe sprach sie über ihren Ehemann, und sie fing an zu realisieren, daß sie ihn nicht besonders gut kannte. Sie wurde deutlich weicher, als wir anfingen, uns ihr Neptun/Venus-Quadrat anzuschauen. Sie schien an der Vorstellung arbeiten zu wollen, daß ihr Mann vielleicht nicht so schlecht gewesen war, wie es den Anschein hatte.

Das Wichtigste, was Jane aus der ersten Sitzung mitnahm, war, daß sie nicht der einzige Mensch war, der in ihrem Alter eine Krise durchmachte. Wir diskutierten die Möglichkeit des Todes, und es erleichterte sie, daß es mir nichts ausmachte, mit ihr darüber zu sprechen. Ich ging dem Thema nicht aus dem Weg, ich fragte sie, was sie darüber dachte. Jedem anderen, mit dem sie versucht hatte, darüber zu sprechen, war es unangenehm gewesen. Als ich ihr die Uranus/Uranus-Opposition erklärte, sprachen wir auch über die Tatsache, daß jeder in der Lebensmitte Unsicherheiten durchlebt. Das gefiel ihr sehr gut. Es ging ihr viel besser. Sie beschloß, daß sie es verkraften konnte, einen Blick auf ihr Leben zu werfen. Erinnern Sie sich an die fünf Planeten in den Kardinalzeichen und die vier in den Erdzeichen? Diese Indikatoren lassen uns wissen, daß wir eine Frau vor uns haben, die etwas tun wird, wenn ihr jemand einen Zusammenhang aufzeigt. Ein Mensch wie Jane brauchte nicht jemanden, der sich um sie kümmert, sie brauchte neue Erkenntnisse über sich selbst, damit sie beginnen konnte, sich um sich selbst auf neue Weise zu kümmern – eigentlich sich selbst so *sein* zu lassen, wie sie war. Das kann ein äußerst aufregendes Angebot sein.

Jane hatte das Gefühl, daß ihr der Anfang des vierten Jupiterzyklus nicht besonders gut gelungen war, und sie fand die Daten des Zyklus interessant in Bezug auf das, was sie gerade tat. Sie war bestürzt, als sie merkte, daß eine Astrologin, die sie nicht kannte, mit ihr diesen Zyklus besprechen und tatsächlich auch ihr Verhalten beschreiben konnte. Sie war bestürzt darüber, daß die »typische« Unsicherheit Ende Dreißig, die mit dem Jupiterzyklus in Verbindung steht, ihrem Gefühl entsprach. Sie wußte nicht, daß das auch anderen Frauen so geht. Sie hatte das Gefühl, wenn sie mehr über die Möglichkeiten dieses Zyklus gewußt hätte, dann wäre sie in der Lage gewesen, anders mit der Energie umzugehen, und vielleicht hätte sie einige der persönlichen Traumata, die sie erlebt hatte, vermeiden oder ihre Probleme anders bearbeiten können. Sie wollte mit dem Zyklus arbeiten und da die Opposition in diesem Sommer eintreten würde, hatte sie etwas Zeit, um zu versuchen, mit dieser Energie zu arbeiten. Da die Ehe hinter ihr lag, kam sie zu dem Schluß, daß es das Beste sei, damit weiterzumachen, ihren Kindern das beizubringen, was sie lernen mußten und zu versuchen, einige Probleme mit ihnen zu bearbeiten. (Wenn ein Klient mit Entsetzen auf etwas, was schon geschehen ist, reagiert, dann ist es notwendig, darauf hinzuweisen, daß es nichts bringt, »über die verschüttete Milch zu weinen«. Wir können nur vorwärts gehen, und das muß der Klient hören)!

Jane war sehr erfreut über die Vorstellung, mit Marszyklen und -transiten zu arbeiten. Sie wollte anfangen, einige ihrer Pläne, die mit dem Mars-Arbeitszyklus zusammenhängen würden, zeitlich festzulegen. Wir hatten zuvor ihre Wut diskutiert (die Mars/Uranus- und Uranus/Aszendent-Aspekte), und sie war der Ansicht, daß es ihr helfen würde, etwas von den Schmerzen, die sie sich selbst bereitete, abzumildern, wenn sie die Marstransite nutzte.

Mit der ersten Sitzung begann eine Reihe von Treffen. Ich sah Jane einmal im Monat über sechs Monate hinweg, und ich habe ihr Horoskop in dieses Buch aufgenommen, weil sie mich sehr viel darüber gelehrt hat, wie Astrologie in Prozeß der Beratung benutzt werden kann. Jane machte im Grunde genommen ihre eigene Beratung. Meine Rolle dabei war es, sicherzustellen, daß sie bei der Erforschung ihrer selbst die Perspektive nicht verlor. Sechs Monate lang nahm Jane ihr Horoskop auseinander. Sie kam mit Listen voller Fragen über Verhalten, persönliche Bedürfnisse und Situationen, die sie klären wollte. Sie schickte mir seitenweise Fragen mit Daten aus ihrer Vergangenheit, damit ich mich im voraus auf eine Sitzung vorbereiten konnte. Sie wollte wichtige Zeiträume und Themen ihres Lebens erforschen. Sie ließ sich tief ein auf ein Verstehen ihres Selbst und war sehr offen, nachdem sie diese Reise einmal begonnen hatte. Wir trafen uns und teilten Tränen und Lachen miteinander, während sie ihren Weg fand, und ich hatte das Privileg, mit ihr zu lernen.

Die Probleme, die während dieser sechs Monate bearbeitet wurden, waren ihre Besessenheit mit ihren Kindern, die Ähnlichkeit in der Wortwahl, mit der sie ihre Mutter und ihren Mann beschrieb, die Angst, nicht geliebt zu werden. Nachdem sie sich mit der Selbstbetrachtung wohler fühlte, wurde ihr klar, daß es Zeit war, sich mit der erneuten Verhandlung der Scheidungsvereinbarungen zu beschäftigen, da das ihre Kinder betraf, und sie machte Pläne, um diesen Teil ihres Lebens in die Hand zu nehmen.

Jane wollte mich als ihre Therapeutin, aber ich konnte diese Verantwortung nicht akzeptieren. Ich war bereit, ihr beim Verständnis ihres Geburtshoroskops zu helfen, aber ich war nicht bereit dazu, ihr einziger Kontakt zu sein. Sie wußte nicht, wohin sie sich wegen weiterer Beratung wenden sollte, deshalb empfahl ich ihr, eine Reihe von Möglichkeiten zu probieren und gab ihr genug Auswahl, so daß sie sich etwas aussuchen konnte, was sie interessierte. Sie ging auch zu Seminaren und nahm an Gruppenaktivitäten teil, die sich mit Heilen, Selbsthilfe und spiritueller Entwicklung beschäftigten. Im Verlauf des folgenden Jahres besuchte sie einen Kurs in Religionswissenschaften, einen Kurs in Kräuterkunde, wurde Vegetarierin, nahm an einem Kübler-Ross-Seminar über Tod und Sterben teil, schloß sich einer Gruppe alleinstehender Mütter in ihrer Nachbarschaft an, um über die Probleme als alleinerziehende Mutter beraten zu werden, studierte Hexenkunst wegen eines Erdrituals, arbeitete mit Vollmondmeditationen, erforschte die Bach-Blüten-Arzneien und erweiterte einfach ihre Welt. Ihre neuen Kontakte gaben ihr verschiedenes: sie fing an, Leute kennenzulernen, die ihr gefielen; sie war in der Lage, Ideen zu akzeptieren oder zurückzuweisen, da sie persönlich darauf reagierte; sie schaffte sich eine breitere Basis, so daß sie nicht von mir abhängig sein mußte.

Während dieser sechsmonatigen Beratungszeit fing Jane an, aufrechter zu gehen, sich anders anzuziehen (sie sagte, sie müsse ihr Image in all seinen Teilen zum Ausdruck bringen), und sie wurde augenscheinlich selbstsicherer. Sie begann, sich selbst zu akzeptieren. Sie fing an zu realisieren, daß andere Menschen sie mochten.

Danke, Jane, daß du du selbst geworden bist.

Anhang
Weitere Zyklen

Manche Leser haben vielleicht an weiteren astrologischen Zyklen Interesse, und es ist ein netter Gedanke, für einen Moment in der Geschichte zurückzugehen, um darüber zu sprechen, wie andere Astrologen planetarische Zyklen verwendet haben. Bevor wir das tun, sollten wir uns einige grundlegende Tatsachen über alte Astrologiebücher ins Gedächtnis rufen. Die meisten Astrologen waren auf irgendeine Art mit spiritueller Entwicklung beschäftigt. Die meisten hatten starke religiöse Vorstellungen, und die meisten setzten die planetarischen Konstellationen mit einem großen universellen Plan des sich entwickelnden Bewußtseins in Verbindung. Bis vor kurzem war den meisten Leuten nicht der Luxus gegeben, in der Lage zu sein, von einem analytischen Gesichtspunkt her zu forschen, und die älteren Texte reflektieren diese Tatsache. Heutzutage sagen viel zu viele Studenten, daß sie die älteren Bücher nicht lesen wollen, weil sie so »negativ« sind oder nicht in das heutige Interesse an Astrologie passen. Das tun sie sehr wohl, aber man muß zwischen den Zeilen lesen. Alle modernen Astrologen haben Astrologie bei jemandem gelernt und zeitgenössische Astrologen haben astrologische Interpretationen von vorgestern in ihren wesentlichen Zügen neu formuliert in eine Terminologie, die heutzutage leichter verstanden wird.

Die meisten der frühen Bücher beschäftigen sich mit Progressionen und Fragen der zeitlichen Festlegung bestimmter Vorhaben. Man wird feststellen, daß lediglich etwa 20 Sciten den Berechnungen und Kalkulationen der Geburtsplaneten und -aspekten und dem Geburtshoroskop selbst gewidmet sind, und wir werden schnell zu Progressionen und Informationen über Fragen der zeitlichen Feststellung bestimmter Vorhaben geführt. Wir modernen Menschen würden sagen, daß nicht genug Zeit auf die Grundlagen verwendet wurde. Aber der ältere Astrologe beantwortete in der Hauptsache Fragen für Klienten. In jenen Tagen waren die Menschen mit dem Überleben beschäftigt. Heutzutage will ein Klient etwas übe seine oder ihre innere Motivationen erfahren. Bis vor hundert Jahren beschäftigten sich die Leute nicht damit, einen sinnvollen Beruf zu finden, sie hatten genug damit zu tun, überhaupt eine Arbeit zu finden. Irgendeine Arbeit. Essen und ein Dach über dem Kopf waren ein großes Problen. Heute haben wir Arbeitslosenunterstützung und Krankenversorgung, und in einer Notlage werden wir unter Umständen von einer Behörde versorgt. Das bedeutet, daß die Fragen, die ein Klient einem Astrologen stellt, andere sind.

Wenn man also in den alten Büchern liest, stößt man auf eine Reihe von Fragen, mit denen wir uns heute nicht mehr auseinandersetzen müssen. Fragen wie: »Wird mein Kind lebendig geboren? Wird meine Frau oder meine Tochter die Geburt überleben? Wird es mir gelingen, mein Kind zu ernähren?« Überleben war damals ein großes Thema, und sogar ein Baby zu ernähren war ein Problem, denn wenn kein Geld da war, wurden kleine Kinder weggegeben oder sogar verkauft, weil es sich die Eltern nicht leisten konnten, sie zu ernähren. Zwischen den Zeilen dieser alten Bücher findet man jedoch sehr wertvolle Hinweise, die man in die heutige Ausdrucksweise übertragen kann.

Es gab viele Theorien über die planetarischen Zyklen, die früher angewendet wurden. Diese Theorien werden in manchen Ländern auch heute noch benutzt, und Sie haben vielleicht Spaß daran, sie selbst auszuprobieren. Sepharial betrachtete die planetarischen Zyklen in Zusammenhang mit dem Hindusystem der Yugas und bezieht diese Zyklen auf einen 120jährigen Zeitraum.[1] Studenten, die am Studium der hinduistischen Astrologie Interesse haben, macht es vielleicht Spaß, mit einigen dieser Theorien zu arbeiten, ode sie weisen sogar nach, daß sie nicht praktikabel sind. Ich weiß darüber nicht Bescheid, weil ich keine Erfahrungen mit dem hinduistischen System habe.

Die verbreitetste Sache war die Zuordnung einer bestimmten Anzahl von Jahren zu einem bestimmten Planeten. Wenn man ein Horoskop interpretierte, verglich man das Alter des Klienten mit dem Zyklus, unter dem er stand, und überprüfte dann den regierenden Planeten im Geburtshoroskop. Voraussagen konnten auf der Basis der Geburtsaspekte und der Häuserstellung der Planeten gemacht werden, besonders wenn diese Informationen mit der Frage, die von dem Klienten gestellt wurde, in Verbindung gebracht wurde. Vor ein paar Jahren fiel mir zufälligerweise eine Ausgabe von Raphaels Privatstunden in die Hände,

[1] Sepharial, »Cosmic Symbolism«, Willion Rider & Son, Ltd., London 1912. Siehe Kapitel 10.

aus dem Jahr 1903. Er empfahl Ptolemäus' Zyklen, die den verschiedenen Phasen des Lebens die folgenden planetarischen Regentschaften zuordnet:

0–4 Jahre: Mond (regiert 4 Jahre)
4–14 Jahre: Merkur (regiert 10 Jahre)
14–22 Jahre: Venus (regiert 8 Jahre)
22–41 Jahre: Sonne (regiert 19 Jahre)
41–56 Jahre: Mars (regiert 15 Jahre)
56–68 Jahre: Jupiter (regiert 12 Jahre)
68 Jahre bis Lebensende: Saturn (keine Jahre aufgeführt)

Raphael schrieb in seiner Unterrichtsplanung auf, daß er dieses Schema etwas abändern würde, da er es nach seiner Erfahrung vorzöge, die Regentschaft folgendermaßen zu verändern:

Mond: 0–4 Jahre
Merkur: 4–14 Jahre
Venus: 14–24 Jahre
Sonne: 24–40 Jahre
Mars: 40–50 Jahre
Jupiter: 50–60 Jahre
Saturn und Uranus: den Rest des Lebens.

Seine Meinungsverschiedenheit mit Ptolemäus betraf im wesentlichen die Jupiterphase, da »nach dem 60. Lebensjahr die Jahre so unheilvoll werden, daß es nicht korrekt erscheint, daß Jupiter die Herrschaft behält«. Er arbeitete mit der zyklischen planetarischen Regentenschaft, weil »das allgemeine Glück des Geborenen während der entsprechenden Altersstufen in großem Maß von der Position und Macht des Planeten, der diesen Zeitraum regiert, abhängig ist. Wenn also Venus sehr stark, sehr gut plaziert und unbeeinträchtigt ist, dann würde das zeigen, daß das allgemeine Schicksal des Geborenen vom 14. bis 24. oder 25. Lebensjahr gut wäre. Wenn die Sonne, Mars oder irgendeiner der anderen Planeten ähnlich plaziert wäre, dann würde das darauf hinweisen, daß in einer solchen Periode der Erfolg vorherrscht. Umgekehrt würde ein schwacher und beeinträchtigter Planet während dieser Periode des Lebens viele Schwierigkeiten und Mißgeschicke anzeigen, entsprechen seiner Plazierung. Wenn er im zehnten Haus steht, dann würden Kredit oder Geschäfte darunter leiden; steht er im achten Haus, Tod und schmerzliche Verluste; im zweiten Verlust von Geld; im fünften Schaden oder Sorge durch Kinder, und so weiter mit den anderen

Häusern.«[2] In seinem Buch »Transite and Planetary Periods« erwähnt Sepharial des Chaldäische System, und verbindet die folgenden planetarischen Regentschaften mit den Lebensphasen:[3]

Mond: 4 Jahre
Merkur: 10 Jahre
Venus: 8 Jahre
Sonne: 19 Jahre
Mars: 15 Jahre
Jupiter: 12 Jahre
Saturn: 30 Jahre

Arbeitet man sich bis in das moderne Material vor, dann finden wir bei Margaret Hone eine nette kleine Erörterung von Shakespeares Kommentar zu den sieben Stadien des Lebens in »As You Like It«. Sie verbindet die Zyklen mit den sieben Lebensstadien, symbolisiert von den sieben Planeten. Sie sagt dazu, daß das Ende des Lebens, das von Shakespeare so sarkastisch beschrieben wird, von dem neuentdeckten Planeten Neptun besser symbolisiert würde.[4]

»... Zuerst das Kind
Das in der Amme Armen greint und sprudelt;
Der weinerliche Bub, der mit Bündel
Und glattem Morgenantlitz wie die Schnecke
Ungern zur Schule kriecht; dann der Verliebte,
Der wie ein Ofen seufzt, mit Jammerlied
Auf seiner Liebsten Brau'n; dann der Soldat,
Voll toller Flüch' und wie ein Pardel bärtig,
Auf Ehre eifersüchtig, schnell zu Händeln,
Bis in die Mündung der Kanone suchend
Die Seifenblase Ruhm. Und dann der Richter
Im runden Bauche mit Kapaun gestopft,
Mit strengem Blick und regelrechtem Bart
Voll weiser Sprüch' und neuester Exempel

[2] »Raphael's Private Instructions in Genethliacal Astrology« (überarbeitet und ergänzt), London 1903, Selbstverlag. Es ist interessant festzustellen, daß das Buch tatsächlich mit der Hand geschrieben ist und Raphaels Geburtshoroskop enthält, und er gibt zu, der zweite Raphael zu sein. Es war offensichtlich ein Kurshandbuch für seine Studenten.

[3] Sepharial, »Transits and Planetary Periods«, Samuel Weiser, Inc., York Beach, ME, 1970. Siehe Kapitel 1. Ursprünglich in London, 1920 veröffentlicht.

[4] Hone, »The Modern Textbook of Astrology«, Fowler & Co, Ltd., London 1951, S. 30–32.

Spielt seine Rolle so. Das sechste Alter
Macht den besockten, hagern Pantalon*
Brill' auf der Nase, Beutel an der Seite;
Die jugendliche Hose, wohl geschont,
'Ne Welt zu weit für die verschrumpften Lenden;
Die tiefe Männerstimme umgewandelt
Zum kindlichen Diskante, pfeift und quäkt
In seinem Ton. Der letzte Akt mit dem
Die seltsam wechselnde Geschichte schließt,
Ist zweite Kindheit, gänzliches Vergessen,
Ohn' Augen, ohne Zahn, Geschmack und alles.**

Sie findet, daß wir vom Baby zum Studenten, Liebhaber, Soldaten, zur Gerechtigkeit und dann zum Tod mit Mond, Merkur, Venus, Mars, Jupiter und Saturn gehen – wie bereits gesagt. Ich frage mich, ob man das nicht auch anders interpretieren könnte: denn der Mond regiert das Baby, Merkur regiert den Studenten, Venus regiert die Liebenden, Mars regiert den Soldaten, aber die Gerechtigkeit muß in diesem Fall nicht unbedingt Jupiter sein, da sich die »weisen Worte und die scharfen Augen« auf die Position der Sonne auf der Höhe ihres Ruhms beziehen könnten. Gehen wir weiter zu Jupiter mit Brille und der vergangenen frühen Jugend, und zu dem stürmischen Mann, der nicht mehr zu sehen ist. Das scheint mir doch die Zeit zu sein, wenn Jupiter in der Lage ist, sich selbst in philosophischer Weise auszudrücken. Natürlich kommt das Ende ohne Zähne und Hörvermögen, und Saturn ist der Sensenmann. Es ist interessant festzustellen, daß das Leben mit dem Mond beginnt und mit Saturn endet – Mond- und Saturnphasen beide ohne Zähne!

Kürzlich hörte ich einen Vortrag von Doris Hebel (genau gesagt während der NASO-Konferenz in Washington D. C. 1983), wo sie über die folgenden planetarischen Regentschaften sprach:

Mond: 0–6 Jahre
Merkur: 7–13 Jahre
Venus: 14–20 Jahre
Sonne: 21–27 Jahre
Mars: 28–34 Jahre
Jupiter: 35–41 Jahre

* Die Typische Figur des Alten im italienischen Lustspiel
** Shakespeares Dramatische Werke, übersetzt von A. W. v. Schlegel und Ludwig Tieck, 9. Bd., S. 129/ 130, Hrsg. A. Brandl, Leipzig, Wien

Saturn: 42–48 Jahre
Uranus: 49–55 Jahre
Neptun: 56–63 Jahre
Pluto: 64–70 Jahre

Nach dem Vortrag fragte ich sie, woher diese Aufteilung käme, denn sie war etwas anders als die, von denen ich gelesen hatte. Sie sagte, daß sie in der Mitte der sechziger Jahre einen Vortrag von Julie Baum (AFA) über dieses Thema gehört hatte, und daß sie hoffte, sich richtig an die Zahlen zu erinnern. Baum lernte dieses System von deutschen Astrologen, die es offensichtlich heute noch benutzen. Eine der Aussagen von Hebel lautete, daß man mit dem Ende der Regentschaft Plutos wieder ganz von vorn anfängt mit einem neuen Mondzyklus und das Muster wiederholt. Hebel sagt, daß das vielleicht eine Art evolutionäres Muster wäre, in dem sich die planetarischen Regentschaften verändern und ausweiten auf der Grundlage der Entdeckung neuer planetarischer Himmelkörper. Zum Beispiel lag vor der Entdeckung Plutos die durchschnittliche amerikanische Lebenserwartung bei 62 und 63 Jahren. Jetzt ist sie auf über 70 Jahre angestiegen. In zukünftigen Jahren steigt sie vielleicht sogar noch weiter an.

Wenn wir über das nachdenken, was Hebel sagt, und zurückgehen zu Rudhyars Konzept in »Planetary Aspects«, dann können wir die interessante Vermutung aufstellen, daß wir mit fortschreitendem Alter mehr Gelegenheit haben, alle Phasen des Bewußtseins ohne das Nebenprodukt der Senilität zu erleben. Erst vor wenigen Jahren wurden viele unserer älteren Mitbürger aus der Arbeitswelt verbannt und traten in den Ruhestand. Jetzt kämpfen unsere Senioren um Unabhängigkeit, sogar in Altersheimen. Da wir mehr Möglichkeiten haben, mit diesem neuen Bewußtsein zu arbeiten – wer weiß, was noch alles geschehen wird?